ミネルヴァ日本評伝選

そこから旅順港は見えるか

児玉源太郎

小林道彦著

ミネルヴァ書房

刊行の趣意

「学問は歴史に極まり候ことに候」とは、先哲荻生徂徠のことばである。

歴史のなかにこそ人間の智恵は宿されている。人間の愚かさもそこにはあらわだ。この歴史を探り、歴史に学んでこそ、人間はようやくみずからの正体を知り、いくらかは賢くなることができる。新しい勇気を得て未来に向かうことができる。徂徠はそう言いたかったのだろう。

「ミネルヴァ日本評伝選」は、私たちの直接の先人について、この人間知を学びなおそうという試みである。日本列島の過去に生きた人々の言行を、深く、くわしく探って、そこに現代への批判を聴きとろうとする試みである。日本人ばかりではない。列島の歴史にかかわった多くの異国の人々の声にも耳を傾けよう。

先人たちの書き残した文章をそのひだにまで立ち入って読み、彼らの旅した跡をたどりなおし、彼らのなしとげた事業を広い文脈のなかで注意深く観察しなおす——そのとき、はじめて先人たちはいまの私たちのかたわらによみがえってくる。彼らのなまの声で歴史の智恵を、また人間であることのよろこびと苦しみを、私たちに伝えてくれもするだろう。

この「評伝選」のつらなりのなかから、列島の歴史はおのずからその複雑さと奥ゆきの深さをもって浮かび上がってくるはずだ。これを読むとき、私たちのなかに新たな自信と勇気が湧いてきて、その矜持と勇気をもって「グローバリゼーション」の世紀に立ち向かってゆくことができる——そのような「ミネルヴァ日本評伝選」にしたいと、私たちは願っている。

平成十五年（二〇〇三）九月

上横手雅敬
芳賀　徹

小林万吾筆「凱旋観兵式」(聖徳記念絵画館蔵)

明治39年(1906)4月30日，東京青山練兵場で日露戦争の凱旋観兵式が挙行された。車上は明治天皇。右端の騎乗が児玉源太郎。その左隣は大山巌。大山の左後方は山県有朋か。

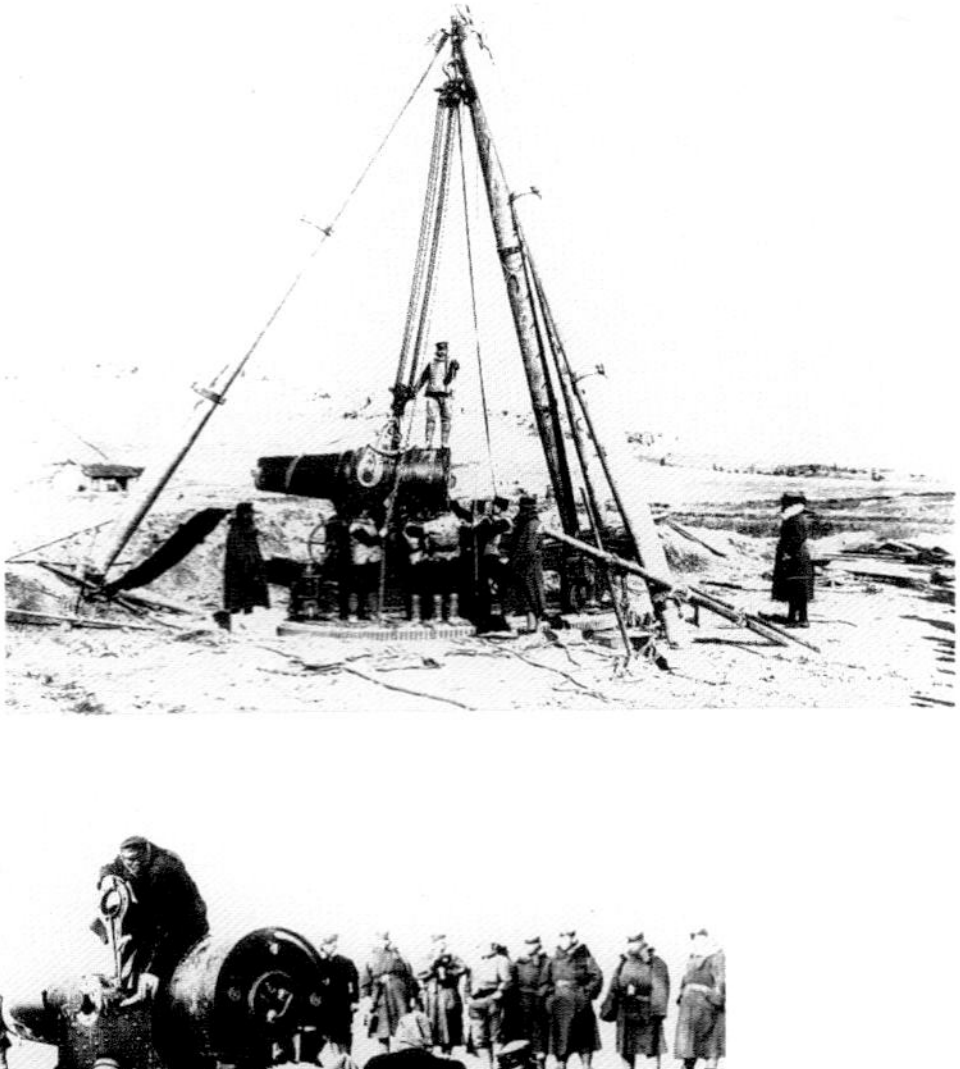

旅順要塞近郊にて移動・据付作業中の二八珊榴弾砲
（『野津道貫文書』／国立国会図書館蔵）

児玉のシルクハット（周南市美術博物館蔵）

児玉の軍服（周南市美術博物館蔵）

大山巖と満州軍のスタッフ（明治38年６月５日，奉天にて）
前列左から，福島安正，黒木為楨，大山巖，野津道貫，児玉源太郎。児玉の左後方から左へ，松川敏胤，乃木希典，奥保鞏。（『野津道貫文書』／国立国会図書館蔵）

児玉神社（山口県周南市鎮座／著者撮影）
大正12年に江の島の児玉神社から分祀し，旧宅跡に創建された。

はじめに

明敏にして果断

児玉源太郎《こだまげんたろう》という名を聞いて、人は何を連想するだろうか。西南戦争での熊本城籠城、台湾経営、そして、旅順《りょじゅん》要塞攻防戦……。その名は「明治の栄光」そのものである。日露戦争の勝利からわずか一年後に児玉が急逝したことは、彼が担った運命の重さを象徴的に示している。

だが、児玉はそれを坦々と受け止めていたかのように見える。「明敏にして果断」「採決流るるが如し」「陽気で開放的」……。こうした児玉のイメージは、同時代の軍人たち、山県有朋《やまがたありとも》や大山巌《おおやまいわお》、桂太郎《かつらたろう》のそれとはかなり異なっている。

山県は、明治国家の権威主義的側面を人格的に体現している。彼のイメージは、つねに重々しく暗い。大山は、その韜晦《とうかい》ぶりがあまりに見事だったせいか、茫洋たる東洋豪傑風の軍人として描かれることが多い。桂のイメージは、「ニコポン」という綽名《あだな》が示しているように、政治的調整を得意とする官僚政治家といったところだろう。

一方児玉は、高杉晋作《たかすぎしんさく》や坂本龍馬《さかもとりょうま》ら、維新の志士に似て颯爽としている。彼ら三人には志半ばで斃《たお》れたという共通点が存在するが、また、地位や権力に対して恬淡《てんたん》としていたという点でもよく似ている。児玉については、参謀本部次長への降格人事を自ら進んで受け容れたという有名な逸話がある。

児玉は年少の身で戊辰戦争に出征し、その後、新生日本陸軍の青年士官として、数々の不平士族反乱の鎮圧に活躍した。そして、野戦指揮官としての才能を山県に見出され、陸軍権力中枢から政治の世界へと押し出されていく。

やがて児玉は、「大日本帝国」の建設をその膨脹の尖端で担うようになった。新領土台湾をいかに経営すべきか、南満州鉄道は「帝国」経営の中にどう位置づけられるべきか。こういった諸問題を解決することが、彼の双肩に懸かってきたのである。児玉の生涯を語ることは、日本陸軍の形成と発展について語ることであり、数々の内乱や対外戦争を通じて大日本帝国の興隆を辿ることでもある。

さまざまな児玉のイメージ

ところで、児玉のキャリアと関連させて、そのイメージをさらに整理すると、およそ三つの類型に分けられるように思われる。

まず、第一に挙げられるのは「天才的戦術家」というイメージである。神風連《しんぷうれん》の乱をほとんど一人で鎮圧し、演習では乃木希典《のぎまれすけ》を散々な目に遭わせ、ドイツ陸軍の俊才クレメンス・メッケルに一目置かせた天性の戦術家、旅順要塞攻防戦において、二〇三高地攻略の重要性を即座に理解し、それを敢然と実行に移した勇将といった一連のイメージである（宿利重一『児玉源太郎』、司馬遼太郎『坂の上の雲』など）。

しかも、児玉はたんなる野戦指揮官ではなかった。彼は日本の国力の限界を冷静に認識し、満州の戦野からひそかに東京に戻って、講和の旗振り役を務めているのである。このエピソードは、軍人でありながら、「軍事」を他の政治的・行政的諸課題のなかで相対化し、台湾経営を成功に導いた「理性的軍人政治家」という第二のイメージと繋がっている（鶴見祐輔『後藤新平』など）。多くの児玉論は、程度の差こそあれ、以上二つのイメージが撚《よ》り合されたものだといえよう。

ところがその一方で、児玉には対露主戦論者、満州軍総司令部の設置を通じて、出先軍の権限拡大を志向した「軍事至上主義者」といった、全く別のイメージも付きまとっている（谷寿夫『機密日露戦史』）。たしかに、明治三三年の厦門《アモイ》事件では、児玉台湾総督は政府の意向を無視して、勝手に軍事行動を始めたかのようにも見える。

「天才的戦術家」と「理性的軍人政治家」という二つのイメージは並立可能であるが、「軍事至上主義者」と「理性的軍人政治家」とでは、必ずしもそうはいかない。これらのイメージは、一体どの程度児玉の実像を反映しているのだろうか。

政治史研究者にとっての児玉

最近二〇年あまりの日本近代史、とりわけ日本政治外交史をめぐる一次史料の発掘と公開には目覚ましいものがある。児玉に関係する人物に限定しても、山県有朋、桂太郎、品川弥二郎《しながわやじろう》、寺内正毅《てらうちまさたけ》、長岡外史《ながおかがいし》、井口省吾《いぐちしょうご》、松川敏胤《まつかわとしたね》といった人々の史料はこの間続々と活字化されているし、最近では福島安正《ふくしまやすまさ》や野津道貫《のづみちつら》の史料も公開されるようになった。伊藤博《いとうひろ》文《ぶみ》、谷干城《たにたてき》、大山巌、川上操六《かわかみそうろく》、後藤新平《ごとうしんぺい》らの史料は世に出てすでに久しい。

ここでいう史料とは、多くの場合「諸家文書」のことであり、児玉家なら児玉家に伝存された書翰

（来翰）、書翰案、各種書類などからなる。また、陸軍省や外務省などの役所に残された公文書類も当然史料の範疇に入る。

公刊・未公刊史料を十分活用して、そして、最新の日本政治外交史研究の成果を取り入れて、既存のイメージをいったん相対化した上で、新たな児玉像を提示してみたい。本書執筆の第一の動機は、一政治史研究者のそうした職業的好奇心にあった。

児玉をめぐる人間関係

ところで、児玉といえば、山県—桂—児玉・寺内という長州閥陸軍の系譜に位置づけられることが多い。もっとも同じ長州閥とはいっても、権威主義的で神経質な山県と、陽気で開放的な児玉とは、司馬遼太郎氏もすでに指摘されているように、まったく馬が合わなかったようである。児玉が個人的に親交を深めたのは、桂や乃木、寺内といった維新第二世代の同輩たち、それから伊藤博文であった。

それでは、同じ陸軍でも薩摩系軍人、すなわち大山巌や川上操六らとの関係は、一体どうだったのだろうか。この件に関しては、大山満州軍総司令官という「破格の将器」の下で、児玉総参謀長はその天才を遺憾なく発揮したというのが、一般に流布しているイメージである（宿利『児玉源太郎』、司馬『坂の上の雲』など）。だが、その当否について立ち入った検討はされていないし、そういった人間関係が平時にも成り立っていたかどうかは不明である。

さらに付言すれば、児玉が後藤新平を抜擢し、彼を見事に使いこなしたことはよく知られているが、阪谷芳郎《さかたによしろう》、新渡戸稲造《にとべいなぞう》といった英米系知識人との親交についてはあまり知られていない。

これを要するに、児玉をめぐる人間関係を、山県系官僚閥*や政党勢力の内情や動向と関連させて、つまり、当時の権力構造の中に位置づけて、政治史・軍事史の一環として描き出した著作は、管見の限りではいまだ見当たらないのである。とりわけ、伊藤博文が児玉の政治的力量を高く評価し、日露戦後の一時期、彼を首相候補に擬していたことは一般にはほとんど知られていない（伊藤之雄『立憲国家の確立と日露戦争』二六四～二六五頁）。

*日清戦後になると、山県の下には郷党の違いを越えて、保守的官僚が結集するようになり、長州閥は「山県系官僚閥」に変容を遂げた。

立憲主義的軍人

伊藤といえば、明治立憲国家の建設者であり、山県の政治的ライバルでもある。彼は日露戦後に、かつて山県によって骨抜きにされた「大宰相主義」（総理大臣に政治権力を集中する）の復活を試み、公式令の制定などからなる「明治四〇年の憲法改革」の中で、天皇大権の突出を抑えるとともに、内閣の統制下に陸軍を置こうとした（瀧井一博『伊藤博文』第五章）。そんな伊藤がなぜ、山県閥陸軍の権力中枢に位置していたはずの児玉を、首相の座に就けようなどと考えたのだろうか。

伊藤がその憲法改革を、陸軍側の受け皿なしに実行しようとしたとは考えられない。伊藤は児玉を憲法改革のパートナーに考えていたのであり、山県と児玉の不和も、パーソナリティーの問題などに還元されるものではなく、双方の「この国のかたち」（司馬遼太郎氏の言葉を借用）をめぐる考え方の相違に根差したものだったように思われる。

統帥権のあり方を憲法秩序に適合させようとした「立憲主義的軍人」、本書は児玉のそんな隠された一面を明らかにすることを通じて、胆力に富んだ「天才的戦術家」といった児玉イメージを、その枠組みとともに見直していくつもりである。

歴史研究の効用

歴史家には、死者を鞭打つ権利があると言われる。批判的契機を含まない歴史研究は無意味である。だが、過去に謙虚に向き合いながら、死者を鞭打つのはなかなか難しい。死者を無慈悲に鞭打つのは歴史家の傲慢であり、知的怠慢でもある。私たちはまず第一に、同時代人の視線に立って歴史を追体験しなければならない。その場合、史料的根拠が不十分な推測にはあくまで慎重であらねばならない。

現在の私たち、特に日本人にとって、二一世紀の世界は暗く不安に満ちている。稲妻が暗闇の中の事物を一瞬浮かび上がらせるように、時折、鮮明な像が見えたかに思えることもあるが、時が経ってみれば、それもまた錯覚や幻影だったということは間々あることである。また、それとは逆に、思いも寄らぬところから、曙光が明け染めてくることもある。

二〇世紀は、日本の国家的危機とともに幕を開けた。日露戦争（一九〇四～〇五年）である。そして、私たちが日々模索し続けているように、明治の日本人も未来を懸命に手探りしていた。当然、その過程で人はさまざまな成功や失敗を積み重ねてきたし、それは二一世紀の現在でも日々繰り返されている。

今の私の価値観や結果論的観点から歴史上の人物を裁くよりも、まずは彼らが達成した成功や犯してしまった失敗をも含めて、彼らの生涯をできるだけ追体験してみたい。非常に困難なことではあるが、もし、それがある程度達成できたならば、再構成された歴史的世界からふと我に返った時、私たちが生きているこの世界は、今までとはまた違った様子で見えるかもしれない（苅部直『丸山眞男』二〇〇〜二〇一頁参照）。

そして、それこそが歴史研究の効用なのだろうと思う。歴史を振り返ることを通じて、私たちは現状認識を新たにすることができる。児玉源太郎の一生を追うことを通じて、「大日本帝国」の興隆を回顧することは、二一世紀という新しい時代を生きる私たちにとって、決して無意味なことではないだろう。

またそれは、危機の中の人間像を探るという、興味深くはあるが、しかし、「不幸にして、喫緊な課題」に何らかの手掛かりを与えてくれるかもしれない。非力ではあるが、その一つのきっかけを小著が作ることができれば、筆者にとってこれに過ぐる幸せはない。

＊本書では、「賊」、「賊巣」、「土匪」、「討伐」、「満州」などの歴史的名辞をあえて用いているが、それは、当時の雰囲気の理解に資するためであって他意はない。なお、年代表記には、日本に関するものには和暦を、それ以外は西暦を優先的に用いた。

児玉源太郎――そこから旅順港は見えるか　目次

図版写真一覧

明治38年 7 月満州視察中の山県有朋一行

明治39年陸軍凱旋観兵式（4 月30日，青山練兵場にて）
（上下とも，『野津道貫文書』／国立国会図書館蔵）

関係系図

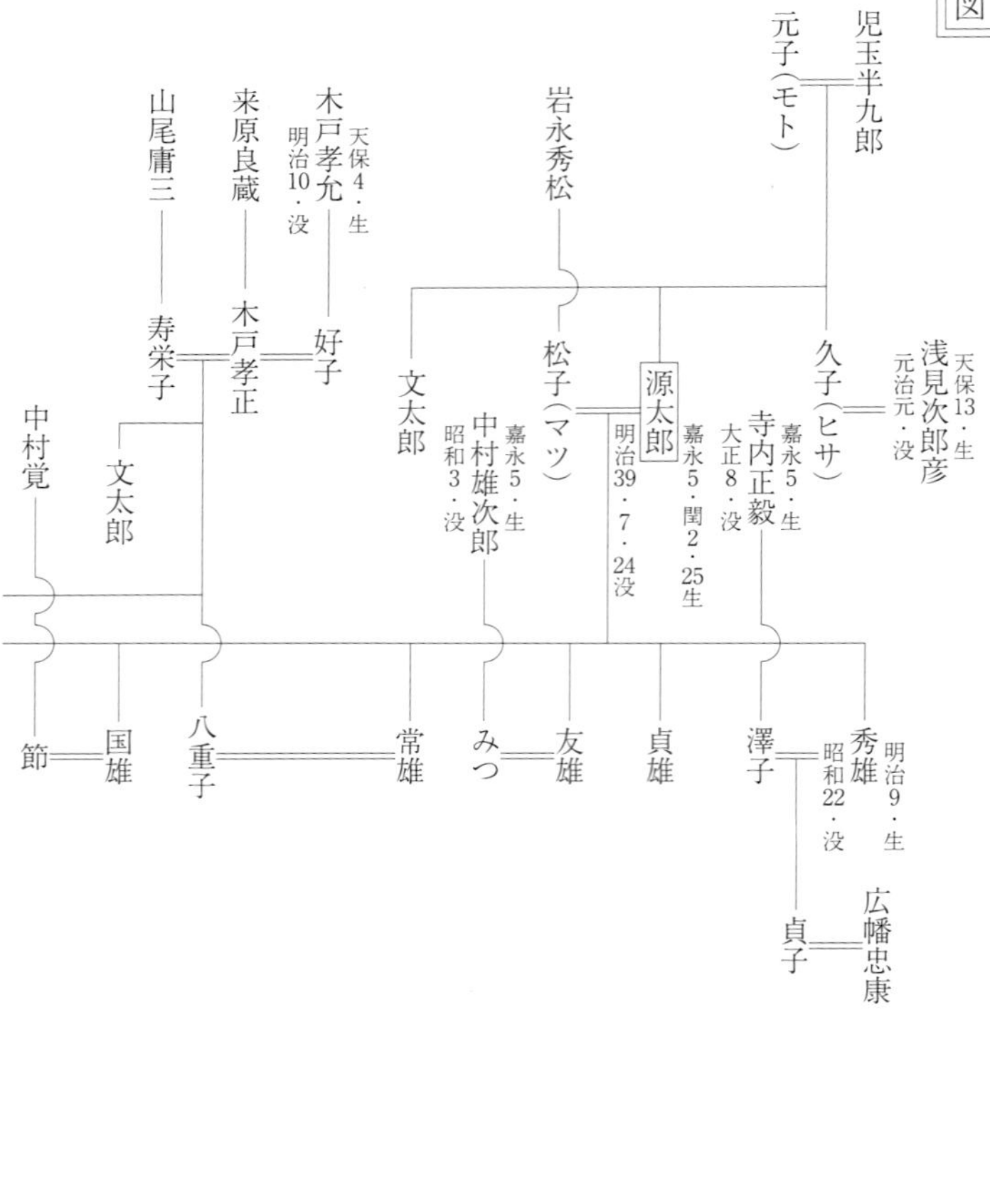
児玉半九郎
元子（モト）
岩永秀松
木戸孝允 天保4・生 明治10・没
来原良蔵
山尾庸三
浅見次郎彦 天保13・生 元治元・没
久子（ヒサ）嘉永5・生
寺内正毅 大正8・没
源太郎 嘉永5・閏2・25生 明治39・7・24没
松子（マツ）
中村雄次郎 嘉永5・生 昭和3・没
文太郎
好子
木戸孝正
寿栄子
文太郎
中村覚
秀雄 明治9・生 昭和22・没
澤子
貞雄
友雄
みつ
常雄
八重子
国雄
節
広幡忠康
貞子

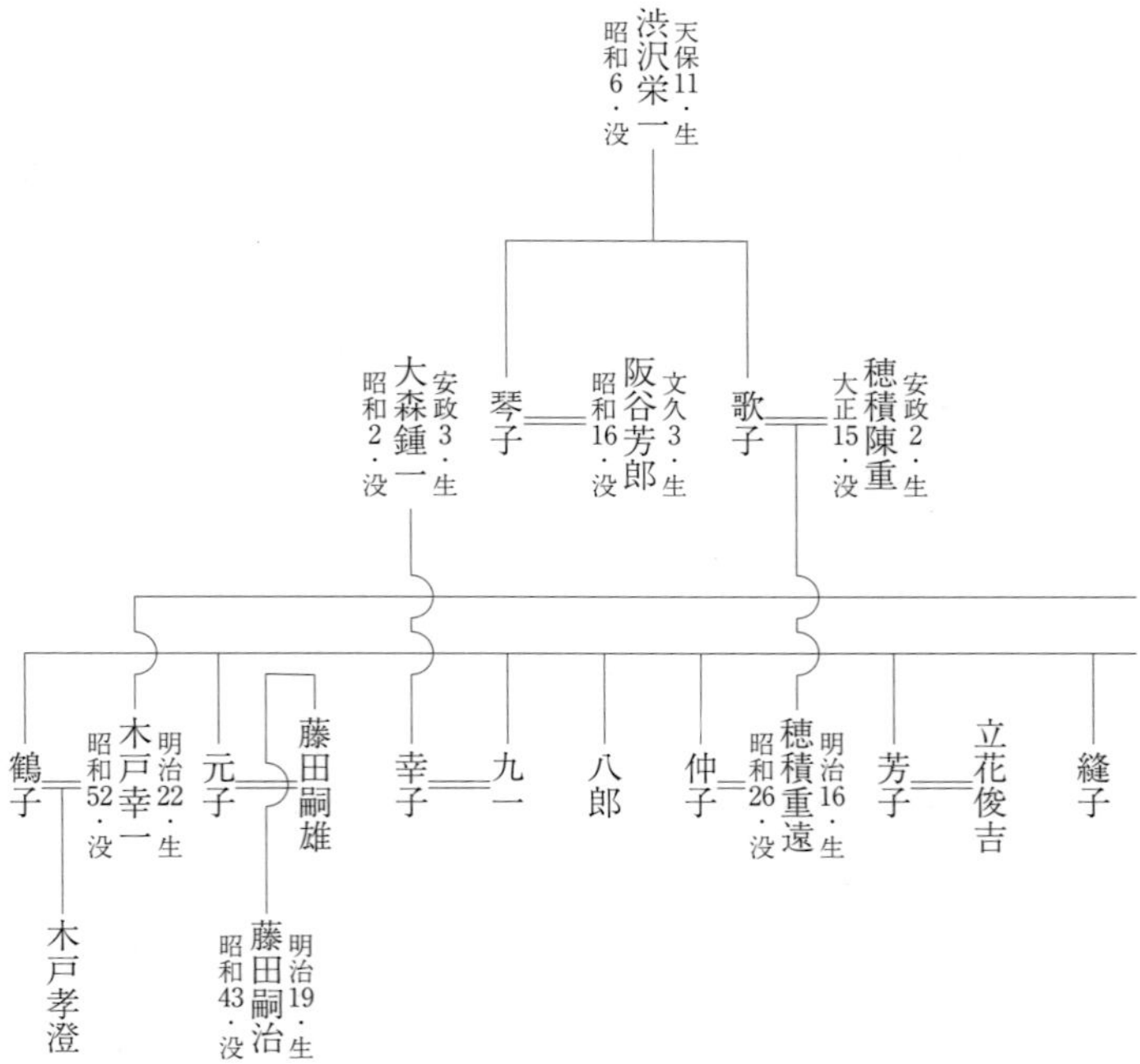

参考文献：尚友倶楽部児玉秀雄関係文書編集委員会『児玉秀雄関係文書・II』（尚友倶楽部，2010年）。国立歴史民俗博物館編・刊『侯爵家のアルバム』（2011年）。

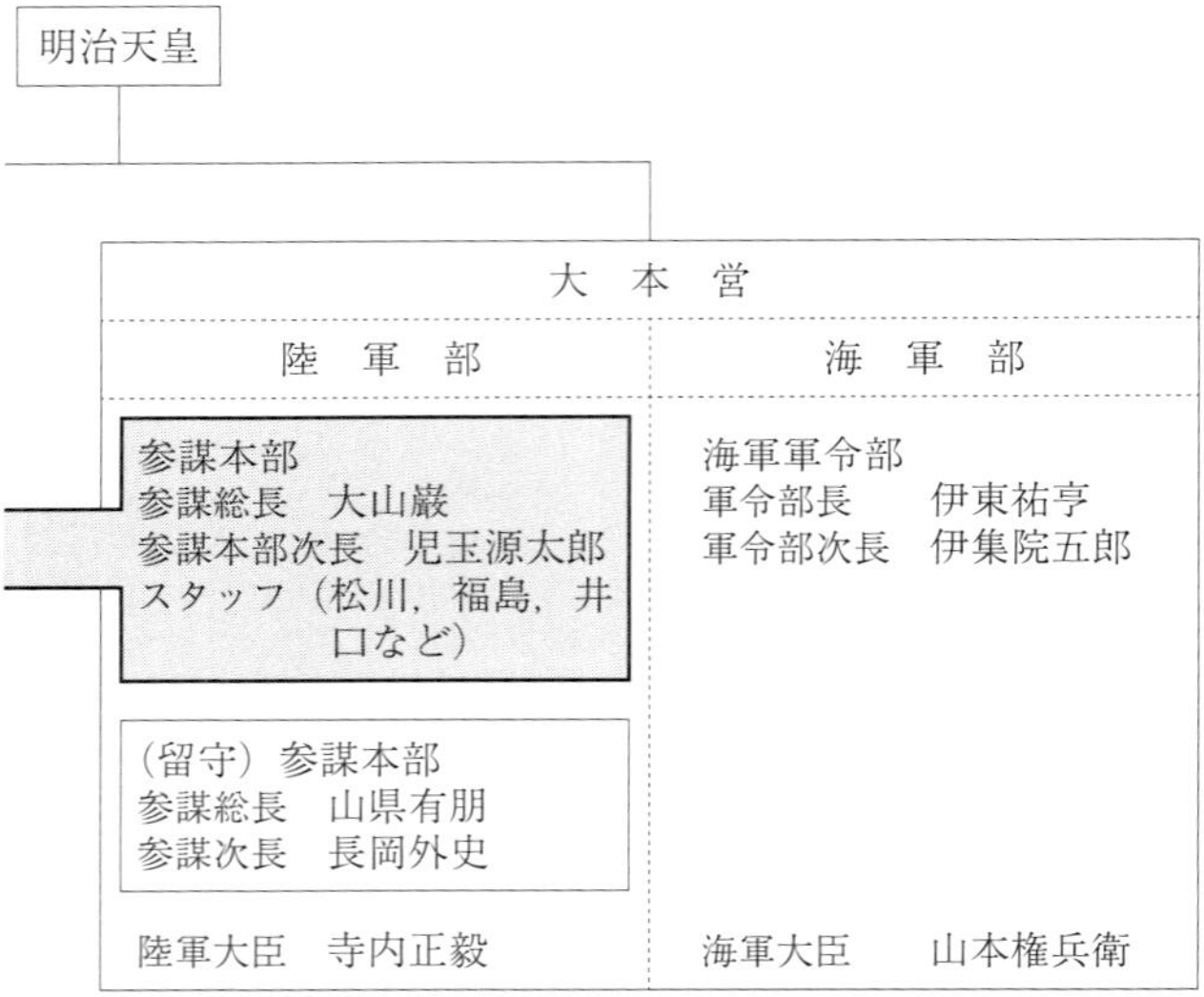

大本営・満州軍総司令部組織概略図（明治三七年六月）

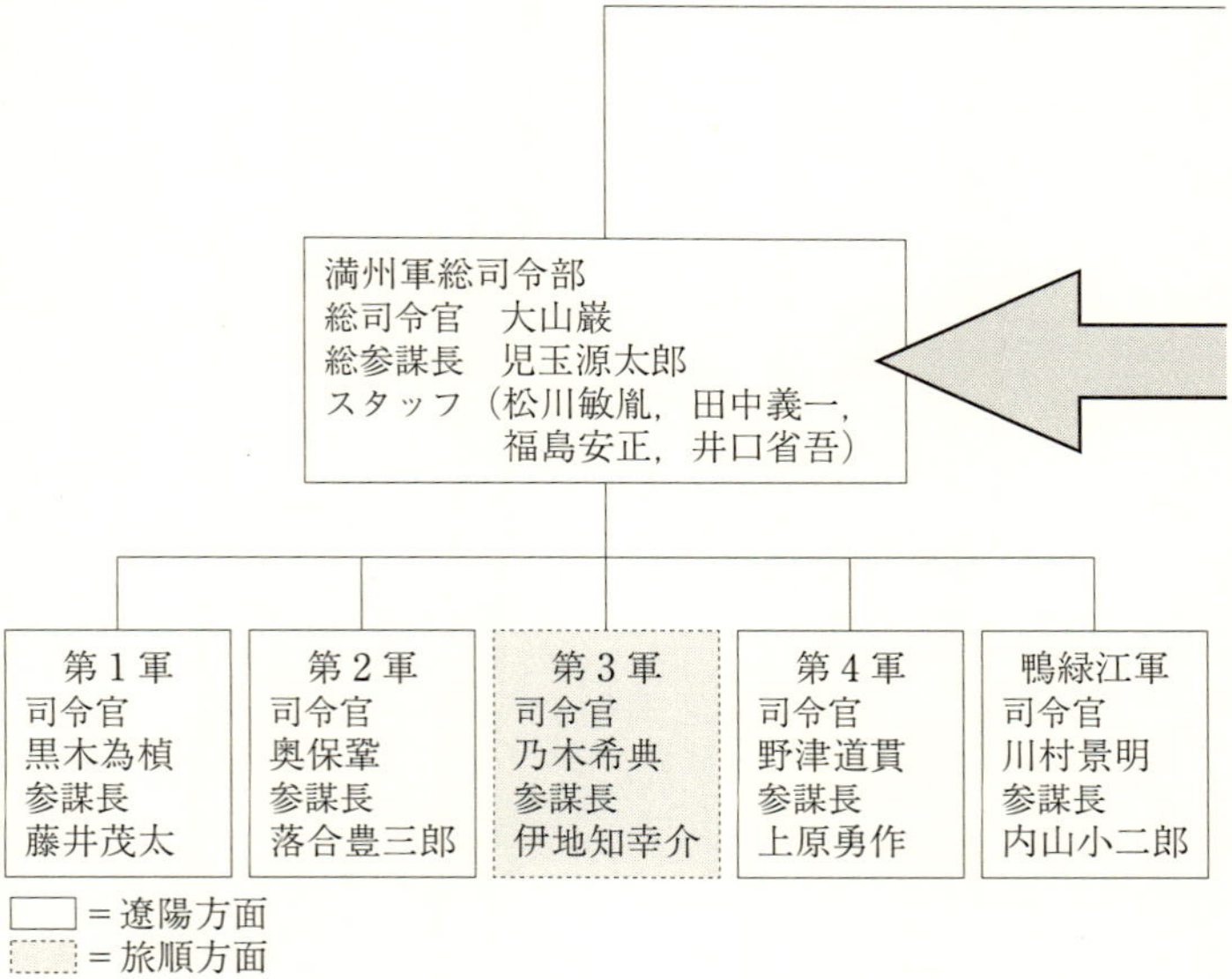

参考文献：秦郁彦編『日本陸海軍総合事典』（東京大学出版会，1991年），陸軍省編『明治天皇御伝記史料・明治軍事史』下巻（原書房，1966年）。

第一章　その生い立ち

1　政治的テロルの衝撃

周防国徳山

嘉永五年（一八五二）閏《うるう》二月二五日、児玉源太郎《こだまげんたろう》は徳山《とくやま》藩士児玉半九郎忠碩《はんくろうただひろ》の長男として、周防国《すおうのくに》徳山の横本町《よこほんちょう》（現・山口県周南市児玉町）に生まれた。幼名を百合若《ゆりわか》といい、一時健を名乗り、その後源太郎と改めた。

「徳山の地、前は海に面し、背は山を負い、山水佳麗《かれい》にして風土亦人に適す」。『児玉大将伝』（森山守次・倉辻明義『児玉将軍十三回忌寄稿録』一〇頁）は、瀬戸内海に面したこの地をこう描写している。徳山は陽光に恵まれた穏やかな土地柄である。そして、児玉氏発祥の地である北武蔵《むさし》もまた、冬にはほとんど曇ることもない、光のおびただしい地方である。

周防からはるか東の武蔵国に、かつて有道《ありみち》氏という開発《かいほつ》領主がいた。開発領主とは、自ら曠野《あれの》を切

「児玉大将産湯之井戸」（著者撮影）

り開いて私領を経営していた、平安時代の地方豪族のことである。その始祖は判然としないが、有道維能《これよし》の代に私領を摂関家に寄進して、自らはこの児玉荘《こだまのしょう》（埼玉県児玉郡）の荘官となった。そして、この時から児玉姓を名乗った。平安時代の末、一一世紀のことである。

平安時代から鎌倉時代にかけて、武蔵国には七つの在地の武士団があり、それぞれ同族的な結束を誇っていた。いわゆる武蔵七党《むさししちとう》である。なかでも児玉党五十六騎は、方々に牧《まき》を営み、鉄と馬を擁して北武蔵から上州（群馬県）に勢力を振るうようになった。

埼玉県北部には今でも「児玉」を冠した地名が多いが、これは児玉氏の勢威の名残りである。「児玉」は「遠峰《こたま》」の転化した語であり、もともとは音声《おんじょう》が遠い山々に響くことを言う。児玉という名は、関東平野北部の地勢に因んでいるのである。

毛利家譜代の重臣

武蔵七党はそれぞれ個別に源氏に仕えていたが、やがて、児玉広家《ひろいえ》の時に毛利氏（その名は相模国愛甲郡毛利荘《さがみのくにあいこうぐんもうりのしょう》に由来する）の移封に従って、安芸国《あきのくに》へと移り住んだ。以後、児玉家は譜代の重臣として毛利家に仕え、数々の合戦で活躍している。なかでも児玉源太郎元経《もとつね》は、毛利輝元《てるもと》の信任厚く、その名は主君から一字を賜ったものである。百合若が改名した「源太郎」は、この元経に由来している。

慶長五年（一六〇〇）の関ヶ原の戦いの結果、毛利家の領国は周防と長門《ながと》の二国に削られた。寛文八年（一六六八）、児玉元経の子の就忠《なりただ》は桂八兵衛《かつらはちべえ》と改名して、新たに徳山藩主に封ぜられた毛利輝元の二男就隆《なりたか》の下に一五〇石を食《は》むことになった。

毛利就隆の生母「櫻《さくら》尾《お》ノ局《つぼね》」は児玉家の出であり、児玉就忠は萩藩主毛利秀就《ひでなり》から一字を賜っていた。周防と長門両国を一括して「防長《ぼうちょう》」と呼ぶが、その内情は複雑であり、萩の本藩と徳山や長府《ちょうふ》などの支藩との関係には微妙なものがあった。就忠は母方の姓氏である桂氏を名乗ることで、徳山毛利家への臣従の意を明らかにしたのであろう（宿利重一『児玉源太郎』六六～七〇頁）。

こうして、就忠を始祖として徳山児玉家は興った。なお、いったんは桂姓を名乗った児玉家であったが、就忠の息、忠頼《ただより》の代に君命により児玉姓に復することを許された。

父半九郎の憤死

さて、話を児玉源太郎、百合若に戻そう。百合若の父、半九郎は河田《かわた》氏の出身で、養子として児玉家に迎え入れられた。妻はモト（元子）といい、半九郎とは一歳違いである。間もなく長女ヒサ（久子）を得たが、弘化二年（一八四五）、半九郎は、剣術指南役浅見《あさみ》栄三郎《えいざぶろう》の二男次郎彦《じろひこ》（巌之丞《いわのじょう》、一八四二～六四）を養子に迎え入れることにした。弘化四年には次女ノブ（信子）が生まれているから、直系男子誕生の可能性は十分残されていたはずである。だが、その辺りの事情は審らかでない。

児玉家に待望の男子、百合若が生まれたのは半九郎四二歳の時であった。嘉永五年であるから、信子が生まれてから七年後である。

半九郎は文人気質に富んでおり、小笠原流の礼式を教授し、近くの漢学者島田蕃根《しまだみつね》（いわね）と語らうことを楽しみとしていた。また、行政能力にも恵まれており、評定役《ひょうじょうやく》や代官、さらには藩校興譲館《こうじょうかん》の目付といった役職を歴任していた。

杉山茂丸《すぎやましげまる》は半九郎の性格について、権力を笠に着て党与を組んだり、私利を営むことを嫌う清廉な男であったが、その一徹な武士気質にはやや偏狭な傾きがあり、いわゆる政治家向きの性格ではなかったと評している（杉山『児玉大将伝』二六頁）。

幕藩体制が安泰ならば、半九郎もまた文人的武士として生涯を全うできたかもしれない。ところが時あたかも、日本は激動の時代に突入しようとしていた。嘉永六年（一八五三）六月、アメリカ東インド艦隊司令長官のペリーが黒船四隻を率いて浦賀に来航したのである。

開国か、はたまた攘夷か。国論は沸騰した。徳山藩でも政論が盛んに行われるようになったが、半九郎は早くから尊王攘夷を唱えていたと言われる。名分を過度に正そうとしたのであろう、彼は藩内の現実派に疎まれ、蟄居《ちっきょ》閉門のあげく、憤死してしまった。時に安政三年（一八五六）一〇月、百合若はわずかに五歳であった。

義兄児玉次郎彦

モトは蕃根とも話し合って、次郎彦にヒサを娶らせることにした。半九郎の喪が明けるのを待って、二人は正式に華燭の典をあげた。

次郎彦は身の丈六尺（一八〇センチ）を超える偉丈夫で、文武両道にすぐれていた。水戸学に深く傾倒し、久坂玄瑞《くさかげんずい》らとも親しく、やがて国事に奔走するようになった。水戸学の放つ強烈なイデオロギー、尊王攘夷論とその行動主義に次郎彦もまた魅了されていたのである。

次郎彦とヒサが祝言《しゅうげん》を挙げて以来、久しく沈鬱な空気に包まれていた児玉家にもようやく明るさが戻ってきた。次郎彦は百合若をかわいがり、百合若も義兄を慕っていた。次郎彦と蕃根は事実上の父代わりとなったのである。安政六年（一八五九）、八歳になった百合若は興譲館に入学した。

当時の興譲館では本城清《ほんじょうきよし》が教鞭をとっていたが、本城とその弟の江村彦之進《えむらひこのしん》は次郎彦の盟友でもあり、ともに徳山藩尊攘派の中堅を担っていた。彼らは百合若に嘱望し、その訓育に大いに努めたという。もっとも、本城兄弟は間もなく諸国巡歴の旅に出たので、百合若がその謦咳《けいがい》に接した期間は短かった。

尊攘論の洗礼

この間、安政五カ国条約（一八五八年）の批准をめぐって国論は分裂し、万延元年（一八六〇）三月、大老井伊直弼《いいなおすけ》は江戸城桜田門外で水戸脱藩浪士らに暗殺された（文久元年）。それは先長州藩では、長井雅楽《ながいうた》が「航海遠略策」を著して公武合体と外国貿易を唱えた（文久元年）。それは先見の明に溢れた政論であり、藩主毛利敬親《もうりたかちか》も「確乎不抜の藩是」であると認めていた。

これに憤ったのが、久坂玄瑞を中心とする尊攘派であった。彼らは長井の排斥を唱えるだけではあきたらず、その暗殺をも企てており、次郎彦もそれに一枚嚙んでいたらしい。

尊攘派の猛烈な反発は敬親の動揺を誘った。彼はにわかに態度を改め、藩論は今度は急速に攘夷へと傾いていったのである。文久二年六月、雅楽は免職され、翌年には切腹を申しつけられた。

こうして「尊攘派の時代」がやってきた。この年、御前衛に抜擢された次郎彦は江戸表へ赴いたが、さらに周旋方《しゅうせんがた》を仰せ付けられて京に上った。翌年には帰国して大目付に任ぜられ、京都留守居職をも兼任した。同年一二月には、興譲館の助訓役と学寮長を務めることとなった。

徳山の児玉の屋敷には、次郎彦の同志である久坂玄瑞はもとより、佐世八十郎《させやそろう》（前原一誠《まえはらいっせい》）、大楽源太郎《だいらくげんたろう》らも時折訪れ、徹宵《てっしょう》して議論を戦わせていたという。そうした折には、次郎彦は百合若を同席させることを好んだ。濃厚な尊攘論の洗礼をこの少年は公私にわたって受けていたのである。

島田蕃根の影響

だが、百合若にとって真に血肉となったのは、尊攘論よりも中国の古典であった。藩校よりも、神儒仏三教に造詣の深い島田蕃根（一八二八～一九〇七）に学んだことの方が大きかった。漢詩を詠むことは、児玉の生涯を通じての心の慰めとなった。

文政一一年生まれの島田は、三歳年上の父半九郎の良き話し相手であった。彼は早くからその学才を認められ、徳山藩の形勢視察使に任ぜられ、年一回は京坂地方に遊び、尊攘運動の一端にも触れていた。興譲館で教鞭をとったこともあったが、王政復古ののちは藩の大参事として藩政の一翼を担った。

島田は実務家ではなく、典型的な学者タイプであった。維新後、教部省《きょうぶ》への出仕を命ぜられ、明治初年に展開された廃仏毀釈《はいぶつきしゃく》政策にも深く関わっている。とはいえ、島田の中に熱狂的な敬神家の姿を見出すことはできない。薩摩ではそれは徹底的に行われたが、周防では多くの寺院が廃仏毀釈を免れて今日に至っている。

彼は仏教に深く帰依しており、『大蔵経《だいぞうきょう》』の編纂にも尽力し（明治一八年完成）、聖徳太子の遺徳を顕彰するための「太子堂」建立計画にも積極的に携わっている。それは資金不足などのために実現しなかったが、島田は神田駿河台《するがだい》にニコライ堂をも凌駕する一大聖堂を建設するつもりであった。

児玉は最晩年に至るまで島田を敬愛し、その恩義を忘れることはなかった。今、我々が見ることのできる児玉最後の写真は、明治三九年六月、島田の八〇歳の誕生日を記念して開かれた「延寿会」での記念写真である（周南市立中央図書館所蔵）。

テロルの応酬

元治元年（一八六四）、禁門の変で朝敵の汚名を蒙った長州藩に対する追討命令が下った（七月二四日、第一次長州戦争）。八月五日には、英米仏蘭四国連合艦隊は下関を砲撃し、さらに陸戦隊を上陸させて、関門海峡の諸砲台を占領した。

危機はその頂点に達しようとしていた。窮地に陥った尊攘派は、ここで起死回生の反撃を試みた。八月九日、次郎彦は同志の河田《かわた》佳蔵《よしぞう》とともに「俗論派」の重鎮富山源次郎の暗殺を図ったのである。富山の役宅は児玉邸の隣にある。河田が富山と談判している間に、次郎彦は富山邸の庭に潜んで斬り込みの機会を窺った。しかし、用人に発見されたため、計画は失敗に終わってしまった。

八月一一日、本城清、江村彦之進、次郎彦の実兄浅見《あさみ》安之丞《やすのじょう》が藩吏に捕えられ、彦之進は翌日殺害された。この日の晩、次郎彦は近くの浅見家を訪い、父栄三郎らと善後策を協議していた。そこへ百合若が倉皇として現われた。聞けば、藩庁からの達しにより、児玉家は自邸にて謹慎せよとのことである。夏とはいえ、妙に肌寒い晩であった。次郎彦は百合若を伴って帰途に就いた。深夜にもかかわらず、屋敷町には不穏な空気が漂っていた。

次郎彦惨殺

母モトはこの一大事を親類の遠藤氏に伝え、その助力を求めるべく百合若を使いに出した（『児玉久子刀自』によれば、訪客のただならぬ様子に不審を抱いた百合若が自ら助けをもとめに出たという）。惨劇はその間に起こった。次郎彦は親類の塩川某に背後からいきなり一刀を浴びせかけられ、さらに、数人の刺客に一斉に斬りつけられたのである。塩川に一太刀返しただけで、次郎彦は玄関先で絶命した。自宅にはモトの他、産後のヒサとノブ、それに生まれたばかりの長男文太《ぶんた》郎《ろう》がいた。家族の眼前で次郎彦は凄惨な死を遂げたのである。

百合若は夜道を急いでいた。結局、遠藤も頼りにはならなかった。皆、児玉家と関わり合いになるのを避けていたのである。家のそばまで来て、百合若は母の姿を暗闇の中に認めた。不吉な予感が胸を走った。

息せき切って玄関先に走り込んだ百合若が見たのは、鮮血の中に横たわる次郎彦の変わり果てた姿であった。この時、彼を叱咤して、次郎彦の屍を白布で被い、その周囲に墻《かき》を結んで検使の到着を待ったのが、産後間もない姉のヒサである。「自分の姉ながら全く感心したよ」。後に児玉は往事を述懐して、そう述べている（後藤新平談、『児玉久子刀自』五頁）。親類も故旧の人々も事件に連座し、多くは譴責を蒙っていた。来り助けるものは誰もいなかった。

齢《よわい》一三歳にして、百合若は凄惨な「政治的テロル」の現場を目撃したのである。しかも、その犠牲となったのは父とも慕う義兄の次郎彦であった。

屈辱の日々

ほどなくして「俗論派」による処分が下った。児玉家は一人半扶持に格下げされ、一二月には横本町の邸宅も没収された。親子五人は遠縁を頼ってどうにか雨露を凌いだ。一人半扶持は一日あたり玄米五合にしかすぎない。モトは二人の娘とともに裁縫や機織りなどの賃仕事を始めたが、それでも困窮ははなはだしく、時に庭木を手折って薪に用いねばならなかった。

藩庁は、次郎彦惨殺は「上意討ち」（主君の意向による成敗）ではなく、したがって、「遺孤《いこ》文太郎十五歳に達しなば復仇すべし」と仇討ちを認めていた。ヒサはこれに一縷の望みを繋いでいた。この頃、彼女は百合若に「曾我《そが》物語」をよく語り聞かせていたという。曾我祐成《すけなり》は五歳の時に父を殺されたが、長じて弟時致《ときむね》とともに富士の裾野の源頼朝の狩場で見事に仇を討ち果たした。この英雄譚は浄瑠璃や歌舞伎などにも翻案され、広く人口に膾炙《かいしゃ》していたのである。

百合若の境遇も一変した。彼は往時を回想して次のように述べている。当時の様子が生き生きと表現されているので、ここではあえて原文のまま引用する。

> 既に家禄なき浪人なれば藩制に従い、前髪を剃り、刀を帯び、割羽織袴を着るを許さず。総髪に脇差のみ帯びて出づれば、従来の朋友も一人の伴う者なく、皆嘲笑して浪人々々と叫ぶ。その声骨髄に徹し、今なお耳底に在るが如し。
>
> （森山・倉辻『児玉大将伝』四六頁）

本来ならば、元服した百合若（元治元年、元服して健と改名）は前髪を剃り落し、両刀を手挟《たばさ》んで城下を颯爽と闊歩していたはずである。ところが事実上の家名断絶によって、百合若は格好の虐めの対象となってしまった。かつての友人たちは、衆を恃んで百合若を公然と罵倒した。

百合若が脱藩できたならば、より広い、外の世界に活路を見出していたかもしれない。しかし、彼はまだ少年であり、また、児玉家の家門を守らねばならなかった。屈辱のあまり自ら刃傷に及びそうになると、百合若は次郎彦や父の無念を思った。今はどんなに辛くとも、この試練に耐えねばならない。こうした百合若の境遇に同情しつつも、その精神的自立を促すべく、一定の距離感を保ちながら、蔭に陽に支えてくれたのが島田であった。児玉はその恩義を終生忘れなかった。

内戦の勃発

さて、百合若と児玉家にとって幸運なことに、こうした逆境は長くは続かなかった。長州藩で大規模な内戦が勃発したのである。

元治元年（一八六四）一二月一五日、高杉晋作はわずか八〇人の手勢で下関新地の藩会所を襲撃した。藩主毛利敬親はただちにこれを鎮圧しようとしたが、奇兵隊軍監の山県狂介（有朋）らは、かえって高杉の動きに呼応した。翌年一月七日、高杉・山県らの諸隊は、絵堂《えどう》にあった「俗論派」の本営を襲撃した。一〇日あまりにわたる激戦の末、高杉らの諸隊は戦場を制した（大田《おおだ》・絵堂の戦い）。藩論は再度一転した。俗論派は失脚し、高杉ら「正義派」が権力を掌握したのである。徳山藩では次郎彦ら「殉難七士」の復権が行われ、富山らは遠島に処せられた（古川薫『斜陽に立つ』二六頁）。

慶応元年（一八六五）六月二九日、次郎彦に対する赦免状が徳山藩主毛利元蕃《もとみつ》より交付された。七月三日、児玉家の親類一同は早速、健に家督を相続させてほしい旨申し出ている。それはすぐさま聞き届けられ、健は中小姓に取りたてられて禄高二五石を与えられた。この時、健はその名を源太郎と改めている。「児玉源太郎忠精《ただきよ》」の誕生である。中興の祖「源太郎元《もと》経《つね》」に由来する名前に、源太郎は奮い立ったことであろう。この小さな少年に、児玉家は一族の未来を託したのである。それから三カ月後、源太郎は元の馬廻り役に任ぜられ、禄高も一〇〇石に戻されている。

児玉家の復権

徳山藩は態勢の立て直しを図っていた。七月には兵制改革が行われ、練兵塾による統一的軍事教練が開始された。藩論を二分した亀裂の修復も急がれていた。元蕃は藩内の結束を固めるため、家臣たちに誓詞への署名を求めた。源太郎も一一月一九日付で署名して花押を据えている。すでに前日には練兵塾への入塾が許されており、ほどなくして二番中隊半司令士に任ぜられた（以上、『児玉家資料』）。

慶応二年（一八六六）六月、ついに第二次長州戦争が始まった。長州藩は挙藩抗戦体制を整え、四境から侵入してきた幕軍を迎え撃った。諸隊の士気は高く、高杉率いる奇兵隊は対岸の小倉藩領深く攻め込んだ。

だが、年少の源太郎には出陣の機会はめぐってこなかった。戦況が一段落した九月に入って、ようやく朝気隊《ちょうきたい》への加入を仰せつけられた。朝気隊は藩士八〇名で編成された、純然たる士族の部隊である。このころ源太郎は、桜馬場（現在の児玉公園付近）の屋敷を拝領している（『児玉源太郎とその時代

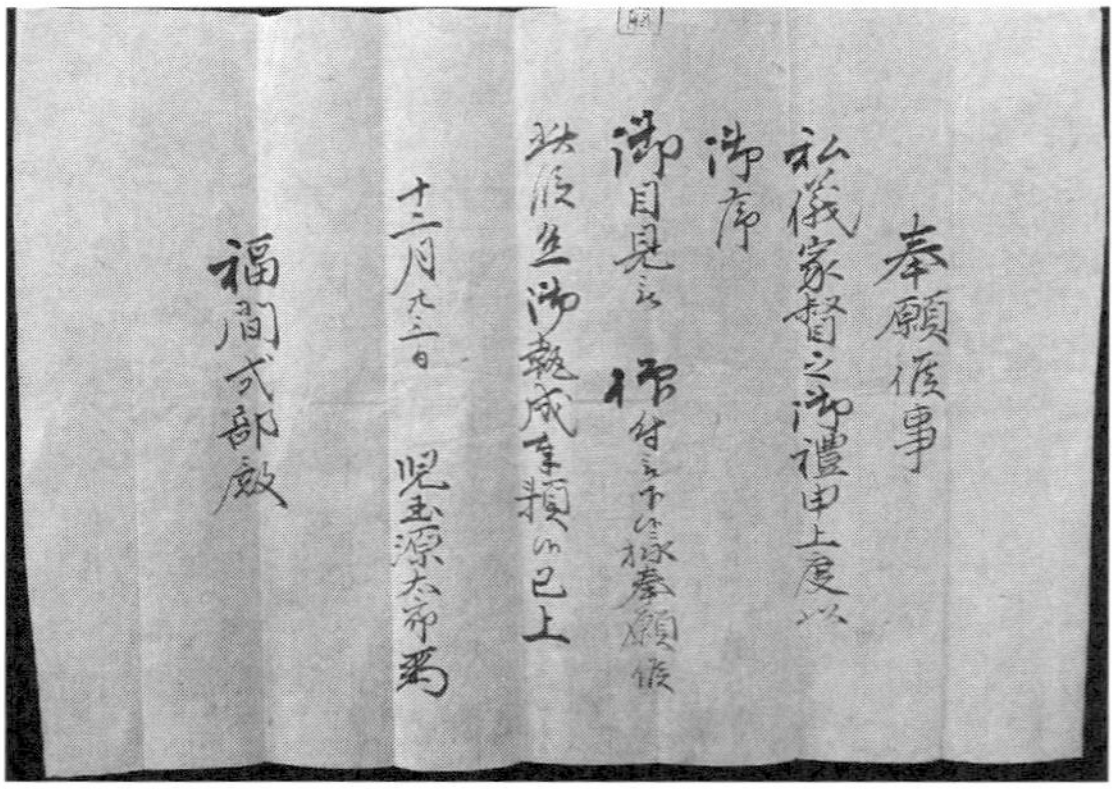

「家督の御礼」言上御目見願い（周南市美術博物館蔵）

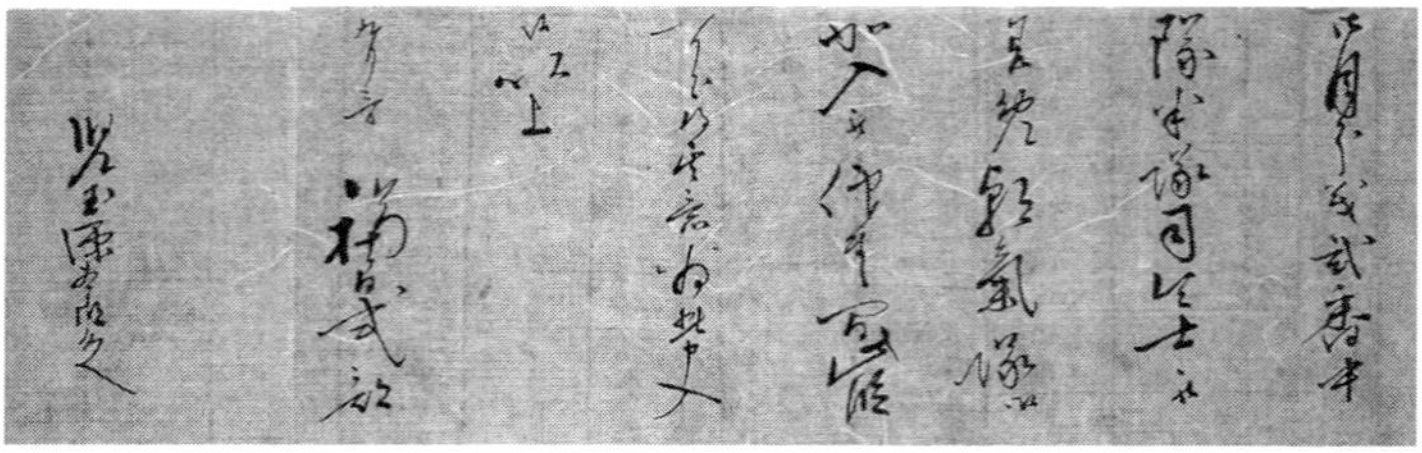

「朝気隊加入仰付」（慶応２年９月３日）（周南市美術博物館蔵）

展』一二三〜一二四頁)。あとはただ、晴れの出陣を待つばかりである。

慶応三年一〇月一三日、討幕の密勅が薩長両藩に下され(同日、大政奉還)、事態が混迷を深める中で、一二月九日、ついに王政復古の大号令が発せられた。時代の潮流はようやく、武力倒幕へと雪崩落ちていったのである。翌慶応四年一月三日、鳥羽・伏見の戦いで戊辰戦争の戦端が切って落とされた。

尊攘論と児玉

さまざまな政治的経験を重ねるに従って、源太郎の心の中で尊攘イデオロギーは急速に色褪せていった。もちろん、義兄への追慕の念は変わらなかったが、次郎彦を想えば想うほど心の底に割り切れない思いが残った。彼の死はいったい何だったのか。源太郎は「政治的なるもの」、とりわけ政治的イデオロギーには強い違和感を覚えるようになっていた。

源太郎と政治のこうした関係は、終生「松陰先生の門弟」を以て任じていた山県有朋のそれとは対照的である。

天保九年(一八三八)に生まれた山県と児玉の年齢差は一四歳、文久元年(一八六〇)には山県はすでに二三歳の青年であったが、児玉はわずかに九歳である。いかに百合若が俊才であっても、文久年間の政治的激動に「主体的に」関われるはずがない。この点が両者の決定的な違いである。

吉田《よしだ》松陰《しょういん》に直接師事した山県にとって、若き日の政治活動の思想的動機として尊攘思想は決定的な重みを持っていた。長寿を全うし、晩年になっても権力への強い執着を持ち続けていた山県にとって、「あれらの日々」の政治的体験はもとより否定できるものでは全くなく、したがって、尊攘論の残影はいつまでも彼の胸中に活き続けており、それは時として国体論的名分論として噴出した（明治四四年、南北朝正閏《せいじゅん》論事件*）。

*文部省編纂の国定日本史教科書が、南北両朝を並立させて「正邪順逆」を誤らしめている、という新聞報道がきっかけとなって起こった思想的事件。時の第二次桂太郎内閣は学者の意見には介入しないという方針をとろうとしたが、山県の怒りに触れ、結局、明治天皇の勅裁によって後醍醐《ごだいご》天皇方の南朝が正統とされた。

一方、年少の源太郎にとって、尊攘思想はやや上の世代の政治的イデオロギーであった。「遅れてきた世代」は、往々にして過度に理想主義的、イデオロギー的になりがちである。だが、源太郎はそうはならなかった。

次郎彦の惨殺をきっかけに、一三歳の少年は「政治的なるもの」に直面した。そして、それは深い心理的傷痕となって残った。政治とそれが必然的に伴う権力闘争の中に、彼は人生を賭けるに足るだけの価値を見出すことはできなかった。母や姉は仇討を強く望んでいたが、百合若がそれに固執していた形跡は、管見の限りでは見当たらない。彼はひとまず、御家再興を第一義に考えていたのである。

人生の目標を見出すにはまだ時間が必要であった。次郎彦の死はそれほどまでに、少年源太郎に強烈な精神的衝撃をもたらしたのである。

2　戦塵の中で

初陣

明治元年（一八六八）九月二二日、源太郎は献功隊《けんこうたい》第二番小隊の半隊司令士（小隊長）として出征した。一七歳の初陣である。献功隊は朝気隊、斥候銃隊、武揚隊《ぶようたい》、順祥隊《じゅんしょうたい》の四隊を合わせて結成されたもので、一七歳から四〇歳までの士族とその子弟から成っていた（『児玉源太郎とその時代展』二四頁）。

一〇月一一日、献功隊は出羽国《でわのくに》土崎に上陸した。すでに庄内《しょうない》（山形県）の戦いは終わっており、主戦場は蝦夷地に移っていた。源太郎は隊とともに陸路青森に入り、ここで越冬した後、翌明治二年四月一六日、松前半島の付根に近い江刺《えさし》に上陸し、要衝二股口《ふたまたぐち》へ迫った。敵軍の守将は土方歳三《ひじかたとしぞう》である。二三日、二股口金山堡塁に対する攻撃が始まった。この堡塁には最新式の築城術が施されており、二昼夜にわたる激戦のあげく、新政府軍は退却を余儀なくされた。源太郎の初陣はひどい苦戦であった。

戦《いくさ》は初陣が肝要である。最初から負け戦だと、その後の戦いぶりも微妙な影響を受ける。勇敢であらねばならないと思うあまり、かえって冷静さを欠いてしまうといった類の、いわゆる「平常心」を欠いた精神状態に陥りかねないからである。二股口の戦いでの源太郎のエピソードは残っていない。だが、その後の戦いぶりから見ても、源太郎が平常心を失わなかったことは確かであろう。

源太郎の心底には、家名断絶時の屈辱がありありと残っていた。玄関先で斬殺された次郎彦の無念も忘れることはできなかった。なんとしても家名を挽回して雪辱を期したい。衆を恃んで侮辱的な態度をとった朋輩にも、ぜひとも一矢報いねばならない。

源太郎の資質には冷徹さがある。周囲が熱くなればなるほど、彼の頭脳は冴えわたり、的確な判断を下すことができるという、まさに生まれついての野戦指揮官としての資質である。実はその根底には、源太郎独特のセンチメンタリズムが脈打っているのであるが、今はそれには触れないでおこう。

さて、いったんは新政府軍を退けた土方であったが、ほどなくして箱館方面に危急が迫ったため五《ご》稜郭《りょうかく》に引き揚げた。五月二日、献功隊などの諸隊は箱館北方の大川口に急進したが、ここでの旧幕府軍の反撃は激しかった。八日払暁、大鳥圭介《おおとりけいすけ》は風雨に乗じて新政府軍を奇襲、暗闇の中で献功隊は混乱状態に陥り、諸所で同士撃ちも起こった。だが、源太郎は無事であった。敵軍も辛うじて撃退され、新政府軍は五稜郭を包囲した。

五月一一日、五稜郭に対する総攻撃が始まった。献功隊が分担したのは山の手方面からの攻撃である。すでに、榎本武揚《えのもとたけあき》率いる敵艦隊は壊滅しており、五稜郭は一方的な艦砲射撃に曝されていた。一二日、土方は戦死し、間もなく主将榎本、大鳥も降伏した。箱館戦争はここに終結した。

フランス式歩兵学に触れる

六月二日、献功隊は東京に凱旋した。諸隊の将兵は帰郷を命ぜられたが、一部の者は居残ってフランス式歩兵学を学ぶことになった。献功隊からは源太郎以下一三名が残留を命ぜられた。なお、山口の整武《せいぶ》隊からは寺内正毅《てらうちまさたけ》以下七五名が、長府の報国隊からは乃《の》木希典《ぎまれすけ》以下六人が抜擢されている。フランス式練習生に抜擢されたことは、箱館での源太郎の戦いぶりが、それなりに評価されていたことを意味している。

「それなりに」と書いたのは、源太郎らがエリートコースに乗ったわけではないからである。彼らに期待されていたのは、速成教育によって下士官としての役割を果たすことであった。真のエリートコースは、横浜語学所入学に始まる。そこでフランス語を修めて、留学すれば、将来の将帥への道が半ば約束されるのである。

語学所への入学を許されたのは、木戸孝允《きどたかよし》（桂小五郎《かつらこごろう》）がかわいがっていた桂太郎《かつらたろう》であった。桂は木戸とは姻戚関係にあり、毛利公の小姓も勤めたこともあった。野戦指揮官としての戦歴は今一つだったが、伝書使《クーリエ》としての功績は高く評価されていた。もっとも、語学所はやがて兵学寮に統合され、それに不満をもった桂は自ら退学して、ドイツへと私費で留学している（小林『桂太郎』一七〜二二頁）。

六月一六日、源太郎ら残留組は献功隊の出発を見送った。半年余りの戦いで苦楽を共にした戦友たちが、今、中仙道を北へ向かって去っていく。故郷徳山では父母や妻子がその帰りを待ちわびていることだろう。この時、奇兵隊などの諸隊も凱旋したが、彼らを待っていたのはあまりにも過酷な運命であった。

大村益次郎暗殺

明治二年九月四日、児玉と寺内らは京都二条河東練兵場の仮兵営に入営した。ところが、彼らが旅装を解いて間もなく、兵部大輔《ひょうぶたいゆう》の大村益次郎《おおむらますじろう》が京都木屋町で何者かに斬られたという報が飛び込んで来たのである。大村は長州が生んだ軍事的鬼才で、早くから徴兵制軍隊の建設、つまり、身分制軍隊の解体を唱えていた。犯行は不平士族によるものと思われた。

宮内は騒然となった。ある者は帰郷に備えて行李を整え始め、また、ある者は下手人探索に飛び出そうとした。大楽源太郎こそは事件の黒幕である。そんな噂が早くも飛び交っていた。だが、児玉はあくまでも冷静であった。一時の激情に駆られた軽佻《けいちょう》な行動が、いかなる政治的反作用をもたらすかを、彼は骨身にしみて知っていたのである。

一一月五日、大村は大阪で長逝した。ちょうどこの日に、児玉らフランス式練習生は大阪玉造の兵学寮に移った。兵学寮を大阪に置いたのは、大阪は日本の中央に位置しており、「四方の変に応じやすし」という大村の意見に拠ったためである。兵学寮の学生たちは、新政府直属の実戦部隊としての役割をも期待されていたのである。

そして、その機会は意外と早く訪れた。明治三年一月、山口で脱隊騒動が勃発したのである。

脱隊騒動勃発

脱隊騒動は、明治維新が引き起こした悲劇的な事件の一つである。

奇兵隊に代表される長州藩諸隊は、各地の戦いで大いに軍功を挙げたが、その反面、多くの戦死者も出していた。ところが、論功行賞が十分なされないうちに、山口藩（明治元年五月以降の呼び名）は奇兵隊をはじめとする諸隊に解散を命じた。

戊辰戦争の終結により、不正規兵は必要なくなったというのである。十分に取り立てられるはずが、彼らは今や使い捨てにされる運命にあった。その背景には山口藩の財政難もあった。四境戦争以来、山口藩は石見《いわみ》・豊前《ぶぜん》両国を支配下に置いていたが、新政府はそれらの移管を求めていたのである。

明治二年一二月一日、奇兵隊、整武隊などの脱隊兵は山口を脱して、藩内各所に砲台を築いて藩政府との対決の構えを見せた。そして、一触即発の状況の中で決定的な事件が起こった。翌年一月二四日、脱隊兵は山口の藩知事毛利元徳《もうりもとのり》邸を囲み、その糧道を絶ったのである（以上、一坂太郎『長州奇兵隊』一九一～一九七頁）。首謀者の中には、次郎彦とも交流のあった大楽源太郎がいた。これらの動きとあたかも呼応するかのように、領内各地では大規模な百姓一揆も起こっていた。

小郡での奮戦

騒動勃発により、児玉らは急遽大阪から山口へ派遣されることになった。事態を重く見た木戸は、自ら現地に赴いて鎮圧に当たった。児玉らの部隊（総計六三〇名。うち大阪からは七〇名）は下関から海路小郡《おごおり》に上陸、山田顕義《やまだあきよし》の指揮下に反乱諸隊と銃火を交えた（二月一〇日）。この小郡の戦いは大激戦で、討伐軍は一日でおよそ七万発の弾薬を消費したという。「今日の苦難語り尽くすべからず」。木戸は日記にそう書き記している（二月一五日付伊藤博文宛内海精一書翰、『奇兵隊反乱史料・脱隊暴動一件紀事材料』九二頁、『木戸孝允日記』二月九日）。

その後、態勢を立て直した鎮圧軍は反撃に転じ、各地で脱隊兵を破って、二月一一日にはついに山口の藩知事邸の囲みを解いた。脱隊騒動はようやく鎮圧された。

二月二八日、小郡での奮戦を認められて、「浪華《なにわ》仏式修業兵」七〇人に金一〇両が藩庁より下賜された（『奇兵隊反乱史料・脱隊暴動一件紀事材料』一〇二頁）。部隊の一員としてではあったが、源太郎はその戦功を藩庁から認められたのである。

後年の西南戦争と同じく、脱隊騒動は同朋相食む凄惨な戦いであった。鎮圧軍の戦死者は二〇、負傷者は六四、脱隊兵は戦死者六〇、負傷者七三、死罪に処せられた者は一三〇名を超えたという。しかも、脱隊兵一八〇〇のうち、一三〇〇が農民や商人の出身であった（一坂『長州奇兵隊』一九八頁）。なお、大楽は逃亡先の筑後河畔で久留米藩士によって暗殺されている（明治四年三月）。

脱隊騒動は木戸にも深刻な衝撃を与えた。政府にとって軍隊とは一体何なのか。どうしたら、兵士の忠誠を確保することができるか。自ら鎮圧に赴いた木戸であったが、こののち彼は「文武の判然せざるを憂へ」るようになった（『木戸孝允日記』明治六年一一月九日）。政治的言説空間から軍隊を切り離し、統一された国家意思に基づいて作動する「健全な国軍」をいかにして建設するか。こうした木戸の問題意識は、木戸系軍事官僚のエースたる桂太郎によって継承されていく（小林『桂太郎』三九〜四一頁）。

すべての革命は
我が子を貪り食う

それでは、児玉は脱隊騒動をどう見ていただろうか。「俗論派」との権力闘争によって、一時は家名断絶の悲運に泣いた源太郎である。戦功を嘉賞されたことを喜びつつも、「政治的なるもの」が暴走した時の恐ろしさをあらためて痛感していたに違いない。

俗論派が勝てば「正義派」は没落する。高杉の挙兵をきっかけに今度は俗論派が滅びる。骨肉の争いは止まるところを知らない。「すべての革命は我が子を貪り食う」のである。こうして、革命の功労者だったはずの奇兵隊までもが、自ら滅びの道を歩んでしまった。士族から成る献功隊は常備軍に編入されたが、まかり間違えば自分たちも、大きな政治の渦の中で翻弄されていたかもしれない。

源太郎にとって、同世代の若者たちが脱隊騒動に巻き込まれ、命を落としていったことは決して他人事ではなかった。次郎彦の無残な死は、その後急速に名誉回復がなされたことで、かえって心の底に深く沈澱していった。

児玉文庫の開設

後年、児玉は議会制度の導入に伴う地方社会の政治化を、「少年子弟を政治にのみ狂奔」させる社会の「悪風習」として強く非難するようになる。一時の政治的興奮は「国家百年の長計」を誤らせるだけでなく、それに巻き込まれた前途有為な少年に身の破滅をもたらしかねないというのである（明治二五年一月三一日付土屋《つちや》光春《みつはる》監軍部参謀宛児玉源太郎書翰、『児玉陸軍少将欧州巡回報告書(5)』所収）。

この一見「反動的」な見解の根底に、児玉のあまりにも悲痛な政治的経験があったことは言うまでもあるまい。晩年、児玉は郷里徳山に児玉文庫という私設図書館を設けて、広く一般の利用に供したが、それは眼界を開いて、まずは豊かな教養を郷里の人々、特に青少年に身につけてほしいという、児玉の切実、かつ周到な考えから発したものであった。政談を排して実学を重んずるという点で、児玉は伊藤博文と同様の教育観を持っていたのである（瀧井一博『伊藤博文』七三〜七五、一四一〜一四九頁）。

児玉文庫貸出用木箱
（周南市立図書館蔵／著者撮影）

児玉は終生、必要以上に「政治」にのめり込もうとはしなかった。とくに権力闘争そのものには、自ら持して厳しく一線を画していた。この点では、彼は桂太郎や田中義一よりも乃木希典《のぎまれすけ》に近かった。乃木と児玉が終生友情を分かち合えたのは、おそらくはそのためであった。彼らはともに、より「悠久なるもの」に対して、自らの身命を賭したいと考えていたのである。

速やかな昇進

明治三年六月二日、大村の「精兵凡そ百人」は新陸軍に任官した。児玉もその一人で、初任は大隊第六等下士官であった。その後の昇進は次の通りである。陸軍権《ごんの》曹長《そうちょう》（明治三年一二月）、準少尉（明治四年四月）、少尉（明治四年八月）、中尉（明治四年九月）、大尉（明治五年七月）、少佐（明治七年一〇月）。見ての通り、昇進はまことに急であった。

児玉の戦いぶりは上官の山田顕義を通じて報告されていただろうが、この速やかな昇進は陸軍建設の必要上とられた措置でもあった。徴兵制軍隊の建設を控えて、新陸軍は大量の隊付《たいつき》将校を必要としていたのである。

やや時期はずれるが、明治八年現在の将官・佐官別人数を示せば、大将一（西郷隆盛）、中将二（山県有朋、黒田清隆）、少将一四、大佐一二、中佐三八、少佐九一である（当時、児玉は少佐）。少佐の数が際立って多いが、これは先の理由による。

迅速に昇進したのは児玉だけではなかった。朋輩の寺内正毅は児玉を凌ぐ速さで大隊第六等下士官から大尉へと駈け上っている（児玉…明治三年六月〜明治五年七月、寺内…明治三年一二月〜明治五年二月）。このころまでの児玉は、陸軍将校団のワン・オブ・ゼムにしかすぎなかった。

少佐時代の児玉
（冨重利平撮影／周南市美術博物館蔵）

寺内正毅
（国立国会図書館蔵）

桂太郎
（徳富猪一郎編『公爵桂太郎伝』乾巻，故桂公爵記念事業会，1917年，より）

明治八年には、児玉は少佐に昇進し、木戸系エリート軍人官僚の桂太郎と肩を並べるようになり、依然として大尉のままであった寺内に大きく水を開けている。寺内が少佐に昇進できたのは、児玉より五年も遅れた明治一二年のことである。

速やかな昇進は、佐賀の乱（明治七年）での児玉の軍功が認められたからでもあり、また、桂と寺内の軍歴上の瑕疵《かし》から派生した現象でもあった。この間、桂は兵学寮を退学して、私費留学を試みており、寺内もまたいったん軍籍を離れている。このことが彼らの昇進を遅らせたのである。

児玉は大阪で隊付勤務を黙々とこなしていた。仇討ち禁止令（明治六年二月）によって、ヒサの希望はすでに空しいものとなっていた。児玉もまた、今さら仇討ちなど行う気には毛頭なれなかった。彼は新生日本陸軍の佐官である。その彼が「封建遺習」たる仇討ちなどできようはずもなかった。

ナポレオンへの憧れ

当時の児玉にはこんなエピソードが残っている。大阪外国語学校の学生であった黄葉秋造《きばしゅうぞう》（山口県士族、のち台湾国語学校教授）は、学費に窮して学業廃絶に追い込まれていた。そこで、たまたま目に入った「山口県士族、児玉源太郎」という表札を頼りに、見も知らぬ児玉の棟割長屋を突然訪れて、書生として雇ってくれと頼んでみたところ、児玉は外国語学校に身元を照会した上で、なんと二つ返事で望みを容れてくれたというのである。黄葉は当時一七歳、児玉とは五歳違いであった。

もっとも、児玉にもある目算があった。黄葉から英語を教えてもらおうというのである。講義は「ＡＢＣ」から始まったが、せっかちな児玉はやがて丸善から地理書や歴史書を取り寄せて、黄葉に講読させるようになった。児玉のお気に入りはバーレーの万国史で、特にナポレオンの事績には大いに感銘を受けた。「今に見て居れ、乃公《おれ》は東洋の小那翁《ナポレオン》になってみせるから」。児玉は黄葉になんどもそう繰り返していたという（『台湾日々新報』明治三九年七月三一日）。児玉はのちにフランス留学を志すが、その最初の動機はナポレオンへの強い憧れであった。

しかしながら、児玉の心の中には、時として寂漠たる思いが突き上げてきた。次郎彦やその朋友は、なぜ死なねばならなかったのか。自分はなぜ生き残ったのだろうか。二二歳の青年士官は、心の憂さを芸者遊びで晴らすようになった。

近代軍の建設

この間、維新政府は中央集権化政策を急速に推し進めていた。とりわけ、中央政府への兵権の吸収と近代的軍隊の建設は急務であった。

明治四年七月、政府は薩長土三藩から御親兵を抜擢し、その武力を背景に廃藩置県を断行した。その後、御親兵は近衛兵となり、天皇の警護にあたるようになり、さらに、兵部省の下には鎮台が置かれ、各地の治安を任された。当初、総兵力はわずかに一万五〇〇〇、四鎮台が東京、大阪、鎮西、東北に置かれていたが、明治六年一月、徴兵令の公布に合わせて、六鎮台態勢（東京、仙台、名古屋、大阪、広島、熊本）に拡充・整備された。

近代軍の建設は士族の特権剝奪をもたらした。それに不満をもったいわゆる「不平士族」たちは、外征戦争によって自らの存在意義を明治新政府に認めさせようとした。明治六年一〇月、西郷隆盛や板垣退助、江藤新平ら征韓派参議は一斉に野に下った。いわゆる明治六年政変である。

翌明治七年一月、板垣は愛国公党を結成し、さらに副島種臣《そえじまたねおみ》、後藤象二郎《ごとうしょうじろう》ら征韓派の前参議と連名で民撰議院設立の建白書を左院に提出して、自由民権運動の狼煙《のろし》をあげた。江藤もこれに加わったが、その後、郷党の呼びかけに応じて佐賀に帰郷し、雌伏の日々を送っていた。

佐賀の乱

二月一日、佐賀県士族の一党、憂国党（保守派）が、官金を取り扱っていた小野組佐賀出張所に押しかけるという事件が起こった。江藤の帰郷をきっかけにして、同県士族は活発に動き始めており、内務卿の大久保利通は、こうした動きが熊本や鹿児島、高知にまで波及して、全国的な大乱のきっかけになるのを恐れていた。

もはや一刻の猶予もならない。二月七日、熊本鎮台司令長官の谷干城《たにたてき》に出兵・鎮圧命令が下された。大久保は自ら鎮圧・賞罰等の全権を掌握して現地へ急行した。一四日、熊本鎮台兵は海陸二手に分かれて佐賀に向かった。翌一五日、その半分は佐賀城に入ったが、佐賀県士族は征韓党（江藤）・憂国党（島義勇《しまよしたけ》）ともに結束して激しく抗戦した。鎮台兵には籠城戦に堪えるだけの糧食の準備はなかった。一八日、山川浩《やまかわひろし》少佐率いる鎮台兵は佐賀城を脱出、筑後方面への撤退を余儀なくされた。

佐賀の乱を実質的に鎮圧したのは、東京・大阪・広島の三鎮台兵である。鎮圧軍の総督（軍司令官）には野津鎮雄《のづしずお》陸軍少将が任ぜられ、児玉大尉は参謀渡辺央《わたなべまなか》少佐の副官（伝令使兼書記）として出陣した（大島明子「『士族反乱期』の正院と陸軍」六一〜六四頁）。

鎮圧軍は大阪から海路博多に上陸して、三方に分かれて佐賀に迫った。二月二一日、野津は大阪鎮台主力とともに県境を越えて田代から朝日山へ向かった。渡辺や児玉もこれに従った。翌二二日、政府軍は撤退する佐賀軍を追撃して、寒水川《しょうず》を挟んだ中原宿《なかばる》に野営した。

鎮台兵の動揺

戦《いくさ》は順調に推移していた。野津は緒戦の「大勝」を博多の本営に報告している。翌日にでも「佐賀へ乗り入るべし」。大久保もまた強気であった（「佐賀県官軍戦況報告写」(ト)(チ)(リ)、二月二二日午後五時五十分発大久保内務卿電報、『岩倉具視関係文書・内閣文庫所蔵』リール5）。

だが、児玉らには一抹の不安があった。志願制軍隊である奇兵隊の兵卒には、凱旋の暁には士分に取り立てられるという期待感があった。徴兵制軍隊には、そういった立身出世的モチベーションは期待できない。鎮台兵の実戦投入はこれが初めてである。本格的な戦闘が始まって、兵卒が動揺するならば、指揮官自ら弾雨の中に身をさらして彼らの士気を鼓舞するしかない。

児玉らの危惧は的中した。この日、江藤新平は自ら神埼《かんざき》の佐賀軍本営に現われ、兵を叱咤し、中原の政府軍に夜襲をかけさせた。それは失敗に終わったが、鎮台兵の心胆を凍らせるには十分であった（「陸軍少将野津鎮台〔ママ〕上申之戦記」）。

寒水川（著者撮影）
佐賀軍は対岸の樹林の中に胸壁を築いて，政府軍を待ち構えた。児玉らの渡河点は写真遥か左方である。

寒水村と切通の戦い

翌二月二三日、野津は長崎街道を寒水村《しょうず》へと進撃した。先鋒は大阪鎮台第一〇大隊（大隊長陸軍少佐茨木惟昭《いばらきこれあき》）である。江藤らはこれに起死回生の一撃を加えようとしていた。政府軍を内懐に誘い込んで、一挙に包囲殲滅しようというのである。第一〇大隊が寒水村から神埼方面に向かおうとした時、佐賀軍は一斉に反撃に打って出た（前掲「佐賀県官軍戦況報告写」(イ)(ヌ)(ル)）。

寒水から神埼までは緩やかな丘陵が連続しており、筑後川支流の小河川が幾筋も街道を横切って流れている。川沿いには樹木が繁茂しており、防御用の胸壁を築くには格好の地形であった。なかでも、長崎街道と筑前街道が交叉する切通《きりどおし》と切通川*はこの方面の要害であった。

＊類書には安良川《やすら》とあるが、安良川は寒水川の五キロあまり東にあり、現鳥栖《とす》市内を流れている小河川である。『佐賀征討日誌』には、児玉は寒水川の先の要害で重傷を負ったとある。

佐賀軍は左右両翼の築堤から猛烈な砲火を浴びせかけた。鎮台兵の多くはパニック状態に陥った。「官軍ほとんど敗れんとす」（「佐賀征討戦記」）、「弾丸雨の如く、敵（政府軍）の死傷多く、逡巡《しゅんじゅん》して進むあたわず」（「佐賀戦争追憶談」、以上、宮田幸太郎『佐賀の乱』二六七〜二六八頁）。敵味方の報告は期せずして一致している。第一〇大隊は潰滅寸前の状況に陥ったのである。

瀕死の重傷を負う

野津は馬に一鞭あてると、抜刀して前線に躍り出た。伝令としての職務を遂行すべく、児玉も戦場を馳駆した。彼は勇敢であった。あたかも連隊旗手のように、指揮旗を高く掲げて最前線で兵卒を叱咤激励した。

と、次の瞬間、敵弾が児玉の右手甲を抉った。しかし、彼は怯まなかった。旗を左手に高々と翻《ゆんで》し
た。ところが、今度は二発目の敵弾が左腕を貫通して脇腹に達した。幸い急所は外れていたが、出血はおびただしかった。昏倒した児玉はたまたま通りかかった兵卒に発見され、応急手当を受けて福岡仮病院に収容された（『読売新聞』明治三九年七月二九日）。

児玉は見事に職務を遂行した。しかし、「彼が大隊の危機を救った」と言うことはできない。第一〇大隊を救ったのは、第四大隊長の厚東武直《こうとうたけなお》少佐であった。彼は佐賀軍を背後から奇襲し、これを敗走せしめたのである（宮田『佐賀の乱』二六七〜二六八頁）。厚東はこの時の軍功によって、のちに宮中の賜餐に招かれている。

この日、大久保が戦場を視察に訪れた。彼はその日記に、本日の戦は激しく、死傷者も多く出たが（戦死者は四〇人）、我軍はことごとく勝利を収めたと記している（『大久保利通日記』明治七年二月二三日、前掲「佐賀県官軍戦況報告写」(イ)）。第一〇大隊では兵卒七人が戦死し、児玉を含む士官四人、兵卒一二人がそれぞれ戦傷を負った。彼らの奮戦もあって、政府軍はどうにか危機を脱した。

二月二三日の戦いは、佐賀の乱の決定的な戦闘となった。長射程のスナイドル銃は佐賀軍を徐々に圧倒していった。江藤は敗北を認め、直ちに佐賀へ戻った（『佐賀の乱』二七〇頁）。三月一日、政府軍は佐賀城に再入城した。一一日、大久保の下に島義勇捕縛の報が入った。四月二日、江藤が潜伏先の高知で捕われ、佐賀の乱はここに終わった。

3　戦傷と結婚・再生

石黒忠悳《いしぐろただのり》との出会い

杉山茂丸の『児玉大将伝』では、療養生活中の児玉の天衣無蓬ぶりが強調されている。病棟内の酒盛りに参加して、同僚に刺身を無理やり食べさせられた、といった類の話である。児玉は生来の酒好きだったから、そうしたことがあってもおかしくはない。だがあったとしても、それは大阪に転地療養した明治七年（一八七四）七月以降の話だろう。

実は児玉の受けた傷は非常に重く、一時は生命の危険も危ぶまれていた。療養生活は半年あまりにも及んだ。「殆ど黄泉《よみ》の客となりかけたのですが、医の妙術によって辛うじて鬼籍を免れました」。児玉は故郷の友人にそう書き送っている（明治七年八月二七日付遠藤貞一郎宛児玉源太郎書翰）。

児玉が一命を取り留めたのは、たまたま福岡に出向いていた軍医長石黒忠悳《いしぐろただのり》による適切な応急措置の賜物であった。石黒はのちに陸軍軍医総監や貴族院議員・枢密顧問官などを歴任する日本医学界の重鎮で、顧問官時代（昭和三年）には治安維持法強化に反対した硬骨の人である。

そして、軍医総監の石黒を支えたのが当時陸軍次官となっていた児玉であった。石黒は大山巌や山県有朋、そして川上操六・乃木希典といった人々とも親交を結んでいるが、児玉とはとくに「相共に陸軍省で一生懸命に働いたので莫逆《ばくげき》の友〔親友〕」となった。石黒は晩年になって往時をそう回想している。

なお、愛知県で病院長を務めていた後藤新平の行政的才幹を見出し、彼を児玉に紹介したのも石黒であった。児玉がそれまで一面識もなかった後藤を重用できたのは、児玉の人を見る目もさることながら、彼が石黒を深く信頼していたからに他ならない（以上、石黒忠悳『懐旧九十年』三二九〜三三〇頁）。福岡での石黒との出会いがなければ、台湾での児玉・後藤コンビは生まれなかったかもしれない。

憤涙雨の如し

さて傷が治りかけると、今度は負傷した右手の不自由さが急に気になり始めた。手綱《たづな》が握れないので、馬に乗ることもできない。馬に乗れなければ、軍人としての資格がない。当時の軍隊では、乗馬は将校の必須科目であった。

佐賀の乱の後、多くの傷痍《しょうい》軍人が退役に追い込まれていた。エリート将校ではない自分は確実に馘《く》首《び》になるのではないか。「佐賀の一小戦」ごときで重傷を負うとは、あまりに無念である。ベッドの上で源太郎は地団太を踏んだ。「憤涙雨《ふんるい》の如く」、手紙を書く筆もしばしば手から滑り落ちた。肉体的ダメージもさることながら、軍歴を閉ざさなければならないのではないかという不安もまた、筆が重くなった一因であった。児玉は当時の心境をそう書き記している（前掲遠藤貞一郎宛児玉源太郎書翰）。

それにしても、手紙の中の「佐賀の一小戦」とは気になる表現である。なぜ、児玉はこんな言葉を使ったのだろうか。

『三条家文書』の中に「佐賀・台湾両役後有功者賞典調書」という文書がある。佐賀の乱と台湾出兵で功績を挙げた官吏や軍人をリストアップしたもので、「佐賀県賊征討賞典」・「佐賀県出張陸海軍人へ慰労特賜金」というカテゴリーが設定されている。だが、そこに「陸軍大尉児玉源太郎」の名はない。もっとも調書の中には、野津司令部の参謀や大隊長名をリストアップした頁もあるから、児玉が何らかの賞典に浴したことは間違いあるまい（酒肴料はすでに下賜されていたらしい）。おそらくは、「戦功抜群の将校」「陸海軍将校卒」の中に「その他大勢」としてカテゴライズされていたのだろう。

佐賀の乱で児玉は奮戦したが、それは決して突出したものではなかった。「児玉源太郎」という存在が人々の注目を浴びるには、まだ若干の年月が必要であった。おそらくはそんなこともあったので、児玉は「佐賀の一小戦」などと称していたのかもしれない。

さて、もう一つの理由は、清国との一戦を渇望する心理状態にあった。

清国との一戦を望む

当時、日本は清国との間に琉球領有問題を抱えており、明治七年五月には太政官政府は台湾出兵に踏み切っていた。台湾に漂着した沖縄宮古島の漁民が「生蕃《せいばん》」（台湾の先住民の中で、清国の支配に従わない「部族」の総称。比較的従順な部族は「熟蕃《じゅくばん》」と呼ばれていた）に殺害されたことを口実に、蕃地事務都督西郷従道《つぐみち》は琉球問題の解決と同時に台湾を日本領土に編入しようとした。いわゆる「征台の役」、台湾出兵である。

児玉が療養生活を送っていたこの年の夏、日清間には戦雲が立ち込めていた。多くの士族たちは清国との一戦を待ち望んでいた。朝鮮国との一戦では物足らないが、清国なら相手にとって不足はない。もはや、大阪で荏苒《じんぜん》時を費やしている場合ではない。来るべき清国との一戦にはぜひとも参加して、大いに軍功を挙げねばならない。児玉もまた、一青年士族として清国との一戦を切望していたのである。「佐賀の一小戦」という言葉には、そうした気持ちも込められていた。

八月、児玉に朗報が飛び込んできた。熊本鎮台への異動が内示されたのである。佐賀の乱での活躍を軍上層部は高く評価していたのであった。ところが、今回初めて明らかになった事実であるが、児玉はこの内示をいったん断っているのである。自分のような「不具の身」では、もはや大した御奉公もできないから、というのがその表向きの理由であった。

熊本への赴任をいったん断る

清国と戦うことになれば、鎮西の地、熊本は要衝中の要衝であり、現に歩兵一大隊は台湾にも派遣されている。大阪に燻っているよりも、出征のチャンスは断然大きいに違いない。また、「武官出身の者」の先陣争いに後れをとるのも面白くない。ややあって異動を受諾した児玉は、自らの心境の変化について以上のように説明している（以上、前掲遠藤貞一郎宛児玉源太郎書翰）。彼は気持ちも新たに新天地へ向かうことを決意したのである。

松子との出会い

それにしても、児玉の説明は非常に廻りくどく不自然である。右手の不自由さをカバーすべく左手で書を認《したた》めてみたり、彼はベッドの上でも機能回復訓練に余念がなかった。児玉は本当に憤涙に枕を濡らしていたのだろうか。赴任を躊躇した真の理由は何か別にあるのではないか。筆者は、児玉の逡巡の背景には、恋仲であった芸妓松子（旧姓岩永）との結婚問題があったと推測している。

大阪の中心、北浜の土佐堀川の岸辺に「加々伊《かがい》」（『木戸孝允日記』の表記によった）という料亭があった。幕末には桂小五郎（木戸孝允）らも出入りし、明治八年二月には有名な大阪会議が開かれた由緒ある料亭である。

その「加々伊」に大阪時代の児玉も通うようになっていた。そして、松龍《まつりゅう》という五歳年下の芸妓と出会った。彼女は本名を岩永松子といい、没落士族の出だという。そうしたこともあって、二人の心はやがて通い合うようになった。大阪で戦傷を癒しているうちに、源太郎は松龍の身請けと結婚を決意したのである（以上、古川『斜陽に立つ』一一三〜一一六頁）。佐賀の乱の最中に支給された「酒肴料」一〇円も、児玉の背中を押したのかもしれない。

問題は徳山の児玉家の意向であった。家名をいっそう挽回するためには、山口県のそれなりの家格の士族の娘を娶った方がよい。また、芸妓の身請けにはそれ相応の金もかかる。詳細は不明であるが、児玉が熊本への赴任をためらったことの背景に、松子との結婚問題があったことはほぼ間違いあるまい。

結婚と再生

源太郎の心は揺れていた。彼は軍人としての栄達に見切りをつけて、松子との結婚に踏み切ろうとしていた。兄次郎彦は不慮の死を遂げ、かつて徳山の児玉邸を訪れたこともある久坂玄瑞も大楽源太郎も、そして前原一誠もみな維新の激動の中で命を落としてしまった。彼らはなぜ死なねばならなかったのか。

児玉は晩年に至るまで、時々こういった無常感に襲われることがあった。特に酒席ではそうであった。死の淵から生還したことによって、彼はすべてを放擲して松子と一緒になりたいという衝動に駆られたのだろう。ところが、肝腎の松子の意向は違っていたようである。

松子は恋人想いではあるが、同時に大変気の強い女性であった。熊本への赴任をためらっていた源太郎の背中を押したのは、最終的には松子だったように思われる。先の遠藤宛の書翰の中には、熊本への赴任について「種々説諭を受け」たとの印象的な表現があるが、松子もまた、源太郎に説諭した面々の一人だったのかもしれない。

明治七年一〇月、源太郎は松子と華燭の典を挙げた。源太郎二三歳、松子は一九歳である。鎮台は熊本城に置かれており、白川左岸（安巳《やすみ》橋と長六橋の中間辺り）に夫婦は新居を構えた。もちろん借家住まいである。当時の熊本はいまだ平穏であった。

松子との結婚は、児玉の人生の大きな転機となった。自ら家庭を営むことによって、彼はようやく心の慰めを得ることができた。そしてそれと同時に、自らの天命をも悟った。帝国陸軍の軍人として、天皇とその国家に一身を捧げる、それこそが「尊王の大義」に殉じた、次郎彦やその朋友に報いる唯一の道であろう。児玉はようやく、長年の迷いを振り切ることができた。比喩的に言うならば、「児玉源太郎」はここに誕生したのである。

琉球への出張

さて、清国との一戦の機会はついに訪れなかった。全権弁理大臣として北京に派遣された大久保利通の努力によって、それは辛うじて回避されたのである（一〇月三一日）。熊本では小春日和のような静かな日々が続いていた。この間、児玉家にも変化が見られた。明治八年一〇月、母モトが徳山で没した。そして、翌年七月には児玉家に待望の男子が誕生した。のちの内務大臣児玉秀雄《こだまひでお》である。

明治九年八月、児玉は歩兵分遣隊巡視のため琉球《りゅうきゅう》へ派遣された。この年の六月、熊本鎮台から歩兵一分隊が琉球藩へ派遣されており（『太政類典』第一二九巻）、児玉はその実地視察に赴いたのである。山県陸軍卿は、西洋式の軍隊が琉球の風土に受け入れられないことを深く危惧していた。「上《かみ》将校より下《しも》兵卒に至る迄、一層軍紀を厳守し、……軍民間の交際に注意」して、琉球の人々の信頼を得べきである。とりわけ山県が心配していたのが、物資の欠乏による軍紀の弛緩であった（明治九年五月「山県陸軍卿訓示」、『明治八年密事日記』所収）。

琉球に出張した官員は本土から味噌・醤油の類を買い入れており、生活費も自ずと嵩《かさ》んでいた。児玉もその実態に接したのだろう、この年の一二月に鎮台分遣隊の将兵に臨時に増俸することが陸軍省から上申されている（『太政類典』第一二九巻）。

当時、琉球藩王尚泰《しょうたい》は清国への臣礼をとろうとして明治政府に伺いを立てていた。政府はこれを許可しなかったが（六月）、この年の一〇月には、清国福建布政司から琉球藩へ諮問書が届けられている（『太政類典』第一三〇巻）。琉球領有問題は日清対立の火種であった。

明治政府が「琉球処分」に踏み切るには、まず、琉球に独自の政治的影響力を及ぼしていた鹿児島県との関係を整理しなければならない。琉球処分とは琉球藩を廃止し、沖縄県を設置することに他ならないが、それが西南戦争後の明治一一年にようやく行われたという事実は、明治政府による鹿児島県の直轄支配、つまり、西郷隆盛率いる私学校党の壊滅こそが、琉球処分の政治的前提条件であったことを示している。

西郷はかつて奄美大島や徳之島、さらには沖永良部島に流されたことがあり、したがって、明治政府が私学校党の琉球進出を警戒していたとしても不思議ではない。現に西南戦争が起こるや、県令大山綱良は琉球分営の襲撃を図っているのである（「丁丑擾乱記㈡」、『鹿児島県史料・西南戦争』第一巻、九一五頁）。ちなみに、真偽のほどは疑わしいが、今でも台湾南《なん》大澳《だいおう》では若き日の西郷流離譚が語り継がれている。

熊本鎮台兵の琉球派遣には、鹿児島の暴発に備えるという意味合いもあった。もし万一、鹿児島で政治的異変が起こったら、その虚に乗じて、清国が琉球方面でなんらかの政治的、あるいは軍事的策動に出る可能性があったからである。

轎中《きょうちゅう》なお帯ぶ那覇の夢を

児玉がこの琉球出張から何を得たのか、管見ではそれを知るにたる史料はない。もっとも、彼が対清戦争を切望していたことや、のちに持論となった北守南進論から推せば（明治二七年一一月七日付川上操六宛児玉源太郎書翰など）、児玉の眼差しが琉球とその先にある台湾へ伸びていったことは確実だろう。琉球出張はきわめて印象深いものであった。錦江湾の船の中で、児玉は「櫻嶋崎嶇錦水平　寒塘残月半天横　轎中尚帯那覇夢　身到日洲第一程」との漢詩を詠んでいる。

さて、児玉が琉球出張で忙しい日々を送っていたころ、熊本城下では神風連《しんぷうれん》（敬神党）の一党が動き始めていた。「トラブルシューター」としての児玉の華々しい軍歴は、ここ熊本の地に始まる。

第二章　速やかに鹿児島を突くべし

1　「児玉伝説」の誕生——神風連の乱

明治九年（一八七六）一〇月二四日午後一一時、月が山の端《は》に懸かる頃、太田黒《おおたぐろ》伴雄《ともお》、加屋《かや》霽堅《はるかた》を中心とする一群の士族が熊本鎮台や県庁を一斉に襲撃した。神《しん》風連《ぷうれん》（敬神党）の乱の始まりである。

神風連とは何か

それは、西洋文明の衝撃によって、日本の「國體《こくたい》と社稷《しゃしょく》」（天皇を中心とし、稲作を基にした伝統的社会）が全面崩壊の危機に瀕していると考えた士族思想集団による、一切の政治的合理性を排した原理主義的武装蜂起であった（渡辺京二『神風連とその時代』三〇～三一頁）。

太田黒は宇気比《うけい》という「奇霊《くすび》なる神事」によって蜂起の日取りを定めた。また、西洋式の火器は一切用いず、日本刀だけで決着をつけようとした。彼らは、西洋文明という「悪疫」の感染源として、鎮台や県庁を憎悪していた。鎮台は「百姓町人」の子弟に洋装させ、彼らに西洋式の武器を与えた。軍隊は、徴兵制度を通じて地域社会の隅々に西洋文明を放射・浸透せしめる、文明開化のいわば灯台のような役割を果たしていた。神風連が鎮台に斬り込んだのは、彼らの論理からすればきわめて当然のことであった。

「大日本帝国」はこの後、台湾の「土匪《どひ》」や朝鮮の東学党、清末の「拳匪《けんぴ》」（義和団）などの土俗的武装抵抗勢力になんども直面することになる。とくに東学党や拳匪は神風連と同じく、神政的ユートピアを夢見る宗教的な集団であった。児玉は、近代的「帝国」の建設をその実践的部分で担ったが、その前に立ち塞がった最初の「反文明」的武装集団が神風連だったのである。

児玉は合理主義者である。通常の政治的な動機があれば、神風連の動きもある程度は予想できただろう。結果的に裏を掻かれてしまったのは、彼らが神秘主義的な集団だったからである。後年、児玉は往時を回想して、「畢竟《ひっきょう》政治上の小革命らしくもあるが、又宗教上の迷信から起こったやうにも思われて、ツマリ判らんのじゃ、今に至るまで判らんのじゃ」と述べている（児玉『熊本籠城談』）。

要人宅に斬り込む

県庁では神風連の動きを掴んでおり、安岡良亮《りょうすけ》県令の居宅で警察幹部だけを集めて対応策を凝議していた。神風連は偶然にも、この会議の席上に斬り込んだのである。一等警部仁尾惟信《におこれのぶ》はからくも難をのがれたが、安岡県令や警察幹部のほとんどが神風連の手にかかった。警察の指揮命令系統はズタズタに寸断された。それとほぼ同時に、熊本城に隣接した電信局も襲撃を受けた。外部世界との連絡は絶たれた。

鎮台―警察間の不和が被害をより大きくした。情報は鎮台に伝えられておらず、司令長官の種田政明《たねだまさあき》少将と参謀長の高島茂徳《たかしましげのり》大佐はそれぞれ自宅にいたところを急襲された。彼らはともに命を落とした。歩兵第一三連隊長の与倉知実《よくらともざね》中佐も自宅を襲われたが、背中に刀傷を負ったものの辛くも脱出に成功した。だがこの時、自宅に置いていた連隊旗を奪われてしまった。

旧歩兵営から本丸を望む（著者撮影）

熊本鎮台を襲撃

城内の歩兵営と砲兵営は、完全に寝込みを襲われた。神風連は、熊本城の西側に隣接する藤崎台にひそかに集結して、鎮台を襲った。歩兵・砲兵営は、熊本城の内濠、薬研《やけん》堀や備前《びぜん》堀の外側に位置している。一方、本丸は周囲を深い堀で囲まれており、とりわけ東側には幾重もの石垣が築かれていた。歩兵・砲兵営は格好の襲撃目標であった。

神風連は営庭内に乱入し、就寝中の兵卒を次々と斬殺していった。鎮台兵は所詮「百姓町人」の子弟である。武士に対する畏怖の念は、彼らの心中深く刻み込まれていた。刀槍による斬撃戦ではまず勝ち目はない。寝込みを襲われたらなおさらであろう。歩兵営と砲兵営、とくに小銃の備えのない砲兵営では、神風連は跳梁をほしいままにしていた。

熊本城とその周辺・神風連の乱

(陸上自衛隊北熊本修親会編『新編西南戦争史』原書房，1977年復刻，の附図に加筆)。

翌年の西南戦争では、薩軍は熊本城の外周を包囲するだけで、二の丸にまでは攻め込めなかった。鎮台側があらかじめ防備を固めていたからである。神風連が二の丸にまで乱入できたのは、夜陰に乗じて、しかも火器をまったく用いない奇襲戦法に出たからである。

火器による反撃

混乱状態の中で彼らは営舎に火を放った。多くの建物が火に包まれたが、それが周囲を明るく照らし出すと、神風連が意外に小人数であることが見て取れた。鎮台兵は寝衣姿か洋装、神風連は和装で、中には先祖伝来の甲冑に身を固めた者もいた。両者の識別は夜目にも容易であった。

この時、児玉が忽然と姿を現わしたのである。彼はすぐさま生き残った士官たちを掌握すると、炎に照らされた異装の人影を小銃で一斉に狙撃させた。西洋式の火器をもたないという、頑な姿勢が神風連の神風連たる所以でもあったが、今やそれが裏目に出て、遠距離からの一斉射撃で彼らは次々と斃れていった。城内の鎮台司令部は無傷であり、歩兵営方面を射撃するのに格好の宇土櫓《うとやぐら》は夜空に高々と聳え立っていた。こうして、熊本鎮台を襲撃した神風連は鎮圧され、残党は四散し、その多くは割腹して果てた。

襲撃を免れる

それにしても、児玉はなぜ襲撃を免れたのだろうか。

種田や高島の居宅は熊本城の東側、白川を渡った新屋敷町《しんやしきまち》にあり、児玉の借家よりも城からずっと離れていた。与倉の居宅は城の北側の京町台柳川丁《きょうまちだいやながわちょう》にあった。神風連は、熊本城の南、山崎町にあった熊本県民会議長太田黒惟信《おおたぐろこれのぶ》の邸宅も襲撃したが、太田黒はすんでのところで難を逃れている。

限られた人数で、方々に分散した攻撃目標をほぼ同時に襲撃しなければならなかったので、距離から言えば、真っ先に襲撃されても不思議ではなかった児玉の居宅は後回しにされたのだろう（地図参照）。一説によれば、琉球出張中との情報があり、襲撃リストから外されたとも言う。

この夜の児玉の行動を、完璧に復元するのは不可能である。しかも奇妙なことに、児玉と与倉の行

熊本城宇土櫓（著者撮影）

神風連加屋霽堅等戦死之跡（著者撮影）

動パターン（後述するように、彼らはともに町人に身をやつして熊本城内に潜入し、神風連を銃器を用いて鎮圧したと言われる）には、あまりにも類似点が多すぎる。

翌年の西南戦争では、児玉が妻子を熊本から避難させているのに対して、与倉は妻とともに熊本城に籠城し、妻が出産している間に名誉の戦死を遂げている。ここでの二人の軌跡はあまりに対照的である。どうも、児玉と与倉の間には、何か容易ならぬ因縁があるようである。当夜の児玉の行動をやや詳しく見ていこう。

児玉の行動

午後一一時頃、児玉宅を慌ただしく訪れた者がいた。家主の落合某である。落合が示す方角を見ると、鎮台方面で火の手が上がっており、そこかしこから銃声も聞こえて来た。児玉は直ちに駈けつけようとしたが、今度は隣家（阪谷砲兵少尉）の馬丁が飛び込んできた。馬丁はたまたま主人とともに鎮台におり、その命を受けて異変を急報しに来たのである。

襲撃のあらましを聞いた児玉は、まず、種田鎮台司令長官の安否を確認することにした。すでに火の手は市内各所に上がっており、何者かが司令長官の居宅を襲ったことは明らかであった。児玉は従僕とともに、深夜の城下を走った。街は寂として静まり返っていた。途中、白川沿いにこちらに向かってくる二人の甲冑姿の武士の姿を認め、児玉らは物陰に身を潜めて危うく難を逃れた（児玉『熊本籠城談』）。

杉山茂丸によれば、二人の武士をやりすごした児玉は、脱兎のごとく橋を渡って鎮台の賄い方に飛び込んだというが、この叙述はあまり当てにはならない。鎮台は橋の左岸にあるからである。児玉が賄い方で髭を剃りおとし、印半纏と股引きを着込んで、折から通りかかった町火消しの一団に紛れ込んで、まんまと種田邸にたどりついたという武勇伝も真偽のほどは不明である。

ともあれ、児玉が種田邸で見たものは、首級を奪われた種田の遺体であった。すでに神風連は立ち去っていた。種田は居宅に愛妾と同居していたが、寝込みを襲われ、得意の槍を振るう遑《いとま》もなく、斬殺されたのである。種田の遺体は槍を握りしめていた。児玉はサーベルを抜いて槍の柄を短く切った。室内での乱戦に備えるためである（児玉『熊本籠城談』）。

種田少将は健在なり

その時、書記の河島高良《かわしまたかよし》らが鎮台から脱出してきた。彼らの話から、相当規模の士族反乱が起こったことが知れた。今、重要なのは鎮台の指揮命令系統を回復することである。児玉は種田の遺骸に布団を掛けて、負傷して横臥しているかのように装わせるとともに、手帳に次のような命令をメモして、平服に着替えさせた河島にそれを鎮台に伝えるよう命じた。

一、今夜鎮台を襲へる賊を討伐すべし。
一、司令長官種田少将は健在なり。
一、此命令を接受せる隊は直ちに護衛兵を〔種田邸へ〕送るべし。

非常の際の命令下達は簡潔を旨とする。誤解の余地を与えないためである。児玉の命令はまさにその手本であった。残存兵力で賊を討つという断乎たる意志を、彼は種田の公的命令としてはっきりと示したのである。とくに第二項には、児玉の周到な配慮が窺える。もし、種田の首級が奪われたことが知れわたれば、鎮台兵のいっそうの動揺は免れないだろう。パニック状態の中では、何が何でも司令長官の健在を装う必要があったのである。

児玉は全体状況を的確に推測し、これだけの措置を瞬時に講じたのである。彼は常日頃から、非常事態の突発を予期して、個人的にシミュレーションを繰り返していたのであろう。トラブルシューターとしての才能が弾けた瞬間であった。

間もなく河島は、城外花畑分営の第三大隊（大隊長小川又次）に命令書をもたらした。花畑分営は日本家屋だったので襲撃を免れたのである（細川侯の旧宅だったので、襲撃を遠慮したとも言われている）。分営には届いたばかりの新式スナイドル銃*があった。小川は一部の兵を児玉の下に急派した。

*名称は開発者のアメリカ人ヤコブ・スナイダーに由来する。後装式（元込め式）のため伏せた姿勢で弾丸の装塡ができ、金属製薬莢の採用によって有効射程が飛躍的に延伸した。

援兵の到着を待って、児玉は高島参謀の役宅を訪れ、その惨憺たる有様を自ら検分してから城内へ向かった。高島は庭の泉水の中で斬殺されていた。

指揮権を掌握

もはや自分が指揮権を掌握するしかない。どのようなルートを辿って城内に入ったかは不明であるが、児玉は負傷した与倉連隊長と協議して次々と善後策を講じていった。それにしても、与倉は中佐である。なぜ、階級が下の児玉が与倉に代わって指揮権を掌握したのだろうか。

児玉が、二の丸方面での戦闘を直接指揮したかどうかについては、類書によって違いがあり何とも不明である。本人はそれを婉曲に否定しているが、その背後には与倉中佐に対する配慮が見え隠れしている。いずれにせよ、ここで重要なのは、児玉が指揮命令系統の迅速な修復に見事に成功したということである。指揮命令系統は軍隊という軀体《くたい》を貫く神経であり、それが切断されては組織的な作戦の遂行は不可能になる。

指揮権掌握を決意するや否や、児玉は矢継ぎ早に命令を発して、この神経系統を速やかに蘇らせた。指揮命令系統や後方兵站組織、それらを支える電信・鉄道などのインフラ整備、華々しい野戦を重んじる軍人からは等閑視されがちな、そうした仕事に後年児玉は精力を注ぐようになるが、そうした才覚の一端が突発的事態の中でも現われていることは注目に値する。

さまざまな逸話

時間をやや巻き戻す。自宅を急襲された与倉は、手際よく法被《はっぴ》姿に着替えると脱兎のごとく門外に走り出た。その際誰何《すいか》され、一刀を浴びせかけられたが、「別当《べっとう》〔使用人〕でございます。お赦しください」と大声で叫び、危うく難を免れたという。

与倉が傷を負ったのは確かだが（『保古飛呂比』第七巻、八一頁には「軽傷」とある）、この話の真偽は不明である。与倉は自宅で神風連に連隊旗を奪われている。その彼が逃走用の法被を周到に準備していたとは信じられない。むしろ、妻の機転に助けられて邸宅からの脱出に成功したという説の方が信憑性がある。のちに児玉は、与倉夫人鶴子はまことに「豪胆」な女性であったとその人となりを称賛している。

与倉は、新堀町の鱗開楼《りんかいろう》という妓楼に駆け込み、そこで髭を剃り、人力車夫の半纏《はんてん》を借りて二の丸へ駈けつけたとも言われている。一説には与倉が駆け込んだのは、同じく新堀町の一日亭という遊郭で、そこで料理人に変装したという。

実は、同様の話は児玉にもある。児玉は自宅から馳せ参じたのではなく、たまたま登楼していた京町の遊郭から、丹前姿で営内に駈けつけた。丹前姿だから神風連の目には触れなかったというのである（渡辺京二『神風連とその時代』四八頁）。当時京町には遊郭があり、鱗開楼と一日亭は熊本の二大遊郭として有名であった。登楼していたかどうかは別にしても、酒好きの児玉が京町に繰り出していたことは十分あり得る話である。

だが、もしそうだとするならば、児玉は熊本城を大きく半周して種田邸の検分に赴き、それから二の丸に現われたということになる。冷静な彼のことだから、眼前の歩兵営（京町は熊本城のすぐ北である）での戦闘に目を奪われることなく、まずは種田の安否を確認しに行ったのだと解釈することも可能であるが、それにしては児玉の回顧はあまりに生々しい。本書では児玉の回顧に沿って話を進めてきたが、それは以上の理由に基づいている。

反撃を始めたのは誰か

実は、二の丸で反撃の火蓋を切ったのは、自宅で異変の報に接した佐竹広命中尉と沼田尚粛少尉試補であった。彼らが城へ続く法華坂から兵営南門に向かっていると、御用商人の立山吉像と出会った。この時、立山は自宅にあった弾薬一八〇発と雷管一

法華坂（著者撮影）

○○○個を提供したという。さすがは御用商人、目端が効いたのである。

　佐竹と沼田は敗走してきた鎮台兵を掌握すると、それぞれ別方向から営内に進入し、神風連に一斉射撃を加えた。さらに、佐竹らは焼け残っていた西門弾薬庫を押し開かせ、武器を補充すると本格的な反撃を開始した。そこに新たな加勢が到着した。襲撃を免れた第三大隊（小川又次大尉）が、昨日到着したばかりの最新式のスナイドル銃を携えてやって来たのである。後装式のスナイドル銃は旧式のエンピール銃＊（前装式であった）に比べて、再装塡までの時間が短く、乱戦の中で大いに威力を発揮した。

＊名称は「エンフィールド」が訛ったもの。前装式（先込め式）の旧式銃。立った姿勢で装塡作業を行わねばならず、そこを狙われることが多かった。

　与倉が到着する前に、すでに反撃の火蓋は切られていた。そしておそらくは、佐竹や小川の反撃を組織化したのは児玉であった。

　混戦状態の渦中でも、児玉は決して興奮しない。蛮勇に駆られて、一か八かの無謀な挙に出ることはしない。彼は冷静に事態を認識し、一気呵成に行動する。戦《いくさ》では時間という要素が重要である。

この辺の駆引き、攻撃のタイミングをいかに摑むかといった感覚は、半ば天与の才能によるものであろう。鎮台司令部の壊滅という危機的状況の中で、野戦指揮官としての児玉の潜在能力が一気に発揮されたのである。この時、彼はまさに「有事の人」であった。

政府の反応

神風連は多くの電信線を寸断したので、変事の勃発と同時に熊本自体が情報の巨大なブラックホールと化した。脱走兵のもたらした情報から、熊本で士族反乱が起こったらしいということだけは、東京をはじめとする外の世界にも伝わってきたが、児玉の電報が到着するまでは、反乱の規模やその後の経過などは皆目不明であった。

山県陸軍卿は樺山資紀中佐を現地に派遣して、種田と協力して事態の収拾に当たらせようとした（二五日、『明治九年十月　中西国事件密事日記　房長』所収「変動略記」）。当初、事件はごく局地的なものと考えられていたのである。しかし、児玉からの通報によって種田の殺害が明らかになると、政府は急遽三浦梧楼《みうらごろう》少将の派遣を決定した。今や熊本はもとより西国全体の動揺が懸念され始めたのである。ところが一〇月二八日には、熊本の反乱が無事鎮圧されたことが判明した（以上、『木戸孝允日記』明治九年一〇月二五・二六・二八日）。何と児玉がほとんど独力で、鎮台の態勢を立て直していたのである。

三浦が現地に到着する前に、すでに決着はついていた。「去る二十四日より昨二十九日に至るまで、兵進退、兵糧、輜重《しちょう》の事件並びに電信等の事に至るまで勉励せらるるは、山口県士族児玉陸軍少佐一人の由」（『東京曙新聞』明治九年一〇月三〇日）。簡単な記事ではあるが、そこには児玉の活躍に対する率直な感嘆の念がよく表れている。児玉は不審人物の取り調べから、鎮台兵への軍服の支給や糧食の手配まで、ほとんど一人で取り切っていたのであった。

西国全体の動揺を防ぐ

児玉の状況判断は、実に的確であった。事件直後の電信の中で、彼は「(賊は)先再《まず》挙の気力はなし」との判断を下す一方で、騒擾が隣県に波及することに早くから着目していた(『明治九年十月　中西国事件密事日記　房長』所収、第三五号電報)。それは決して杞憂ではなかった。「熊本鎮台は全滅した」との噂は瞬く間に周囲に広がり、秋月と福岡で不平士族の一党が反乱を起こしたのである。萩では前原一誠《まえはらいっせい》が立ち上がった。もし、これらの動きに薩摩の西郷が呼応したら、土佐の士族もまた決起するかもしれない。大乱の芽を摘むためにも、熊本鎮台の健在をアピールしなければならない。

そう考えた児玉は、なけなしの手持ちの兵力から二個中隊を割いて久留米方面に派遣した。ただし、城下に入ることは厳禁した。不穏分子との万一の衝突を懸念したためである。この出兵はきわめて効果的であった。人々は鎮台の健在を確信した。流言蜚語はやみ、反乱の伝播は断たれた(児玉『熊本籠城談』)。

神風連の乱における児玉の功績は、たんに反乱鎮圧に止まらない。彼は、西国全体が動揺するのを、咄嗟の機転で、たった一人で防いだといっても過言ではないのである。一介の鎮台参謀が、列島規模での政治的地殻変動を視野に入れていたのである。

乃木希典——因縁の始まり

反乱鎮圧の一部始終が明らかになると、児玉の勇戦力投ぶりも人々の口の端に上るようになった。それは軍人世界からやがて市井《しせい》にまで広がっていった。福原和勝《かずかつ》大佐が児玉を絶賛したことはよく知られている。福原は旧長府藩士、戊辰戦争では各地を転戦した「歴戦の勇士」である。福原は言う。

「神風連の乱に際して、児玉少佐がとった行為の詳細を聞くにつれて、私〔福原〕は思わず膝を叩いて感嘆せざるをえなかった。……信頼する多くの将校が死亡したにもかかわらず、児玉はそれに全く屈しなかった。彼は残った兵を巧みに用いて、外部に応援を求めることもなく、速やかに賊徒を追討した。その兵備・駆引の巧みさは古《いにしえ》の名将にも匹敵するものである。これは決して褒めすぎではない。常日頃から武門の嗜み深く、兵事に篤く志していたからこそ、児玉はこのような武勲を挙げることができたのである」（明治九年一二月二日付乃木希典《のぎまれすけ》宛福原和勝書翰、一部意訳）

乃木希典
（冨重利平撮影／周南市美術博物館蔵）

これは、福原が乃木希典（小倉歩兵第一四連隊長）を糾弾した書翰の一節である。福原は乃木がなかなか出陣しなかったのを怪訝《けげん》に思って、このような手紙を送りつけてきたのであった。実際、乃木の係累が前原党に加わっていたこともあって、軍内部では、乃木が一連の反乱に内応しようとしたのではないかと疑う向きもあった。福原もその一人であった。

山県有朋
（国立国会図書館蔵）

だが、それは誤解である。小倉は萩と秋月・熊本のちょうど中間に位置しており、迂闊《うかつ》に兵を動かせなかった。熊本に兵を急派することで、かえって背後の不平士族が蠢《しゅん》動《どう》し始める危険性があったのである。乃木はこうした事情を縷々《るる》説明し、その結果、福原の疑惑もようやく氷解した（古川薫『斜陽に立つ』一五四頁以下参照）。

「陪食の栄」に浴す

児玉の活躍は中央の知るところとなった。一二月一三日、一連の内乱鎮圧に軍功のあった軍人を招いて宮中で午餐会が催されたが、この時、熊本鎮台からただ一人「陪食の栄」に浴したのが児玉であった。もちろん、宮中に参内するのはこれが初めてである。児玉は反乱鎮圧の一部始終を明治天皇に言上した。児玉はこの時の感想を書き残してはいない。しかしながら、彼が「天恩」の篤きに感激したことは確かであろう。

この日の午餐会には、木戸孝允や山県有朋も陪席している。彼らと児玉の間にどのような会話が交わされたかは定かではないが、木戸や山県の脳裏に、児玉源太郎という人物の存在が強く刻み込まれたことは確かだろう。

「児玉少佐は無事なるや」は事実か

のちに山県は、自分が児玉を知ったのは彼の熊本鎮台時代であったと回想している（『東京朝日新聞』明治三九年七月二六日）。

実際、『明治九年十月　中西国事件密事日記　房長』には、児玉が鎮台司令長官代理として山県陸軍卿に打電した報告が何通も収められている。なお、右『密事日記』によれば、東京から熊本鎮台に発せられた第一報は、種田司令長官に対して事件の概略を速やかに報告せよというものであった（二一七～二一八頁）。第二報も同趣旨であるが、宛先はたんに「熊本鎮台」である（二二一頁）。司令長官以下の安否が分からなかったので、こうした宛先になったのである。

してみれば、神風連の乱の第一報に接した山県が「児玉少佐は無事なるや」との電報を熊本に発したという、よく知られた逸話はおそらくは後世の潤色、一種の児玉神話の類であろう。管見の限りでは、児玉少佐個人を指名した安否照会電報は見当たらない。個人の安否を問い合わせる電報が、他の将校たちの目に触れれば、彼らは愉快ではないだろう。危機的状況の中で、鎮台内部に波風を立てるような電報を山県が打つはずもあるまい。仮にもし、そんな電報が実在したとしても、その中身はたんに児玉の安否を気遣うだけのものではないだろう。

もう一つの軍旗事件

ところで、神風連が与倉連隊長の自宅を襲撃した時にある事件が起こっていた。連隊旗事件である。

話は西南戦争に飛ぶ。歩兵第一四連隊長として出征した乃木希典は、植木の戦いで薩軍に軍旗を奪われた。明治一〇年二月二二日のことである。軍旗は後に発見されるが、この事件は乃木の心の底に重荷となって沈澱していた。

大正元年九月一三日、乃木は明治天皇の大喪の日に妻とともに自刃するが、遺書の中でこの軍旗事件に言及していたことにより、植木の戦いは広く世に知られるようになった。軍旗事件と言えば、西南戦争という先入観が生まれたのである。

もっとも、西南戦争当時は山県も鎮台司令長官の谷干城も乃木の責任を追及しようとはしなかった。事件直後に乃木は待罪書を山県陸軍卿に提出したが、諸般の「やむを得ない事情」を斟酌され、「何分の沙汰に及ばず」ということになっている。

さて、ここからが問題である。類書ではおおよそ次のように叙述されている。

ところが、割を食ったのは児玉であった。西南戦争が終わってから一年以上も経って、児玉は突然「謹慎三日間」という処分を受けた。軽微とはいえ、これはどう考えても不条理な処分のように見える。処分の背後には児玉に対する谷の反感があり、児玉を叩くことで軍制改革の主導権を握ろうとしていたフランス派の策動もあった。

たしかに、右の一部始終がもし事実なら、児玉と乃木の「宿縁」はこの当時から始まっていたということになる。乃木の失態を児玉がカバーするという、その後、二人の人生の決定的な瞬間にしばしば繰り返されるパターンがこの時から始まったというのである。ストーリーとしては面白い。だが、これは事実誤認である。実は、児玉の謹慎は神風連の乱の最中に起こった、もう一つの軍旗事件に関するものだったのである。

児玉の待罪書

まずは、児玉が提出した待罪書を見てみよう（現代語訳、一部意訳）。書類は二部から成っている。待罪書の本体は明治一一年三月一一日付で近衛都督の西郷従道から陸軍卿の山県有朋に提出されたもので、「児玉源太郎儀、熊本鎮台参謀副長在任中、先年台下騒擾《そうじょう》の際、軍旗奪われ御届方《おとどけかた》遷延の儀」に付き進退伺いを提出いたします、よろしく御詮議くださいというものである。

これに対して、一二月一九日付で謹慎三日間という処分が下されている。この程度の処分に九カ月以上も費やすとはまったく異例であるが、ともあれ、以上の文章だけを読めば、これは乃木の軍旗事件の責任を児玉が負わされたものと誰もが判断するだろう。ところがこの書類には、児玉自身の筆になる本体部分が付属している。その内容は以下のとおりである。

政府軍軍旗奪還記念碑
（熊本城内／著者撮影）

「私儀児玉源太郎は熊本鎮台幕僚参謀副長在任中、明治九年十月の熊本県賊徒暴動〔神風連の乱〕の際に、陸軍中佐与倉知実の宅にあった軍旗をいったん賊のため奪われてしまいました。この度、樺山中佐を通じて当局に届け出ましたところ、なぜ今頃になって届け出たのか、遅れた理由を詳しく報告するようにとの指令をいただきました。

たしかに、わたしは種田司令長官の代理と

して速やかに報告すべきでした。軍旗そのものは兵卒の隈部幸作《くまべこうさく》が兵営の中ですぐに取り返しました。ところが与倉中佐は負傷し、隈部から軍旗を手渡された佐竹中尉も負傷療養中だったので、事件の一部始終を取り調べることが難しく、しかもそのうちに隈部も脱走してしまったので（間もなく帰営）、事実関係の精査に手間取っている内に「遂に昨十年の変動」（西南戦争）が勃発し、今日まで御届けが遅れてしまいました。

事件の概略だけでも速やかに上申すべきところ、それを放置してしまったのはまったく迂闊でした。よって進退をお伺い申し上げます。

明治十一年三月、近衛局出仕陸軍少佐児玉源太郎」

（『明治十一年・陸軍省大日記』）

児玉の謹慎は、神風連の乱にまつわるものだったのである。しかも、待罪書提出の理由は、報告書の提出遅延であった。提出遅延とはいっても、それはほとんど不可抗力に近かったことは、待罪書の文面から容易に窺われる。

谷や樺山の称賛

だが、児玉は「撲滅《ぼくめつ》の挙」に出ることなく、不手際は不手際だとして事実関係を関係者に説明し、その結果、連隊長代理として待罪書を自ら提出したのである。「撲滅の挙」とは当時の書翰によく出てくる表現であるが、真実を闇から闇に葬り去る、握りつぶすといった意味である。

自らに厳正な、しかも一切釈明をしない児玉の態度は軍上層部に多大な感銘を与えた。谷も樺山資紀（熊本鎮台参謀長）も児玉を称賛してやまなかった。史料は残っていないが、「軍人訓戒」を自ら起草した（明治一一年八月）、あの謹厳な山県がこうした態度に感心しないわけがなかろう。山田顕義に近い児玉と山県との間には、従来なんとなく距離感があったが、それはこの頃から次第に解消していった模様である。

軍旗事件について、与倉の責任は追及されなかった。しかし、宮中での午餐会に与倉中佐は招かれなかった。彼はそれを一種の懲戒と受け止めたに違いない。軍旗を放置したまま自宅を脱出したことは、一生の不覚であった。あの晩、与倉は酔っていたのかもしれない。鶴子の勧めるままに、彼は微《び》醺《くん》を帯びたまま、二階から飛び降りたのであろうか（『熊本籠城談』によれば、鶴子は二階から脱出している）。

与倉は勇敢で誇り高い鹿児島士族であった。その人柄は衆目の認めるところであった。翌年の西南戦争に際して、児玉は事前に妻子を熊本から退去させたが、与倉は妊娠中の鶴子をあえて熊本城に籠城させ、しかも戦が始まった当日に、城外片山邸での戦闘で華々しい戦死を遂げている。西郷軍との戦いの中に、与倉は自らの死地を追い求めていたのかもしれない。

谷干城の厚情

さて、話は児玉と谷の関係に戻る。筆者が調査した範囲では、フランス派の谷がドイツ派の児玉に猜疑心をもって接していたという事実はない。それどころか、待罪書提出に関して、谷も樺山も児玉に非常に同情しており、軍旗の件は児玉の責任ではないという点で完全に一致していた。第一、児玉は「遅れて来たフランス派」であった（後述）。

谷は児玉の才幹を高く買っており、児玉を手元に引き止めようとしていた。彼は、児玉が鎮台の日常業務に慣れる間もなく、東京の近衛局に移るのはよろしくないとまで樺山に述べているのである（明治一一年三月八日付樺山資紀宛谷干城書翰）。

児玉に対する谷の厚情は、その後も変わらなかった。明治一五年二月、谷は大山陸軍卿に宛てた上申書の中で、児玉は熊本鎮台在勤中から「戦闘日誌」の編纂に尽力しており、東京転勤後も本務の合間に編纂に従事し、ついにそれを完成させている、これは「一方ならぬ勤労」であり、なにとぞ相応の賞与を賜ってほしいと述べている（明治一五年二月付大山宛谷「上申書」）。谷は「待罪書」一件を遺憾に思っており、児玉の軍歴上の瑕疵《かし》を多少なりとも償おうとしたのである。

2 熊本城籠城

西郷、起つ

神風連は壊滅した。だが、それは本格的動乱の予兆にしかすぎなかった。

明治一〇年（一八七七）二月、以前からその動静が注目されていた西郷隆盛と私学校党がついに鹿児島で起ち上がった。薩軍の兵力は約一万六〇〇〇（諸隊を含めれば約三万）、神風連と違って彼らは小銃などの火器で武装していた。これに対する政府軍は兵力約五万九〇〇〇、スナイドル銃や四斤山砲、有線電信、さらには軍艦など強力な近代兵器を備えていた。

山県ら軍中央は鹿児島の暴発を予感していた。一二月末、山県陸軍卿は帰任寸前の児玉を招いて、鹿児島の弾薬庫から弾薬を引き上げるつもりだが、私学校党と一悶着起こる可能性があるので注意するよう申し渡している（『熊本籠城談』）。

山県は徳山藩出身の児玉を頼りにしていた。熊本鎮台には多くの薩人が勤務しており、山県としては、彼らの向背に一抹の不安を抱かざるを得なかったのだろう。現に薩将桐野利秋《きりのとしあき》は川上操六《かわかみそうろく》（二月一九日入城）とひそかに接触し、薩軍に身を投ずべきことを説いていたのである。

山県の予想は的中した。一月二九日晩の草牟田《そうむた》陸軍火薬庫襲撃事件を皮切りに、私学校党は磯《いそ》の海軍造船所をも襲撃し、政府の機先を制した。二月一五日、西郷は「今般政府へ尋問の筋有之《これあり》」として、自ら兵を率いて鹿児島を出発した。城下には雪が舞い降りていた。

両軍の顔ぶれ

「西陲《せいすい》の要衝」たる熊本鎮台のスタッフは、錚々たるものであった。司令長官は谷《たに》干城《たてき》（少将、高知）である。のちに山県と対立して陸軍を去り、第一次伊藤博文内閣では農商務大臣を務めた。その後は貴族院の一角で藩閥政府を批判し続け、一時はあの幸徳秋水とも行動をともにした、まさに硬骨漢である。

参謀長を務めていたのは、樺山資紀《かばやますけのり》（中佐、鹿児島）である。彼は陸海軍の要職を歴任し、海軍大臣や内務大臣、文部大臣、初代台湾総督も歴任している。明治二三年に始まる初期議会では、「日本が今日あるのは藩閥政府のお蔭である」との有名な蛮勇演説を行って政党勢力と真っ向から対決した。

与倉戦死後の第一三連隊を率いたのが、熊本に出張していた川上操六（少佐、鹿児島）であった。川上は対清作戦計画の立案に脳漿《のうしょう》を絞り、日清戦争を勝利に導いた。参謀総長まで進んだが壮年に

川上操六
（国立国会図書館蔵）

して病没した。川上が長寿を得ていたら、間違いなく薩派陸軍を率いて長州閥と対峙していただろう。

第一三連隊第一大隊長の奥保鞏《おくやすかた》（少佐、福岡）、鎮台衛戍《えいじゅ》本部付将校の大迫尚敏《おおさこなおとし》（大尉、鹿児島）も著名な軍人である。二人とも日清・日露の二大戦役に出征し、奥は日露戦争では第二軍司令官を務め、元帥に陞叙されている。大迫は二〇三高地攻略戦にも参加しており、児玉に涙ながらに自らの部隊による再攻撃を具申することになる。

籠城したのは軍人だけではなかった。内務大書記官の品川弥二郎《しながわやじろう》（山口）も籠城組の一員である。品川は山県の秘蔵っ子で桂太郎の親友でもあった。木戸派のエリートであった彼は、のちに内務大臣に抜擢され、明治二五年の選挙大干渉を指揮している。若くして亡くならなかったら、彼は首相候補の一角を確実に占めていただろう。

児玉もそうだが、籠城組の多くは佐賀の乱や日清・日露戦争にも出征している。「鉄火の洗礼」を受ける中で、禁門の変以来の様々なわだかまりも徐々に解消されていった。そうして、気心の知れた、緊密な人間集団としての将校団が形成された。列強の多くの陸軍がそうであったように、日本陸軍もまた、内乱と対外戦争を経てはじめて成立したのである。

一方、熊本城を囲んだ薩軍もまさに精鋭だった。紙幅の関係上、詳しくは触れないが、桐野利秋、

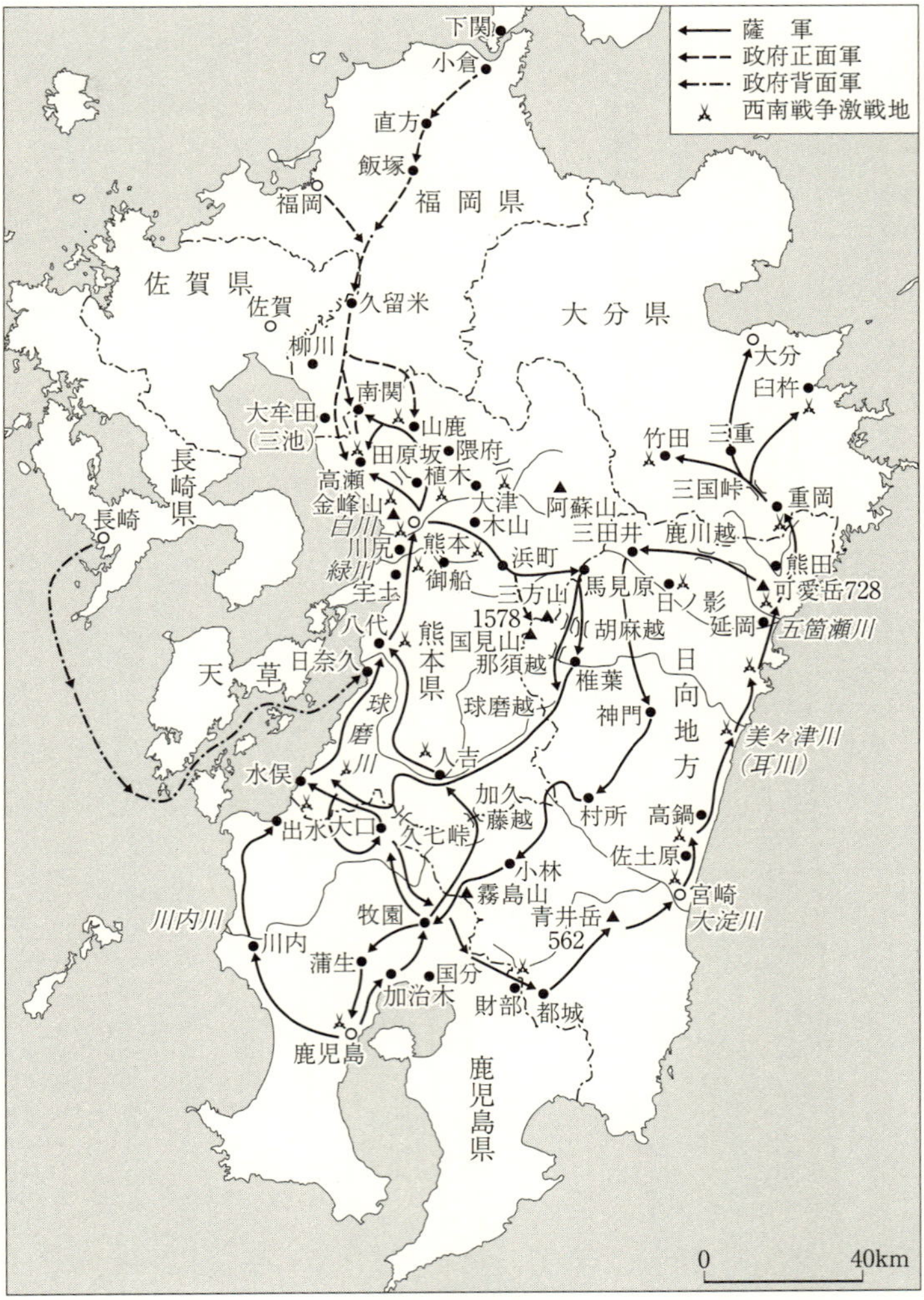

西南戦争関係図
（小川原正道『西南戦争』中公新書，2007年，に加筆）

篠原国幹《しのはらくにもと》、村田新八《むらたしんぱち》、永山弥一郎《ながやまやいちろう》、池上四郎《いけがみしろう》、別府晋介《べっぷしんすけ》、河野主一郎《こうのしゅいちろう》といった諸将の名を挙げるだけでここでは十分だろう。

両軍の戦略　岩倉具視は「西陲《せいすい》の賊は慓悍奮進《ひょうかんふんしん》」、ただ死あるを知るのみであると評している。彼は薩軍の戦闘能力をきわめて高く評価しており、抜刀による接近戦では徴募兵に勝ち目はないから、「器械を以て当るを上策」とすべしと主張していた（明治一〇年三月一三日付大久保利通宛岩倉具視書翰、『岩倉具視関係文書』第七巻、三〇頁）。

廟議は戦局の行く末にきわめて楽観的であった。開戦後約一週間で反撃態勢を整え、十数日で薩軍の勢いを止め、一カ月で鹿児島を平定するというのである。政府軍の近代的な装備を以てすれば、短期決戦で決着をつけられるはずだった（明治一〇年四月一一日付大久保利通宛岩倉具視書翰。同右、四九頁）。

一方、現地熊本では慎重論が多勢を占めていた。木戸孝允が主張していたように、こちらから打って出て肥薩両国の境界で薩軍を迎え撃てればたしかに上策かもしれない（『木戸孝允日記』明治一〇年三月四日）。しかし、谷にはその自信はなかった。

谷や樺山、児玉は城下の士族と秘密裏に接触し、その動静を探っていた（石光真清『城下の人』四九～七四頁）。神風連の壊滅は、熊本の「不平士族」を著しく刺激していた。もし、万一緒戦で敗をとれば、彼らは一斉に反政府の方向に雪崩を打つだろう。そうなれば、熊本城陥落は必至である。熊本城が落ちれば、全国の不平士族は風を望んで蜂起するだろう。北は庄内、館林から、南は土佐にいたるない。
までの広範な地域で内戦が起こるに違いない。鎮台兵の資質を考えれば、熊本城に籠城するに如《し》くは
谷は山県に決意のほどを示した。もちろん、神風連を体験した児玉も籠城に賛成した。長射程のス
ナイドル銃は、攻城軍を迎え撃つには最適の武器であった。
一方、薩軍もまた強気であった。熊本隊の池辺吉十郎《いけべきちじゅうろう》に攻城戦略を尋ねられた別府晋介が、「我行
路を遮らば、只一蹴して過ぎんのみ、別に方略なし」と豪語したことはよく知られている。
もっとも、彼らの軍備には火力不足という致命的欠陥があった。野戦では、薩軍の抜刀突撃は猛威
をふるうだろう。しかしながら、堅固な城郭を落とすには強力な火力が必要である。薩軍にはそれが
乏しかった。だが、彼らはそれで怯むにはあまりに剽悍《ひょうかん》であった。西郷の威望は全軍を圧していた。
籠城方針は決まったが、守勢に入ると知れたら将兵の士気は低下するかもしれない。
また、城下の熊本士族を威圧しておく必要もある。

熊本城炎上

児玉は「大招魂祭」と称して、城内の練兵場で花火や相撲などを行って、士気を鼓舞した（二月一
二・一三日）。そこには殺気が張っていた。銃剣を擁した鎮台兵が警備する中で祭りは行われ、人だか
りの中を袋刀《ふくろがたな》の士族が徘徊していた。こんな「物騒な祭礼」は見たことがなかった（「熊本籠城日
誌」二月一二日の条、石光真清『城下の人』五〇～五一頁）。
二月一四日正午、非常号砲を合図に将校の家族は城内に入った。ところが、一九日の午前一一時四
〇分頃、熊本城の天守と御書院（本丸御殿）をつなぐ渡り廊下から突然火が出た。この日の早朝から

谷と樺山は城壁の守備を検分中であり、鎮台司令部のある御書院には児玉が留守を預かっていた。廊下の床下には、苦労して集めた兵糧が保管されている。どうにかせねばと思ったが、迂闊《うかつ》にも消火用の水は用意していなかったし、高台なので瞬時に放水することもできない。火は書院にも燃え広がり始めた。

児玉は屋外へ避難したが、玄関の前で大変なことに気づいた。「守兵配附図」をはじめとする機密書類が、司令部に置きっ放しになっていたのである。作戦計画なしに籠城することはできない。児玉は即座に御殿に引き返すと、煙が渦巻く中、無事書類を持ち出した。

出火の報を聞いて、谷と樺山も急遽御殿へ戻ってきた。ところが、彼らが児玉と書類の無事を確認している間に、火の手は巨大な天守閣や小天守にも飛び移っていた。

熊本城大天守と小天守（著者撮影）

天守閣崩壊

城内には一つの隅櫓《すみやぐら》があった。それは高さ二〇間あまりの石垣の上に築かれており、その真下には火薬庫が設《しつら》えられていた。今や火は天守閣から隅櫓にまで燃え広がっていた。火薬庫が大爆発を起こせば、籠城もなにもあったものではない。そうなれば、熊本城陥落は必至である。だが、パニック状態に陥った付近の兵は右往左往するばかりであった。ここは自らが死地に身を投ずるしかない。覚悟を決めた児玉は、もう一人の士官（北川龍蔵砲兵大尉）とともに火薬庫の屋根に上って、大声を発して部下を叱咤し、火薬の運び出しを命じた。兵の足は止まった。彼らは次々に火薬を運び出し、反対側の堀の底へ投げ落とした。

比喩的に言えば、児玉を救ったのは加藤清正である。天守閣と小天守は、作業の間だけは焼け落ちなかった。児玉は「名匠の手になった天守閣のみは巍然《ぎぜん》として火の中に立って、今はさながら一本の火柱が大地の上に立ったように燃え盛って居るが、なかなかそれが焼け落ちない。実にその有様と言ったら壮観とも何とも譬《たと》えようがなく、イヤあんなことは一生に二度と観ることはできないね」と回想している。

ところがほっとしたのも束の間、今度は頭上の隅櫓が焼け落ちようとしていた。落雷のような大音響とともに櫓は崩れ、瓦が雨のように降って来た。まさに絶体絶命である。しかし、児玉は強運だった。櫓は反対側の堀の中に倒壊した。しかも、火薬を投げ落とした側ではなかった。

こうして、児玉の勇気と機転によって最悪の事態は避けられた。鎮台はすぐさま城下で兵糧を調達して籠城戦に備えた（以上、児玉『熊本籠城談』）。

児玉放火説の検証

熊本城炎上事件に関しては、留守を守っていた児玉が自焼したのだという根強い噂がある。その後、城からの射界を確保するために、鎮台が熊本城周辺の建て込んでいた民家を焼き払ったと言われていることもあって、それには一定の信憑性があるように思われてきた。だが、今回の調査でも、決定的な証拠は発見できなかった。

『大山巌関係文書』の中には、熊本城炎上に関する多くの電報が残されている。いくつか挙げれば、「熊本鎮台失火は天守閣焼けたる趣なり」委細は問合わせ中（二月一九日時刻不詳、大山宛山県）、「鎮台本丸不残焼失」現在もなお鎮火せず（同日午後二時付右大臣岩倉具視宛工部大輔山尾庸三）、「本日十一字《マヽ》十分鎮台自焼せり」（同日午前一一時五〇分付川路宛冨岡）、「熊本鎮台へ放火。篠原児玉二大隊肥後八代へ着、本日熊本進撃の由」（同日時刻不詳、発信・受取人不明）などである。

事件直後から自焼説が囁かれていたことが分かる。ただ、失火（過失）説もあり、また、放火説では「誰が放火したのか」という肝腎の点が不明瞭である。情報は錯綜し、混乱していた。ただし、巡回から戻ってきた樺山が、留守中の児玉の挙動を疑っていた形跡はない。樺山は、熊本城の「出火」は「本県（熊本県）士族の計策に外なし」と、その陣中日誌で断言しているが（「樺山資紀日記」明治一〇年二月一九日）、熊本士族が清正公《せいしょうこう》の遺した「お城」に火をかけるはずもあるまい。

「失火」の責任は追及せず

これ以上、この問題を詮索しても無駄であろう。鎮台は折角備蓄した食糧の多くを失っただけではなく（前掲「樺山資紀日記」にもそうした記事がある）、火薬庫への延焼の危険もあったわけで、こうしたリスクを冒してまであえて城を自焼するメリットがあったのか、はなはだ疑問である。もし、火薬庫に引火していれば、谷の籠城戦略それ自体が瓦解したことは間違いない。児玉の放火を谷や樺山が疑っていたならば、この後も彼らが児玉に好意を寄せ続けることなどありえない。状況証拠から考えて、わたしは児玉放火説はほぼ成り立たないと考えている。

天守閣の焼失に関しては、留守居役の児玉の責任が追及されても不思議ではなかった。だが、谷や樺山はそうしなかったし、谷の責任が軍中央によって問われることもなかった。火薬庫の誘爆を食い止めたことが評価されたのか、その辺の事情は審らかでないが、この切羽詰まった状況下で責任論を持ち出せば、下手をすれば鎮台内部に亀裂を生じさせかねない。山県の政治的判断は、冷静かつ的確であった。

藤崎神社跡（著者撮影）

籠城戦始まる

この間、薩軍は肥薩の境を越え、熊本城下に迫りつつあったが、二月二一日には、ついに熊本城の外周を完全に包囲した。すでに鎮台は各城門に鹿砦《ろくさい》（バリケード）を築き、迎撃態勢を整えていた。四月一四日の解囲まで、五三日間にわたる熊本城籠城戦が始まったのである。

薩軍は猛攻を仕掛けてきた。この日、陣頭指揮に当たっていた樺山は、藤崎神社の戦いで負傷し、与倉も片山邸争奪戦の渦中で銃創を負い、間もなく息を引き取っている。あたかも城中では、与倉の妻鶴子が女子を産み落していた。児玉らはその胸中を慮って、夫の戦死を暫く伏せておいたが、それは過慮であった。与倉が覚悟の戦死を遂げたであろうことを、鶴子は察知していたのである。

西郷と児玉
――熊本と旅順

この時、西郷の心にわずかな迷いが生じた。そして、それは薩軍の戦略方針に大きな影響を及ぼした。

当初、西郷は篠原の建策による強攻策を採っていた。一気に熊本城を落とし、天下の大勢を決しようというのである。正々堂々たる「義戦」を戦うためには、豊後方面への突出とか長崎の奪取といった奇策に出てはならない。桐野が強攻策に賛成したのは、決起の正当性＝戦争のあり方に対する強いこだわりがあったからである。

しかし、万が一熊本城が抜けなかったら、薩軍はその精兵の過半を失い、時の利も失うことになるであろう。今は速やかに兵を転じて、長崎・小倉といった形勝の地を押さえ、九州全土を制圧することこそ重要である。遅れて本営に推参した西郷小兵衛《さいごうこへえ》（隆盛弟）、野村忍助《のむらおしすけ》らは、熊本城を兵糧攻めにする「長囲策」の採用を強く求めた。

軍議は紛糾した。西郷は沈思の後、おもむろに決断を下した（二二日晩）。薩軍主力は陣を撤して、一斉に北進を開始した。熊本城攻囲は、池上四郎率いる三〇〇〇余の部隊に委ねられた。

それから二七年後の旅順要塞攻防戦で、児玉はこの時の西郷と同じ苦境に立つことになる。旅順要塞を強攻して、早期に陥落させることができれば、すぐに軍を転じてロシア軍の南下を挫くことができるだろう。しかしもし、旅順がなかなか落ちなかったら、日本陸軍はその精鋭の過半を旅順の地ですり潰され、やがて南下してくるであろう、増強された敵野戦軍との決戦に臨まねばならない。熊本城と旅順要塞、両者は攻守ところを変えて、軍人児玉の生涯に相似形的な影を落としている。

この間、植木方面（熊本北方）では、乃木率いる第一四連隊が薩軍と衝突し、混戦状態の中で連隊旗を奪われている（二月二二日）。有名な連隊旗事件である。西郷が長囲策に転じたのは、植木方面からの敵軍の進撃を阻止する喫緊の必要性が生じたからでもあった。

草場学校攻撃

児玉によれば、熊本城籠城戦における三大戦闘は、官軍による草場学校攻撃（二月二七日）、段山《だにやま》攻防戦（三月一二日）、京町口の戦い（同二七日）である。草場学校と京町口の戦いは、いずれも薩軍陣地の弱点を探って、外部との連絡をつけるための威力偵察であった。

二月二七日、児玉らは熊本城の北東、坪井方面を突《つ》いてみることにした。薩軍が植木方面に兵力を割いたことは、城内でも察知しており、その実状を把握するためにこの作戦が立案されたのである。指揮官は大迫尚敏大尉、兵力は六個小隊であった。

午後二時半、大迫らは攻撃を開始した。突破口を開くべく、城内からも盛んに薩軍陣地に砲撃が加えられた。ところが、薩軍の反撃は思った以上に強力だった。白川左岸の草場学校の胸壁に拠った部隊は特に強靱な抵抗力を示し、濃密な火網を浴びせかけて大迫隊を寄せ付けなかった。城兵は薩軍陣地までわずか五〇歩の地点まで肉薄したが、ついにそれを抜けなかったのである。大迫自身も弾丸に傷ついた。攻撃は失敗に終わった。

籠城の苦心

三月三日、熊本城の西南に位置する花岡山の薩軍陣地に、なにやら軍旗らしきものが翻っているのが望まれた。よもや友軍が敗をとったのではあるまいか、城内の不安は募った。それは植木の戦いで乃木が奪われた連隊旗であった。

さらに、別の危機も忍び寄って来ていた。籠城から一〇日あまり経って、早くも糧食不足が懸念され始めたのである。予想以上の激しい銃撃戦が展開されたために、弾丸の蓄えも急速に減っていった。児玉は主食を玄米に切り替えるとともに、装薬量の多いスナイドル銃の使用を控え、エンピール銃を主に用いることにした。当然、有効射程は短くなり、命中率も低下するが、今はまず弾薬の節約こそ重要であった。

流れ弾や直撃弾を避けるために、弾薬類は城内に横穴を掘って保管した。さらに、塹壕を盛んに掘って、敵弾を避ける工夫を凝らした。有り合わせの材料を使って、近接戦闘用の投擲弾も作った。原始的な手榴弾であるが、これが意外な威力を発揮した。八方手を尽くして、児玉らは徹底抗戦の備えを固めたのである。

段山攻防戦

三月一二日、城兵は熊本城西方の段山を攻撃した。段山は山というのも大袈裟な小さな丘に過ぎないが、薩軍はここに陣地を構えて、熊本城の背面を激しく攻撃していた。目障りな敵軍陣地は攻略されねばならない。二日間の激戦の結果、段山は占領されたが、鎮台側の死傷者は二二二名にも及んだ（薩軍は一〇〇名余）。

この間、北上した薩軍主力は高瀬《たかせ》（玉名《たまな》市）まで攻め上ったが、そこで有力な政府軍（第一・第二旅団、指揮官は野津鎮雄《のづしずお》と三好重臣《みよししげおみ》）に遭遇したので、いったん吉次《きちじ》峠、田原坂《たばるざか》、山鹿《やまが》の線まで退いて態勢を整えることにした。これら三つの要害のうち、砲隊の通過が可能なのは田原坂だけである。ここを突破すれば、有力な火力で薩軍を圧倒できるだろう。こうして、史上名高い田原坂の戦いが始まった(三月四〜二〇日)。

この舌状台地での戦いは熾烈をきわめた。地形は複雑で、政府軍の火力もその威力を十分発揮できなかった。薩軍の抜刀突撃は徴兵制軍隊を圧倒した。結局、ここでも頼りになったのは、旧士族であった。彼らを主力とする警視庁抜刀隊の投入によって、政府軍はどうにか態勢を立て直したのである。三月二〇日、田原坂の険は落ちた。

水攻めと京町口の戦い

一方、熊本方面の戦況は小康状態を呈していた。田原坂方面の風雲急を聞いた薩軍は、熊本城を水攻めにして城兵の動きを封じた上で、植木方面への兵力転用を図った。井芹川《いせりがわ》と坪井川《つぼいがわ》を堰き止めて、熊本城の外周を水浸しにしたのだが、児玉ら城兵はこれによりかえって束の間の休息を取ることができた。

三月二一日、山鹿が政府軍の手に落ちた、吉次峠はなおも暫くは持ちこたえていたが、そこも四月一日には落ちた。この間、政府軍は再び植木方面への進撃を始め、その砲声は遠く熊本城まで聞こえてきた。二六日には、南方の宇土・松橋《まつばせ》方面からも遠雷のような響きが鳴り渡った。

すでに三月一八日には、高島鞆之助率いる衝背軍の先鋒部隊が日奈久《ひなぐ》(熊本県)の南に上陸していた。二五日には、山田顕義と川路利良の大部隊が八代《やつしろ》に上陸し、氷川《ひかわ》・松橋《まつばせ》方面に向けて北上を開始していたのである。薩軍主力の背後を衝いて、南北から挟み撃ちにする作戦であった(以上、小川原正道『西南戦争』一三一〜一三五頁)。

衝背軍の進撃によって、全般的な戦略状況は劇的に変わった。囲みを破る絶好のチャンスが到来したのである。児玉らは一個大隊の兵でもって、今度は京町口をはじめとする熊本城の北側を衝くことにした。しかし、二七日に開始された攻撃は京町口では成功したが、他方面では惨憺たる失敗に終わった。両度の威力偵察はともに捗々《はかばか》しい成果を生まないで終わった。

それにしても、なぜ、児玉らは待てなかったのだろうか。

飢餓と悪疫

その背景には、悪化する食糧事情があった。とりわけ深刻だったのが、動物性蛋白質の不足である。馬肉は貴重な栄養源であったが、それだけでは足りず、ついには犬猫をも殺して食肉を確保せねばならなかった。こうした悪戦苦闘の結果、どうにか四月まで持ち堪えたが、今度は備蓄米が底を着き始めた。四月六日からは、直接戦闘に従事する兵卒にも粟を食べさせねばならなくなった。不幸中の幸いは、飲料水には不自由しなかったことである。本丸には加藤清正の掘った井戸が数多く存在しており、汲み上げられた水は城兵を渇きから救った。

しかし、もう一つ深刻な問題があった。衛生問題、具体的には糞尿の処理問題である。城内では適当な穴を掘って処理していたが、いよいよそれも限界に近付きつつあった。暖気が加わるにつれて、児玉らは悪疫感染のリスクにも対処しなければならなかった。傷病兵の看護も大変だった。敵軍に狙われることを警戒して、救護所は毎日城内を転々と移動して廻っていた。籠城戦に加わった婦女子は、二の丸の濠の中に天幕を張って、流弾や雨風をなんとか凌ぐという有様であった。

城兵の忍耐力も、もはや限界であった。薩軍の重囲を突破して、なんとか官軍との連絡をつけなければ、文字通り座して死を待つことになる。もし、突囲隊が途中で壊滅しても、彼らの分だけ籠城軍の糧食事情は好転する。恐るべき発想であるが、そこまで児玉らは追い詰められていたのである。結果はどうであれ、今こそ撃って出るべきだ。彼らはぎりぎりの決断を下した。

当初、谷は自ら突囲隊の指揮をとろうとしたが、これには異論が続出し、結局、奥保鞏《おくやすかた》が指揮官に任ぜられた。攻撃発起は四月八日午前四時、北方の植木方面に突出する計画である。突囲隊には、一二〇発の弾丸と屠ったばかりの馬肉弁当（白米）が与えられた。薩軍に死骸を検分された場合、粟《あわ》の弁当では城内の食糧事情が露見してしまうからである。児玉の準備はここでも周到であった。

しめた！　軍は無事だぞ——突囲隊出撃

ところが、「いざ出陣」という段になって状況が変わった。南方川尻《かわじり》方面の戦いが盛んになり、前線は徐々に熊本城に接近している模様である。今は川尻にこそ突出すべきだ。突囲隊は夜陰に乗じて、白川に架かる安巳橋を渡り、熊本城東郊の水前寺《すいぜんじ》に向かった。

果たして、乾坤一擲の奇襲は成功するだろうか。勝ち戦の場合には火の手を上げるということになっていたので、児玉らは固唾をのんで東の空を望んでいた。やがて朝霧の立ち込めた薄闇の中に深紅の火柱が立ち上った。

「朝霧の立った闇からして一道の火煙がボーッと立ち昇ったので、之を見ると等しく城中恰《あたか》も湧くが如く、しめた！　軍は無事だぞ、軍は無事だぞと、吾れ人共に狂喜して暫くは手の舞い足の踏むところを知らずという有様であった」。児玉はそう回顧している。午後四時、突囲隊は宇土駅で政府軍本隊と無事合流した。

この機に乗じて、児玉は城内から人足や馬を繰り出し、米七二〇俵、小銃一〇〇挺、弾薬三〇〇〇発などを手に入れた。その多くは薩軍からの戦利品である。城外は人足と馬でごった返し、文字通り門前市をなす大騒ぎとなった。鎮台は態勢を立て直した。その気になれば、五月中旬までの再籠城も可能になったのである。

熊本城解囲

突囲に気付いた薩軍は、四方八方から押し寄せて開口部を塞ごうとし、再び熊本城の周囲で戦いが始まった。谷は自ら段山に赴いて戦場を視察していたが、伏兵に狙撃され喉に銃創を負った。

翌一二日、ついに薩軍は外周から撤退を開始した。そこで、児玉らは第二突囲隊を編成して、薩軍を城の内外から挟撃しようと考えた。だが、それより前に、衝背軍の先鋒部隊が川尻方面から熊本城長六橋に到達した。四月一四日夕刻、一番乗りは旧会津藩士の山川浩中佐である。五三日間にわたる熊本城の包囲は、この時ついに解かれたのである。

この間、第二突囲隊は京町筋から植木方面へと向かっており、まもなく植木方とも連絡がついた。翌一五日には、最初の突囲隊が熊本城に凱旋した。児玉らは城内で大宴会を催して戦勝を祝した。酒《しゅ》肴《こう》はもちろん馬肉である。

熊本城籠城戦はこうして終わった。それは児玉にとって、かけがえのない政治的財産となった。

武名再び轟く

第一に、谷（土佐）、樺山（薩摩）、川上（薩摩）、奥（福岡）、大迫（薩摩）、品川（長州）といった面々と、五三日間にもわたる籠城戦をともに戦い抜いたことによって、彼らとの間の人間的な紐帯が強められた。とりわけ、木戸派の品川と「戦友」になったことは、徳山藩出身の児玉にとって裨益《ひえき》するところ大であった。全く酒を嗜まない品川と酒豪の児玉が、酒席をともにする機会が多かったとは思えないが、山県とも親しかった品川の知遇を得たことは、児玉と山県との関係をより近づけることになった。

第二に、熊本城籠城戦に参加したことで、軍人社会での児玉の声望は決定的となった。佐賀の乱では名誉の銃創を負い、ほぼ独力で神風連を鎮圧し、今度は熊本城籠城戦である。「攻城野戦」と言うが、純然たる籠城戦の経験は望んで積めるものではない。蔚山《ウルサン》籠城の故事が加藤清正の武名をいっそう高めたように、武士的気質を濃厚に残していた、この時代の軍人社会においては、籠城戦を戦い抜いたという軍歴は、それだけで一目置かれるに十分であった。児玉の武名は、再び轟き渡った。

速やかに鹿児島を突くべし

さて、薩軍は熊本城下への再進出を図ったが、四月下旬、「竹宮の烈戦」によってそれは阻止された。西郷らは、本営を熊本郊外の木山《きやま》から矢部郷内の浜町《はままち》に移し、人吉《ひとよし》に割拠して長期持久戦の構えを取ることにした。桐野利秋のいわゆる「薩隅日《さつぐうにち》三州割拠の策」である。

この時、児玉は一気に西郷軍の本営を衝こうとしていた。彼は谷に宛てて、薩軍の士気は衰えており、今なら戦わずして浜町を明け渡すかもしれない、否それどころか、薩軍は弾薬欠乏に悩んでいるとの風聞もあるから、今こそ、速やかに鹿児島を衝くべきであると切論している（四月二三日付谷宛児

玉書翰、『谷干城遺稿』第三巻、四一五頁)。

当初の計画では、熊本鎮台は鹿児島へ転戦するはずであった。しかし、豊後・日向方面の警備に当たるため、鎮台はその本営を長駆、馬水村―浜町へと進めた(四月二四日~五月一日)。だが、西郷はすでに人吉に向かった後であった。

豊後方面の守りを固める一方で、山県は川村純義率いる陸海軍の分遣隊を海路鹿児島に派遣し、薩軍の本拠地を衝くことにした。四月二七日、政府軍は同地に上陸、県庁を占拠したが、薩軍もすぐさま反撃を開始し、五月五日未明から、城山・岩崎谷方面を中心に激戦が始まった。市街は猛火に包まれ、数千戸が灰燼に帰した(小川原『西南戦争』一五六~一五九頁)。

3 忘れられた戦場――豊後での難戦

西南戦争の戦争形態

西南戦争における児玉の戦歴では、華々しかった熊本城籠城戦にのみ関心が集まりやすく、「その後の児玉」について触れているものはほぼ皆無に等しい。だが、視野を台湾総督時代にまで伸ばせば、豊後転戦以降の児玉の戦場経験が思いの外、重要な意味合いを含んでいたことが分かる。なぜなら、薩軍の遊撃隊的抵抗に対処していく中で、児玉は「治安対策」や占領地行政に精通するようになり、それらの貴重な経験が、台湾での対「土匪」政策の中で活かされることになるからである。

ちなみに、西南戦争では戦地での軍事指揮権の大綱は、参軍に任命された山県に握られており、旅団や鎮台からの情報は当時の最新の通信手段、電信線を通じて彼の手元に直接上げられていた。もっとも、その架設には手間がかかったし、また、通信途絶などの技術的不具合も多くあったと見え、山県は発信時刻を明記した書翰を谷や児玉に頻繁に出している。

当時の技術水準では仕方のないことではあるが、山県は現地部隊の動きを逐一把握できなかった。参軍の命令を待たずに、現地部隊が動かざるを得ない局面も間々存在した。糧食などは現地調達で十分賄えたので、兵站部門を通じての現地部隊のコントロールも困難であった。しかも、征討大総督府と参軍、さらには参軍間（当初参軍には、山県と川村純義が陸海軍からそれぞれ任命されていたが、後に衝背軍の指揮をとるために、黒田清隆も参軍に任命された）の連携も上手く行かず、特に作戦方針をめぐる山県と黒田の対立は深刻であった（伊藤之雄『山県有朋』一五一～一五五頁）。『西南記伝』や『明治軍事史』では巧妙に隠蔽されているが、薩軍はもとより政府軍の作戦もまた、しばしば混乱状態に陥っている。児玉ら参謀の任務は、それだけ重大であった。

児玉の延岡攻略論

さて、人吉での持久策を講ずると同時に、西郷は野村忍助率いる奇兵隊（兵力約三〇〇〇）を豊後口に派遣し、政府軍のはるか後方を攪乱しようとした。

明治一〇年（一八七七）四月三〇日、江代《えしろ》（球磨川上流、日向との国境に近い）を発した奇兵隊は、九州山地の峻険を越えて豊後方面へと向かった。五月一〇日、野村は部隊を三つに分かち、主力を豊後口に進撃させると同時に、日向各地を押えて政府軍の進攻に備えた。彼は延岡（宮崎県）に牙営《がえい》を設けて、同地にて兵器弾薬を製造し、豊後進撃を支えるつもりであった。

この時、もし西郷が三州割拠の策を捨てて、小倉進出の積極策に打って出ていたらどうなっただろうか。薩軍が豊後を押えれば、動揺は対岸の四国へも波及し、立志社をはじめとする高知県士族も決起したかもしれない。そうなれば、全国の士族の動揺は免れないだろう。

五月一一日、児玉は「豊後路へ進入、延岡より蚕食するの議」を山県に直接意見具申している。それは、奇兵隊の小倉方面への突出を阻止すると同時に、豊後を押えて四国方面の動揺を防止し、隙あらば延岡から宮崎へ進出しようという放胆な作戦であり、第二旅団の投入が予定されていた（「西南戦役戦闘日記」13冊の内第8号）。児玉は薩軍の動きを読んだ上で、それを逆手にとって一気に雌雄を決しようとしていたのである。

山県との戦略のずれ

しかし、山県の考えは違っていた。もちろん、彼も豊後の戦況は承知していた。だが、すでに鹿児島市内では一進一退の激戦が展開されており、五月六日には、人吉方面での戦端が切って落とされていた。焦慮した山県の視線は、もっぱら鹿児島と人吉に熱っぽく注がれていた。山県は児玉らの建策を容れず、かえって第二旅団の鹿児島への投入を決定したのである（同右）。

野戦指揮官としての山県は、堅実であり、時に理詰めに過ぎることもあった。彼は「巧遅なるも、決して拙速を好まなかった」。蘇峰によれば、山県のこの「堅実一点張の戦法」こそは、西南戦争が長引いた原因の一半だったというが（徳富蘇峰『近世日本国民史　西南の役㈤』三九五頁）、事の当否は別にしても、谷や児玉のような積極攻勢論者の目から見れば、たしかにそう見えたであろう。

豊後での戦機動く

この時、豊後での戦機は急速に動こうとしていた。五月一二日、延岡から密かに北上した奇兵隊前衛四個中隊は、重岡《しげおか》(大分県)を無血占領し、翌一三日には遙か北方の竹田《たけだ》に進出している。驚くべき行軍能力である。

竹田は、熊本と大分との間を画す山間《やまあい》の要害である。政府軍がここで阻止されれば、薩軍はその間に海沿いルートを通って、大分から中津へと進撃するかもしれない。現に、薩軍分遣隊はこの時、大分を指呼の間に望んでいたのである(五月一六日、鶴崎《つるさき》進入)。

五月一四日早朝、薩軍は暁霧に乗じて、延岡街道の熊本鎮台大哨(警備隊)に攻撃を仕掛け、それを抜いて馬見原《まみはら》・川口《かわぐち》へと迫った。この時、またも児玉は積極果敢な攻撃を具申した。鎮台兵一大隊で「豊後路へ出て賊の要部を突く」べし、というのである(五月二一日付谷宛児玉・堀江電報。『西南役史料』天巻、所収)。

『西南記伝』では、山県はすぐに野津に竹田奪還を命じ、さらに自ら作戦方針を授けて、長駆延岡に入るを期したというが(同、中2巻、二五一頁)、当時の電報類を見ると、作戦方針の転換は必ずしも円滑に進んではおらず、山県―谷―野津―児玉の間で、活発な意見交換が行われていたことが分かる。

この頃、人吉攻防戦はそのピークに達しようとしていた。六月一日、人吉は陥落した。鹿児島での激戦も続いていた。その後、西郷率いる薩軍主力は、都城から日向に入り、沿岸部を北上して宮崎に本営を定めている。戦略的状況を俯瞰すれば、主戦場が日向方面に移りつつあったことは明らかである。

児玉の一連の建策が直ちに容れられていたら、どうなっていただろうか。いずれにせよ、今ここで言えるのは、山県は後手に回ってしまったということである。大分への増兵が決定されたのは六月五日のことであった。戦場の匂いを嗅ぐ、戦機の到来を予見するという能力に関しては、児玉は山県の上を行っていたといえるかもしれない。

こうして、以後八月初旬に至るまで、大分県南部から宮崎県北部の、半径三〇キロあまりの山岳地帯を舞台として、一進一退の攻防戦が展開されるのである。途中、暗号書が薩軍に奪われたこともあって、参軍と各旅団・鎮台との間の意思疎通はますます難渋をきわめた。

乃木、児玉との交代を望む

この頃、乃木は戦傷を癒すために後方（久留米）に退いていた。軍旗喪失事件の直後に、乃木は植木で割腹を図ったが、部下（櫟木《くぬぎ》哲造《てつぞう》軍曹）によって押し止められた。自決防止のため、乃木は四六時中監視されていた。自決が無理なら、せめて戦《いくさ》の中で死にたい。乃木は自らの戦死を切望し、ことさらに「過激の挙動」（樺山の言葉）に出るようになった。だが皮肉にも、それは乃木に深手を負わせただけに終わった。彼は、戦線離脱を余儀なくされたのである。

乃木にとって、それは最悪の結末だった。ある程度傷が癒えた乃木に対して、谷は熊本鎮台への帰任を命じたが（五月二三日付乃木希典宛谷干城書翰）、彼の気持ちは一向に晴れなかった。しばらく経って、前線からの報告書に児玉の名を見い出すようになると、乃木は児玉に代わって、自分を前線に復帰させるよう谷に働き掛け始めた。最早、戦傷も快癒し、「山野の奔走」も試みつつあるから大丈夫だ、というのである（七月一一日付谷宛乃木書翰）。

いつの頃からか、乃木は児玉と親しく交わるようになっていた。長府と徳山という支藩出身者同士ということもあったのだろう。西南戦争勃発直前にも、乃木は児玉の居宅を自ら訪れて、与倉や奥、大迫らと酒を酌み交わし、「大酔して」帰宅している（『乃木日記』明治一〇年一月一五日）。親密な関係にあったからこそ、彼は一種の気安さから、児玉との交代を望んだのである。

児玉を交代させるべからず

乃木の様子に何かただならぬものを感じたのであろう、谷は樺山（在熊本鎮台）に近況を問い質している。

難戦の続く豊後方面には、児玉参謀はなくてはならない人材である。樺山は、「聞くところによれば、児玉も足を痛めているという。自分の負傷も快癒していない折から、鎮台司令部に二人も病人がいては仕事にならない」と屁理屈を並べて、乃木の要求を斥けた。谷もそれに同意し、児玉は従来通り、前線で参謀として勤務することとなった（七月二〇日付谷宛樺山書翰、同日付谷宛別役成義書翰）。

谷も樺山も、参謀としての児玉の能力を高く評価していた。危地に臨んでも冷静沈着、決して暴勇を振るうことはない。それが児玉であった。その点、乃木には激情家としての危うさがあった。名誉の戦死を望むあまり、部隊を窮地に陥れてはならない。

『乃木日記』を読むと、六月頃から飲酒に関する記事が目につくようになる。とはいえ、乃木は児

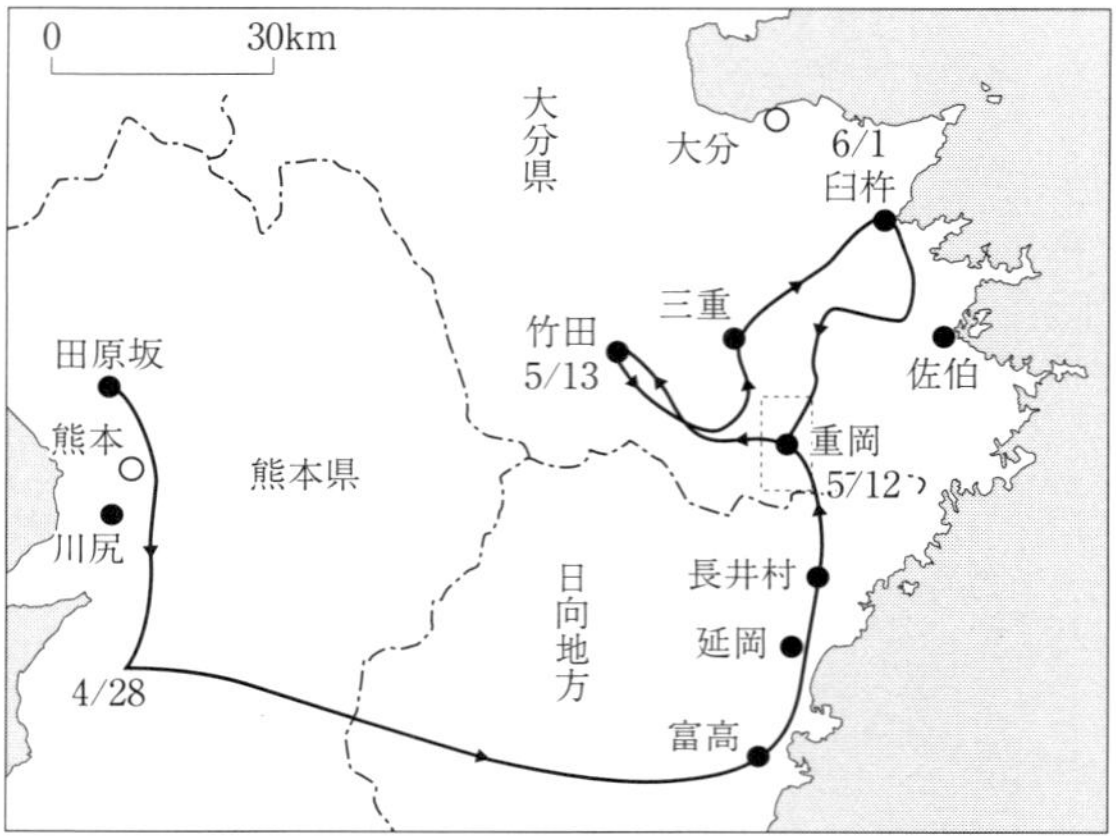

薩軍，大分方面進路
（小川原正道『西南戦争』に加筆）
┆┆→「赤松・陸地峠周辺図」部分。

玉に対して、嫉妬の感情を持つような人間ではない。また、児玉も乃木の苦衷をよく理解していた。児玉が打合せのため熊本にやって来た時には、乃木は児玉のために酒席を設け、そこで漢詩を交換している（『乃木日記』六月二〇日）。

児玉がまず詠み、乃木がそれに応える。二人は漢詩を詠み合うことで、お互いの心事を理解し、労《いた》わりあっていたのであった。二人の間の、この、いかにも武人らしいコミュニケーションの取り方は、その後、彼らの人生の中で幾度となく繰り返され、時として二人の間の緊張関係を和らげる役割を果たしている。

豊後南部の難戦

話をもとに戻そう。大分県南部の山岳地帯では、政府軍が薩軍の遊撃的活動にてこずっていた。

豊後と日向の境には、険しい山々が連なっている。いったん峠に出れば、遠くまで一望する

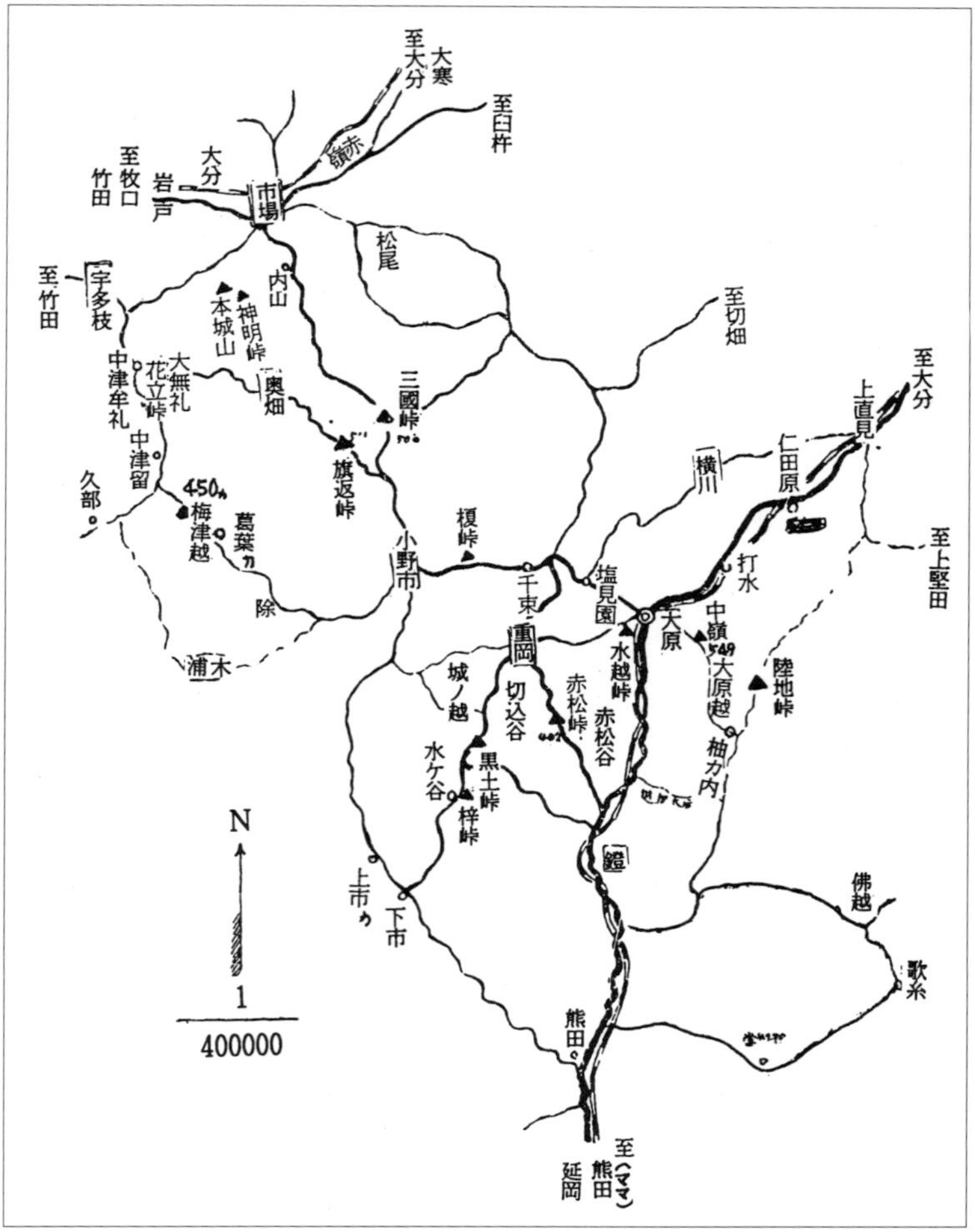

赤松・陸地峠周辺図

（佐藤盛雄・渡辺用馬『西南戦争豊後地方戦記』青潮社，1997年，より）

ことができるが、それまでは鬱蒼たる木々に囲まれた山道が蜿蜒と続いており、山林に潜んだ斬り込み隊の突撃をかわすことはきわめて困難である。戦線の長さは、直線距離にして二〇キロ以上に及んだ。山中であるから、実際の長さはその数倍に及ぶ。稜線上に配兵するにしても、配備は薄くならざるを得ない。どこか一点に兵力を集中すれば、迂回攻撃されてしまう。この辺りは攻めるにやすく、守るに難い地勢なのである。

しかも、薩軍は頻りに沿岸部に突出しようとしていた。政府軍が沿岸部を押えれば、内陸部のゲリラ戦に誘い込み、谷や児玉の虚を衝いて再び大分方面に突出しようとする。そんな遊撃的な戦闘が数カ月間も続いたのである。

対「土匪」作戦のノウハウを学ぶ

当初、児玉は一気に竹田から延岡に至る地域を「掃攘」するつもりでいた（五月二六日付谷宛児玉書翰、『西南役史料』天巻）。だが、区戸長の多くが薩軍とともに姿を消してしまったため、当方面の行政は麻痺状態に陥っており、まずは県官を派遣して、治安を回復することが先決であった。住民の協力なしには、掃攘作戦の実行など画に描いた餅である（五月三一日付谷宛児玉電報）。児玉はここで、のちの台湾での「土匪」掃討作戦のノウハウを修得した。行政によって「良民」を味方に付け、「匪徒」を社会から浮かび上がらせるという、政治的テクニックである。

豊後の難戦を見て、山県もようやく重い腰を上げた。彼を動かしたのは、桐野利秋が四国へ渡ったという未確認情報だった（実際には渡っていない）。八代に本営を進めていた山県は、急遽熊本に取って返すと同時に、第二旅団を海路大分に派遣することにした（六月五日、指揮官奥保鞏）。

高知県士族の動揺を抑えるためには、臼杵・佐伯などの大分県沿岸部を占領することはたしかに重要である。だが、それに気を取られている内に、もし、薩軍が内陸部、特に重岡方面で攻撃を仕掛けてきたら、その影響は三田井から熊本方面にまで及ぶだろう。今は一刻も早く、重岡を占領して、内陸部での薩軍の動きを抑えるべきである（六月一一日付岡本中佐宛児玉電報、『西南役史料』天巻）。

児玉は重岡攻略を急ごうとしていた。だが、機先を制したのは薩軍の方であった。六月一三日午後四時半、三重市《みえいち》哨兵線に薩軍が肉薄してきたのである。窮地を救ったのは、またしてもスナイドル銃の強力な火力であった。薩軍の抜刀突撃は阻まれ、三重市は遂に持ちこたえた。

鎮台兵敗走――赤松峠・陸地《かちち》峠の戦い

相次ぐ敗報にも関わらず、なおも薩軍は闘志を失っていなかった。野村忍助は重岡を攻略して、大分に突出するという最後の賭けに打って出ようとしていた。彼が目を付けたのが、重岡南方の深山の中に位置する赤松・豆殻《まめがら》という二つの小さな峠である。

六月二四日早暁、折からの濃霧を衝いて、薩軍は赤松峠を急襲した。ついで、西方に位置する豆殻峠にも殺到した。守備兵は、突然の抜刀突撃に算を乱して潰走した。現地で指揮を執っていたのは川上操六だったが、彼は態勢を立て直すと反撃に転じ、一進一退の末にある程度の陣地を回復するのに成功した（『西南戦争・豊後地方戦記』九一頁）。

だが、薩軍の攻勢は止まらない。翌二五日、今度は赤松峠から直線距離にして約八キロ東方の陸地峠が奪われた。薩軍は峠の東側の深山から忽然と現われ、別働・遊撃の二中隊に痛撃を加えたのである。中隊指揮官は部隊統御の術《すべ》を失い、部隊の士気は完全に失われた（六月二九日付谷宛児玉書翰、『谷干城遺稿』第三巻、四四三〜四四四頁）。

この日、政府軍の損害は甚だしく、奥は本営に加勢を乞い、大迫は佐伯に救援を求めた。野津は、重岡から仁田原に本営を移動させねばならなかった（『西南戦争・豊後地方戦記』九二頁）。これほどの手酷い敗北を、政府軍が喫したことはなかった。

事態の急変は、谷や児玉を驚愕させた。このままでは、政府軍は豊後を失うかもしれない。谷は自ら重岡に赴き、陣頭指揮を執ることにした。そして、児玉を仁田原に派遣し、大敗の原因糾明と態勢の立て直しに当たらせた。児玉にとって、これは気の重い仕事であった。

川上と児玉

陸地峠で大敗した遊撃隊は、山口県下で召集された部隊である。児玉は混成部隊を編成して、部隊の立て直しを図るとともに、新たな増援部隊の派遣を谷に具申している（前掲六月二九日付谷宛児玉書翰）。

赤松・陸地での敗北を、川上は大いなる屈辱として受け止めていた。谷は山県宛の書翰の中で、鎮台兵の奮戦を誇示する一方で、「然るに我が本道の司令官川上少佐の手に属する者」の中からは二人の将校が戦死し、死傷者も百余名に及んだと述べている（六月二七日付山県宛谷書翰、『谷干城遺稿』第三巻、四三九頁）。客観的な事実関係の指摘ではあるが、それはやがて川上の耳にも届いたであろう。以後、川上と児玉の関係は微妙になるが、その原因の一つは案外この辺にあるのかもしれない。

その後も、国境での乱戦は続いた。戦線はあってなきがごとく、両軍は複雑に絡み合ったまま戦っていた。川上も自ら陣頭に立って奮戦したが、かえって腹背に敵を受け、すんでのところで戦死を免れている（七月一日、荏子山《えこやま》・観音山《かんのんやま》の戦い）。七月三日、政府軍右翼はついに総崩れとなった。

最前線に出て戦機を摑む

この危機的状況に、谷は反撃作戦を野津と児玉に託した。戦線左翼から薩軍を大きく包囲しようというのである。児玉は自ら現地に潜行して、薩軍の様子を探った（九日、黒沢に出張参謀部設置）。自分の五感をフルに使って、戦場の空気を読み、戦機を摑む。ヴェテランの参謀ならではの立ち居振る舞いである。

七月一一日、後備第四大隊を増強して、反撃作戦は開始された。意外な方面からの攻撃に薩軍は動揺し、政府軍はついに陸地峠を回復した。谷と野津・児玉コンビの作戦は見事に図に当たった。奇襲の成功は、自ら敵状を視察した児玉の功に帰せられるべきものである。

薩軍の大分突出はこうして阻止された。もし、この時に包囲の底が抜けていたら、西郷を可愛岳《えのだけ》に追い詰めることはできなかったであろう。とはいえ、峻険な地勢と兵力不足のため、政府軍の攻勢も行き詰まりつつあった。この時、すでに児玉はその視線を内陸の三田井に向けていた。もし、三田井が薩軍の手に落ちれば、熊本方面との陸路での連絡は断たれてしまうだろう。当方面では最早、積極的な攻勢はとれない。「全く防守の略を取るに似たり」。児玉は山県にそう報告している（八月一二日付山県宛児玉書翰）。

宮崎の戦い

もっとも、苦戦していたのは児玉たちの前線だけだった。全般的に見れば、戦いは政府軍の圧倒的有利に進んでいた。六月下旬、鹿児島市内を制圧した政府軍は、その余勢を駆って日向に進攻し、薩軍を北へ追い上げていった。七月三一日、宮崎が政府軍の押さえるとこ

大山巌
（国立国会図書館蔵）

ろとなり、八月一四日にはついに延岡が陥落した。

西郷は海岸沿いに北上し、延岡北方に長く突き出した丘陵地帯に陣を敷き、ここで政府軍を迎え撃った。世にいう和田越《わだごえ》の戦いである。

薩軍の兵力は、すでに約三五〇〇名にまで減少していた。西郷自らも陣頭に立ったが、開豁地での戦いでは、火力に劣る薩軍にもとより勝ち目はなかった。西郷らは、可愛岳《えのだけ》南麓の長井村に追い詰められた。

児玉の油断——西郷の可愛岳突破

西郷は絶体絶命の窮地に陥った。「賊は僅かに一里計《ばかり》の地に集合、進退谷《きわま》りたり」（八月一六日付本営宛児玉電報、『西南役史料』玄巻）。児玉はこう述べている。大山も勝敗はすでに決したと見ていた。「賊は永《〔ママ〕》井村に囲まれ籠中の鳥の如し。四面皆楚歌の声あり」（「大山巌日記」明治一〇年八月一七日）。

谷は児玉を後詰めに廻し、乃木の前線への復帰を許した。児玉に与えられた任務は、後方の「陸地《かちぢ》口《ぐち》から〔長井村へ〕進入」するというものであった（『乃木日記』八月一五日）。もはや、乃木に任せても大丈夫だ。谷はそう判断したのだろう。

だが、大山や児玉の観測は楽観的に過ぎた。というよりも、薩軍が超人的な能力を発揮したという方が適切である。辺見十郎太《へんみじゅうろうた》を先鋒とする薩軍は、可愛岳の絶壁を攀《よ》じ登って政府軍の囲みを破った。政府軍出張本営はパニック状態に陥り、野津も三好重臣も這々《ほうほう》の体《てい》で逃げ出した（八月一八日早暁）。勝利は山県の掌中から零れ落ちた。

それにしても、川上といい、奥といい、野津・三好といい、皆「歴戦のつわもの」である。その彼らですらも、武士としての誇りを傷つけられるような戦を余儀なくされたのである。この地での戦いが、いかに熾烈であったかが窺えよう。軍歴に傷を負わなかったのは、谷と樺山、そして児玉くらいのものであった。鎮台司令部だけが敵の蹂躙を免れていたのである。

出水への転戦

可愛岳突破後の薩軍の行動は、かつての児玉の危惧が正しかったことを裏書きしている。彼らは忽然と三田井に現われ、弾薬と多数の兵糧を奪って、山中にその踪跡をくらました。だが、山県はすぐに態勢を立て直した。彼は、西郷は鹿児島方面に向かったと睨んでおり、熊本鎮台を不知火海に面した出水《いずみ》方面に大きくスウィングさせて、出水・宮之城《みやのじょう》方面の警備に当たらせた。

鎮台は鹿児島県下の宮之城に移動し、児玉も八代《やつしろ》〜出水へと出張参謀部を率いて、それに追随した（九月一〜三日）。樺山は入来《いりき》峠を越えて、鹿児島城下へ攻め込む機会を虎視眈々と窺っていたが、この間、児玉は出水で占領地行政と甑島《こしきじま》の「残賊」探索を指揮していた（九月五日付谷宛児玉電報・同二四日付谷宛児玉書翰、『西南役史料』黄巻）。戦線が整理されれば、鎮台参謀の児玉が後方に下がるのは当たり前である。「華々しい」鹿児島攻めに加わりたかっただろうが、こうした場合の軍功は譲るのが当然である（後の旅順でもそうしている）。いずれにせよ、「児玉の助力が必要な程の難戦はない」と、谷や樺山、引いては山県が判断していたことは確実であろう。

大小砲声全く絶《たえ》たり

九月一日、薩軍はついに鹿児島城下に戻って来た。山中での逃避行を続けるうちに、さしもの私学校党も徐々に崩壊していった。残存兵力はさらに減って、わずか四〇〇名ばかりになった。だが、彼らは死力を振り絞って私学校を奪還し、城山に立て籠もった。後は徹底抗戦あるのみである。

山県の作戦は慎重・周密をきわめた。可愛岳の二の舞を演じてはならない。彼は一気にことを決しようとはせず、城山を厳重に包囲して、連日激しい砲撃を加えた。総攻撃が開始されたのは、包囲開始から二週間以上経った、九月二四日午前四時のことである。岩崎谷に立て籠もった西郷軍は撃滅された。ほどなくして、西郷の首級も見出され、本営の山県の下に届けられた。

「九月廿四日　晴。払暁第四字〔時〕各旅団より二中隊つつを以て進撃するに、僅か一字間余の戦ひに巨魁悉《ことごと》く斃れ、七字過に至て全く戦ひ終る。午後大に雨降る」（「大山巌日記」）。大山は、その日の日記をこう締め括っている。

この日も児玉は、薩軍の「残党」を探索していた。宮之城経由で城山陥落の報がもたらされたのは翌二五日のことである。

「昨廿四日午前第四時半頃より鹿児島に当り小銃の声続き、忽ち黒煙天に昇り、同六時半に至り止む。已来大小砲声全く絶たり。恐らくは賊巣《ぞくそう》を屠りたるならん」

（九月二五日付熊本鎮台宛児玉電報、『西南役史料』黄巻）

出先からの電報に、児玉が加筆・修正を加えた形跡はない。彼は淡々と、熊本に転電している。だが、次郎彦の悲劇を身を以て体験した児玉が、維新最大の功労者たる西郷の最期に、内心一掬の涙を催さなかったとは思えない。彼のことだから、そういった感情を表には絶対に出さなかったであろう。悲哀の念は、彼の心の奥底に深く沈澱していったに違いない。

西南戦争はここに終わった。例の軍旗事件の始末を付けたのち、児玉は上京の途についた。

第三章　理想の陸軍を求めて

1　「流謫」の効用――佐倉での日々

明治一一年（一八七八）二月、児玉は近衛師団の前身である近衛局への出仕を命ぜられ、七月には参謀に任ぜられた。神風連と西南戦争での軍功による抜擢であった。当時の近衛都督は山県有朋である。

近衛局出仕・竹橋事件

児玉は神風連の乱に際してトラブルシューターとして脚光を浴び、西南戦争では参謀としての才能を開花させた。だが、いささか「派手にやり過ぎた」のかもしれない。山県は児玉を軍中央に引っ張ったが、それは中央幕僚への抜擢ではなく、児玉の危機管理能力を見込んで、帝都東京の守りを固めるためであった。

八月二三日深夜、事件は起こった。近衛砲兵大隊の反乱、いわゆる竹橋事件である。

西南戦争の行賞に対する不平等感（下士・兵卒には行賞は皆無であった）に加えて、給与や被服・糧食などについての不満は、かねてより近衛砲兵大隊内部に燻っていたが、ついに兵卒らが暴発してしまったのである。彼らは大隊長や週番士官を殺害し、隣接する近衛歩兵連隊の煽動を試み、さらに大蔵卿大隈重信の飯田町の邸宅に向かって発砲した。深夜の砲声は人々を驚かせた。

百数十名の反乱軍は山砲二門を牽いて、天皇に直訴するために赤坂の仮皇居に向かった。しかし、山県陸軍卿はすでに皇居の守りを固めていた。反乱軍はなすすべもなく武装解除され、歩兵連隊も態勢を立て直して竹橋の砲兵営を占領した。事件は翌暁四時には全く鎮圧されたのである。

この間、児玉は何をしていたのだろうか。

事件の事後処理に当たる

当時、児玉は例の勲功調査に従事しており、各地の鎮台への出張が予定されていた（『明治九年ヨリ同十三年マデ密事編冊　卿官房』）。一説によれば、事件当日は熊本で調査に従事していたという。ところが奇妙なことに、皇居警備部隊の臨時増加を解く旨の報告が、「近衛都督山県有朋代理陸軍少佐児玉源太郎」名で山県陸軍卿に提出されているのである（八月二四日付、『明治軍事史』上巻、三五七～三五八頁）。

報告書の形式を整えるために、児玉の名義を用いたのかもしれないが、その間の事情は詳らかでない。ちなみに、当時の新聞記事には児玉の名は全く出てこない。神風連で名を馳せた児玉が、鎮圧に直接関与していたなら、新聞は競ってそれを取り上げただろう（当夜、近衛局には磯林眞三中尉が宿直しており、当座の対応に当たっていた。『東京日日新聞』八月二五日付号外）。ただ、所在はどうであれ、参謀としての職務を児玉が適確にこなしていたことは、この年の一二月に近衛幕僚参謀副長に任ぜられたことからも知れる。

付言すれば、竹橋事件に関係した将校の閉門蟄居に関する手続きも児玉経由で行われている（明治一一年一二月二八日付川上中尉帰郷後閉門致度願に付伺、『陸軍省大日記』明治一一年）。児玉は東京でもまた、騒擾事件の事後処理に追われたのである。

近衛局での勤務は二年あまりで終わった。明治一三年四月、陸軍中佐に任ぜられた児玉は、同時に東京鎮台歩兵第二連隊長に補せられた。衛戍地《えいじゅち》は千葉県佐倉《さくら》である。

佐倉での五年間

実兵を指揮できる連隊長は、児玉にとって念願のポストだったに違いない。衛戍地が佐倉だったのも幸運であった。もし、児玉が群馬県の高崎連隊（第一五連隊）に配属されていたならば、群馬事件などの、いわゆる激化諸事件への対応に追われていたはずである。

小田原や川越と並んで、かつての佐倉は江戸防衛の要衝であった。旧佐倉藩は老中堀田正睦《ほったまさよし》（初代アメリカ総領事タウンゼント・ハリスと日米修好通商条約を結んだ）を生んだ譜代の名藩で、土井利勝《どいとしかつ》が築いた佐倉城が下総台地の上から四囲を睥睨《へいげい》していた。だが、児玉が赴任した時には、すでに城郭は完全に取り壊され、その跡に歩兵第二連隊の営所が設けられていた。

千葉県の「軍都」といえば、乃木が第一連隊長を務めていた習志野《ならしの》が有名である。明治一五年一一月、公務で佐倉を訪れた鷗外は、「佐倉は繁華ならねど宇都宮《うつのみや》に優ること三つあり。俗の淳朴なる食饌の精き娼妓なき是なり」とその印象を記している。

佐倉城下鏑木小路（左側が児玉邸跡／著者撮影）

児玉は、城にほど近い鏑木小路《かぶらきこうじ》に役宅（借家）を与えられた。この辺りは、旧藩では上級もしくは中級の武家屋敷が多くあったところで、役宅は建坪六〇坪、通りに面して土手と生垣が築かれていたが、これは石を産しない当地の武家屋敷の特徴である。

佐倉時代の児玉のエピソードは意外に少ない。連隊対抗演習で乃木を翻弄したとか、料亭の借金を冗談交じりに踏み倒そうとしたとか、面白おかしく二、三の逸話が語り伝えられているが、そういった挿話が饒舌に語られれば語られるほど、私には佐倉での五年間、特にその後半は、児玉にとって「流謫《るたく》の日々」だったように思われてくる。

この地で児玉はよく働き、よく遊んだ。営庭や演習場を軽快敏捷に動き回って、倦むことを知らなかった。兵たちは児玉に、「木鼠《リス》」という綽名を付けた。

酒席での付き合い

この頃、佐倉の町にもようやく「小さな歓楽の場」が出来始めており、酒好きの児玉は早速そこへ繰り出すようになった。なじみは新町の米新《よねしん》や田町の上州屋である（塚本学「城下町と連隊町」）。ところが、豪遊しているうちに六〇〇円もの借金が出来あがってしまった。

車夫の扮装をした児玉が、「免官になってしまったので、借金を帳消しにしてくれ」と女将に頼み込み、その承諾を得るや否や、東京から連れて来た「美妓」を座敷に上がり込ませて、連隊から将校を呼び集めて痛飲した、などという稚気に溢れたエピソードは類書にもよく引かれている（博文館編『児玉源太郎』六三頁）。児玉の酒は陽気であった。とはいえ、悪ふざけで借金がなくなるわけでもない。勤務の関係上、上京する機会もあったが、そんな折には、児玉は軍人仲間以外にも積極的に交遊関係を広げていった。

伊藤系官僚との交遊

例えば、中井弘である。中井は薩摩出身の官僚であるが、西郷従道や大山厳といった薩派軍人グループとはそりが合わず、かえって伊藤博文・井上馨らと親しかった。奈良原《ならはら》繁《しげる》（薩摩）が九段下に建てた新宅に、中井や海江田《かえだ》信義《のぶよし》（薩摩）、そして児玉が集まって、大隈を招いて酒を呑んだこともあった。

大隈は、我らを味方に付けたいと思っているようだが、自分（中井）は旧友として酒を酌み交わしたまでで、その手には乗らないのでご安心ください。中井は伊藤にそう内報している。そんな生臭い酒席に児玉も同席し、しかも得意の漢詩を詠んだと思しき気配である（明治一五年一二月六日付伊藤博文宛中井弘書翰）。

詳しい背景は不明であるが、児玉が伊藤系官僚とも親しく交際していたことの一端を窺わせる書翰である。それが、彼の視野をいっそう広げたことは間違いあるまい。もっとも、政治嫌いの児玉のことである。伊藤との人脈を使って、その立身出世を図った形跡は見当たらない。

当時の陸軍将校団を「学術派」と「実戦派」に分けると、児玉は後者に分類されることが多い。学術派とは士官学校での「正則教育」を重視する一派で、桂太郎などの軍政系エリート官僚がその典型である。実戦派とはいわゆる「叩き上げ」で、実戦経験の豊富さが強みである。

だが、児玉の才は学術派・実戦派という枠組みから大きくはみ出していた。日々実兵訓練に励んでいるうちに、彼は、日本陸軍の欠点が将校の学理軽視にあることを痛感するようになった。「各将校等学術に心を用いざるは誠に残念」である。佐官に昇れば、もはや「学問は不要同様の姿」となる現状は慨嘆に堪えない。児玉は「フランス派」の盟友寺内正毅（在パリ）に、こう書き送っている（明治一六年一月一五日付寺内宛児玉書翰）。

大山視察団の選に漏れる

日本陸軍は桂太郎の建策を容れて、大山巌率いる一大視察団を欧州に派遣し、彼の地の陸軍を視察させることにした。桂もまた学理軽視の風潮を苦々しく思っていたのである。すでに親友の寺内はフランスへ留学していた。「今度は自分の番だ」。寺内宛児玉書翰からは、洋行への期待が行間から滲み出ている。

ところが豈図《あに》らんや、児玉は選に漏れてしまった。視察団には川上操六や野津道貫、三浦梧楼といった西南戦争で活躍した面々が多く抜擢されていた。当時の騒然たる国内政治状況に鑑みて、山県は児玉を腕利きのトラブルシューターとして、帝都近郊の佐倉に留めおきたかったに違いない。明治一七年一月、大山視察団は約一年になんなんとする大旅行に出発してしまった。

しかし、落胆している暇は児玉にはなかった。演習、それこそが野戦指揮官たる児玉にとって唯一の生き甲斐であり、自己アピールの場所でもあった。

演習への熱中

演習での児玉の武勇伝には事欠かない。日本初の陸海合同演習（明治一八年三月、於観音崎）で、敵軍の側背を見事に衝いて「勝利」したとか、第一連隊との対抗演習（於習志野）では、敢然として中央突破を試み、乃木をして顔色なからしめたとか、とにかく、児玉の自由奔放な用兵を強調する逸話は多い。

第二連隊の見事な機動は、山県に非常に強い印象を残した。後年、児玉の急逝の報に接した山県が、記者の求めに応じて漏らしたエピソードは、実にこの習志野での対抗演習時のものなのである。

児玉にとって、演習はまさに真剣勝負であった。ある年の演習では、児玉の部隊が敵陣を完全に占領したので、演習が成り立たなくなってしまった。審判官の三好重臣は、児玉に旧位置への復帰を命じた。

ところが、児玉は烈火のごとく怒った。もし、小官一人でこの地を占領したのなら、あえて命令には背きません、だが、この地は部下の将校・士卒とともに占領したのである、「小官なにを以て、その部下の将校・下士卒に見《まみ》えんや」というのである（『読売新聞』明治二七年一〇月三日）。

しかし、演習はあくまで演習である。大事なのは過程なのであって、結果（「勝敗」）ではない。審判官が「無効」と判定したのなら、原状に復帰するのは当たり前である。三好は、児玉の突撃は、実戦では敵軍の砲火によって阻止されたはずだと判断したのである。

もともと、全国の鎮台の中でも、東京鎮台は練度が高かったが（伊藤『山県有朋』二〇〇〜二〇一頁）、児玉の教育訓練によって、第二連隊の練度はいっそう高まり、それは山県や大山の注目を引くようになった。自己流の練兵でも、あれだけの成果を出しているのである。児玉に最新の兵学教育を受けさせれば、陸軍全体の近代化を教育面で担い得る人材に化けるかもしれない。

軍政への目覚め

連隊長という職務は、地域社会と軍隊とを繋ぎ止める鎹《かすがい》のようなものである。児玉が「精兵」の練成に成功したということは、取りも直さず、佐倉という地域社会の中で、連隊の維持・運営もまた、適切に行われていたということを意味する。演習場や糧食の確保、御用商人との関係、防疫・給水などの衛生面での配慮等々、広汎な軍事行政的手腕がなければ、軍紀を厳正に保ち、将兵の士気を高めることはできない。児玉は地方の状況を観察して、一度は知事になってみたいものだと漏らすようになっていた（『水野錬太郎回想録・関係文書』七六頁）。

山県は炯眼《けいがん》にも、児玉の中に軍政家としての隠された素質を見出した。ただ、問題もあった。余りにも強い演習へのこだわりである。その敢闘精神は賞賛に値するが、勝利に対する強い執着心は克服されねばならない。西洋の最新の兵学に触れさせることで、この逸材の驥足をさらに伸ばさしめなければならない。

学理の重要性は、児玉もまた痛感していた。運命が微妙に交叉し、児玉の前途に小さな光が当たり始め、やがて、その前途を大きく照らしだした

この間、激化諸事件が頻発する中で、板垣退助は自由党の解党を宣言していた（明治一七年一〇月）。

自由民権運動は急速に退潮していった。山県が児玉の抜擢を決意したのは、ちょうどこの頃のことである（博文館編『児玉陸軍大将』一二頁）。時勢もまた、児玉の背中を押していたのである。

考えてみれば、児玉がエリートコースから外れたことは、決して悪いことではなかった。

「流謫《るたく》」の効用

幸運や「栄光」は所詮一過性のものであり、それを真に活かすことができるかどうかは、その後の日常的な努力によるところがきわめて大きいように思われる。すでに得た何かを守り、それを量的に拡大するのではなく、新たに何かを獲得すべく、努力は積み重ねられねばならない。流謫の境遇は、かえって自分を客観視する機会にもなり得る。ふさぎ込むことなく、どこまで冷静に自らを見つめ直すことができるか。それさえできれば、孤独な運命は新たな飛躍への第一歩たりうるだろう。

下総《しもうさ》の台地で、児玉は日々黄塵にまみれていた。度を過ぎた放蕩も、どこかやり切れない気持ちを晴らすためであったろう。しかし、児玉は「どん底を知る者」であり、意志の人でもあった。料亭でのどんちゃん騒ぎで気を晴らすと、彼はすぐさま軍務に精励した。切り替えの早さは抜群であった。そしてその中で、自らを冷静に見つめ直した。体系的に学理を学ぶことこそ、今の自分には必要なのではないか。児玉は寺内に頻繁に連絡をとっていたが、やがてその相当部分は、陸軍の人事情報の交換にも割かれるようになった（明治一八年四月二五日付寺内宛児玉書翰）。

佐倉での兵営生活は、児玉にとって真に充実した日々となった。この地で、児玉は三男友雄（のち陸軍中将）、四男常雄（のち陸軍大佐）を授かった。長男の秀雄も地元に親しみ、佐倉弁を自在に操るようになっていた。明治一八年五月、参謀本部管東局長（名古屋以東を管轄）に簡抜された時、児玉はすでに満を持していた。強弩《きょうど》はまさに放たれようとしていたのである。

2 立身の別路——軍事的法制官僚への転身

参謀本部への出仕は、児玉にとって大きな人生の転機となった。彼はそこで、「立身の別路」に入ったのである。

参謀本部へ入る

明治一一年（一八七八）に創立された参謀本部は、作戦用兵計画の立案を本務とする、いわゆる軍令機関である。参謀本部と言えば、「統帥権の独立」を振り回した「国家の中の国家」といったイメージで捉えられがちであるが、創立早々の参謀本部は、陸軍内部での位置づけも曖昧な、専門的官僚組織であった。ちなみに、参謀局長は山県、次長は川上である。ついこの間まで、実兵訓練に明け暮れていた児玉は、今や一転して薩長官僚勢力の末席に連なる存在となった。

当時の日本陸軍は、山県と大山がその実権を掌握して、さまざまな制度改革を進めていた。参謀本部の設置や師団制の導入は、その目玉であり、児玉には、山県の腹心として働くことが期待されていた。間もなく、児玉は第一局長に横滑りしたが（七月、管東局は廃止）、第一局は、「出師《すいし》計画」（海外派兵）や「団体編制布置」（師団の編制や配置）、軍隊教育などを掌る、参謀本部のいわば心臓である。山県や大山、特に山県が、児玉の才覚をいかに高く買っていたかが、この人事からもよく窺われる。いきなりの大抜擢であった。

遅れて来たフランス派

さて、五年ぶりの東京での勤務であったが、児玉には個人的にぜひともやりたいことがあった。フランス語の修得である。児玉は激務の合間を縫って、フランス人の私塾に熱心に通い始めた。「軍服に佩剣《はいけん》の父が、小型の教科書をいかにも大事そうに小脇に抱へ、出掛けていた姿を今なお忘れることができぬ」。長男秀雄の印象的な回想である（マツノ本、二四八頁）。児玉は、寺内からフランス陸軍の情報を得ており、いつかはフランスに留学したいとの志望を抱いていた。このことからも明らかなように、児玉が「ドイツ派」だったので、フランス派の谷から疎んぜられたという説は、そもそもの前提からして成り立たない。それどころか、彼はむしろ「遅れて来たフランス派」であった。

ところが、そういった児玉にドイツへの傾倒を促す、ある決定的な出会いがあった。明治一八年三月、政府はドイツ参謀本部の参謀将校クレメンス・メッケル（一八四二〜一九〇六）を陸軍大学校教師として招聘したのである。山県は、児玉とメッケルとのいわば媒酌人の役割を果たしたのである。

沖縄・対馬防衛問題への関心

この間、朝鮮をめぐる日清両国の対立は清国側の優位に推移していた。一八八〇年代、清国は李鴻章ら洋務派官僚の主導の下に富国強兵政策を推進し、その近代海軍、北洋艦隊は日本海軍を圧倒していた。朝鮮に対する清国の実効支配は強まっており、朝鮮国内における独立党の勢力はすでに一掃されていた（明治一七年、甲申事変）。日本は朝鮮半島からの後退を余儀なくされた（明治一八年、天津条約）。

英露対立の余波も極東に及びつつあった。英国はロシアに対抗すべく、朝鮮半島南部の巨文島を一時占拠した。伊藤博文や井上馨は、朝鮮を清国に委ねることによって、対露抑止のリスクを清国に肩代わりさせてしまおうと考え始めた（井上「朝鮮弁法八ヶ条」）。彼らは、対清戦争を覚悟してまで、朝鮮を取りたいとは思っていなかったのである（高橋秀直『日清戦争への道』）。

参謀本部で、児玉が最初に取り組んだのは島嶼防衛問題であった。英露が極東で衝突すれば、対馬などの日本の島嶼部が、両国海軍のいずれかによって占領される可能性がある。幕末文久年間のロシア軍艦による対馬占領事件は、まだ記憶に新しかった。清国が先島《さきしま》諸島方面に侵攻してくる可能性も拭いえなかった。

明治一八年八月、児玉第一局長は、対馬や沖縄に陸軍の分営を置くべきであるとの意見を山県参謀本部長に上申している。それは山県と大山陸軍卿によって連署上奏され、天皇の裁可を得た（大沢『近代日本の東アジア政策と軍事』一〇九頁）。児玉にとって、沖縄の防衛は一貫した関心事であった。

メッケルとの出会い

大陸作戦どころか島嶼防衛すら危うい。そんな危機的状況の中で児玉はメッケルと出会った。メッケルは当時四三歳。参謀将校として数々の戦役に出征し、その武勲には目覚ましいものがあった。それは、口舌の徒を嫌う児玉を信服させるには十分であった。メッケルも児玉と接するうちに、その非凡な才能に気付いた。

メッケルは明治二一年三月に帰国したが、それに先立って、ある人が「日本陸軍における英才は誰か」と尋ねたところ、それは「児玉と小川又次であろう。…ことに児玉は非凡人であり、器局が大きく、進言を容れ、他人にも聴くので、その参謀たり、師団長たり、軍司令官として大兵を率いて過誤あらず…」云々と、彼は児玉の天稟《てんぴん》を激賞したという（マツノ本、一二二頁）。これは、児玉贔屓《ひいき》の宿《しゅく》利重一《りしげいち》の引用するところなので、若干の割引が必要かもしれないが、そうした点を考慮しても、メッケルが児玉を高く評価していたことは、数年後に児玉が渡欧した際の厚遇ぶりからも察することができる。

二人は性格的にも馬が合ったようである。「メッケルは随分評判良き男なれども、あの面付《つらつ》きにては妻になる人なき趣にて今に無妻なり」。メッケルと再会した児玉は、こんなくだけた内容の手紙を寺内に書いているが、それは両人の親しげな交際の様子を物語っている（明治二五年二月二一日付寺内宛児玉書翰）。明治二四年に児玉は欧露に外遊するが、その際、もっとも長く逗留したのがメッケルの勤務していたマインツであった。

メッケル
（周南市美術博物館蔵）

もっとも、ドイツ陸軍の対仏作戦計画を児玉がよく理解し、それが日清・日露での勝利の伏線となったと説くのは、明らかに勇み足だろう。なぜなら、山地が多く、狭小な平地の多くも田畑で覆われている、日本独特の地理的条件の中で、ライン川のような大河川が平野を貫流し、稠密な鉄道網が整備されている「大陸的な」戦略・戦術を演習しようにも、演習のしようがなかったからである（中野良「大正期日本陸軍の軍事演習」）。むしろ、児玉がメッケルから学んだのは、戦時動員や兵站といった軍事システムの基本的仕組みであった。とりわけ、軍事動員システムに関して、児玉は並々ならぬ関心を寄せており、ヨーロッパへの視察旅行を強く望んでいた。

メッケルに激賞されたことは、軍人社会での児玉の威信をいっそう高めた。彼は同輩中でも一頭地を抜く存在と見なされるようになった。

陸軍の制度整備

薄紙が水を吸うように、児玉はメッケルの教えを吸収していった。山県の見立ては正しかった。当時、陸軍では山県―桂の主導の下に、さまざまな制度改革が行われようとしていたが、児玉は臨時陸軍制度審査委員会の委員長に抜擢され、メッケルと相携えて、その先頭に立つことになった（明治一九年三月）。

「鋭敏な児玉少将は、私〔桂〕の主張に賛成し、自ら難局に当たって、問題点の整理などを行ってくれた。児玉による基礎固めがなければ、制度調査は大きな困難に直面しただろう」。当時、陸軍次官であった桂は、後年、そのように回顧している。「果断にして事務に敏達したる児玉の才幹を善用した」ことと、「フランス派」のエースであったはずの寺内（同審査委員）をして、フランス派退治を行わせたことこそ、軍制改革成功の鍵であった。桂はそう自画自賛している（小林『桂太郎』六五～六六頁）。桂の下で、児玉は実践的な法律訓練を受けた。彼が軍事的法制官僚として台頭する、その基本的素養は実務の中で培われたものである。

こうして、山県—桂—児玉—寺内というラインによって、日本陸軍はドイツ陸軍を範と仰ぐ、新たな陸軍に生まれ変わった。そしてその過程で、守勢作戦を重視し、メッケル流の軍制改革にも反発していた、谷干城、曾我祐準《そがすけのり》、三浦梧楼、鳥尾小弥太《とりおこやた》といった面々からなる反主流派の軍人たち（いわゆる四将軍派）は、事実上陸軍から追放され、山県と大山を中心とし、桂・川上、児玉・寺内といった面々が同心円状にその周りを取り囲む、薩長藩閥の権力構造が陸軍内部に形成された。いわゆる「明治一九年の陸軍紛議」である。

明治一九年の陸軍紛議——桂太郎との連携

両派の対立点は多岐にわたるが、陸軍「統治」をめぐる権力闘争の側面があったことは否定できない。陸軍省を拠点として、陸軍全体に支配力を及ぼそうとしていた山県や大山に対して、四将軍派は参謀本部や監軍部を強化することで、陸軍の権力構造を多元化しようとしていたのである。つまり、軍内藩閥権力の解体を目論んでいたのである。

四将軍派は、陸海軍合同の「統合参謀本部」を設置して、海軍をもそのコントロール下に置こうとしており、三浦を参謀本部長に擁立し、次長の川上を更迭して、その後任に曾我を充てようとした。また、新たな「監軍部」を設置して、陸軍諸学校の監督権を手中に収めようとしていた。

当時、陸軍内部では、将校の自主的兵学研究団体である月曜会が、その活動を活発化させつつあった。四将軍と月曜会が連携して動けば、山県・大山の陸軍支配は大きく押し揺るがされるであろう。

しかも、天皇の政治的立ち位置も微妙に揺れていた。壮年の明治天皇は、自分の考えが陸軍の人事に反映されないことに不満を募らせており（伊藤『山県有朋』一七九頁）、こうしたことも追い風となっ

山田顕義（萩博物館蔵）

て、第一ラウンドは四将軍派の勝利に終わった。明治一九年三月、参謀本部条例は改められ、参謀本部は海軍軍事部をも統轄するようになった。川上は更迭され、次長には曾我が就任した。

ここで活きてきたのが、児玉を抜擢した山県の人事である。当時の参謀本部長は有栖川宮《ありすがわのみや》熾仁《たるひと》親王、実権は当然次長の曾我が掌握するはずであった。ところが、臨時陸軍制度審査委員長に任命された児玉は、桂と連携して、参謀本部の頭越しに制度改革を推し進めていった。

なぜ、四将軍派は児玉の委員長兼任を見過ごしたのだろうか。児玉は山田顕義配下の人間であり、山田は十分説得可能だ、という先入観に捉われていたとしか説明はつかない（明治一九年七月八日付山田顕義宛曾我祐準書翰）。だが、すでにこの時点では、児玉は山県への傾斜を深めており、山田も曾我とは一線を画していたのである。

参謀本部独立の弊害を矯《た》めて、陸軍省＝軍政機関による陸軍統治を推進しようとしていた桂にとって、四将軍派の「大参謀本部」構想は到底容認できるものではなかった（小林『桂太郎』六一頁）。そして、陸主海従路線の制度化に反発する海軍も桂の側に立った。伊藤も最終的には、四将軍派と距離を置いた。

児玉は、参謀本部条例の再改正に舵を切るとともに、山県・桂と連携して、陸軍教育機関の再編にも着手した。また、「陸軍検閲条令」「武官進級条令」の制定にも尽力した。

監軍参謀長と陸大校長を兼任

こうして、明治一九年の陸軍紛議は山県・大山の勝利に終わり、四将軍派は相次いで陸軍を去ったが、それと同時に（九月）、児玉が陸軍大学校幹事に兼補されたのは、たんなる偶然ではあるまい。山県は児玉に、陸軍エリート教育の全権を委ねようとしており、この後、明治二〇年一〇月には、児玉は陸軍大学校長に任ぜられているのである（監軍部参謀長との兼務）。

激しい権力闘争によって、動揺した陸軍権力構造を立て直すためには、たんなる制度改革だけではなく、教育の力を通じて、次代を担うエリート幕僚を育成し、陶冶《とうや》する必要があった。また、陸軍大学校への四将軍派の影響力を遮断する、という隠された意図もそこには含まれていた。月曜会もやがて解散に追い込まれた（明治二二年二月）。

山県は自ら監軍に就任すると、児玉を参謀本部から監軍部に引き抜いて、その参謀長に抜擢した（明治二〇年六月）。当時、山県は内相であったから、児玉が事実上の監軍であった。参謀長の任用資格は少将であったが、山県はあえて大佐の児玉を登用したのである。山県がいかに児玉を信任していたか、このやや強引な人事からも窺われよう。

児玉は監軍参謀長兼陸大校長として、諸部隊の検閲やエリート教育の枢機を握ることになった。以後、数年にわたり、児玉は全国の鎮台に差し遣わされて、軍制の実地を検分したり、特命検閲使とともに各部隊を巡視して廻るといった激務をこなしている。全国の部隊の実情を把握したことは、後に軍政部門＝陸軍省での仕事に大いに役立った。

軍政といい、軍令といい、そして軍隊教育といい、一つとして児玉の関わらなかった分野はない。こうした幅広い軍務経験もまた、児玉の軍隊観を深めさせる絶好の培養基となっていったのである。

陸軍の政治的中立性

一連の紛議を通じて、児玉は長州閥陸軍の権力中枢の一角を占めるようになった。ただし、彼は権力闘争の表舞台には立たなかった。というよりも、桂太郎が「汚れ役」を買って出たのである。桂は、いわゆる「次官会」の中心人物として、活発に活動し、四将軍派に対する政治的包囲網を作り上げていった（小林『桂太郎』六三頁）。

桂は政治的役割を担い、児玉は制度整備やエリート教育に全力を投入する。こうした役割分担の中で、それまで疎遠であった二人は、次第に強い絆で結ばれるようになった。それにしても、なぜ、児玉は山県や桂を積極的に支えたのだろうか。もとより、その背景には「立身出世」的モチベーションも存在しただろう。だが、それが全てではない。

明確な史料は残っていないが、彼は、四将軍の政治的パフォーマンスに、もともと強い違和感を覚えていたように思われる。そもそも、谷らが「四将軍」として、世間に認識されるようになったのは、明治一四年の政変に際して、開拓使官有物の払い下げの中止と憲法の制定を求める意見書を連名で提出したことをきっかけとしていた。

日本陸軍は政治から超然とし、真に「天皇の軍隊」たるべきであると考えていた児玉にとって、現役将官が、「政党員や新聞記者」と見紛うばかりの政治的行為に打って出るとは、全く理解しがたいことであった。後に児玉は、フランスのブーランジェ事件に対して非常な嫌悪感を表白しているが、すでにこの頃から、それと同様の感覚を四将軍に対しても抱いていたように思われる。

佐倉から抜擢されて、わずか数年、今や、児玉は次代のホープと目されるようになっていた。

終《つい》の住処《すみか》——市谷薬王寺前町

そうした自信の深まりもあってか、児玉は、東京に邸宅を構えることにした。牛込区市谷薬王寺前《いちがややくおうじまえ》町《まち》三〇番地、「終《つい》の住処」となった家である。建て坪は一五三坪。当時、桂が青山高樹《たかぎ》町《ちょう》に構えていた六七二九坪の豪壮な洋館とは比ぶべくもないが、児玉は緩やかな起伏に富んだこの地を大層気に入っており、その後、追々周囲の地所を買い求めて、それなりの格式の屋敷に改めていった。

薬王寺前町の近隣には、第一師団や幼年学校、士官学校といった陸軍関係の諸施設が集中しており、兵営生活を愛した児玉にとって、まさに打ってつけの土地柄であった。周囲には純然たる田園風景が広がっていたが、やがて、外交官や政治家の邸宅も建ち並ぶようになり、薬王寺前町はいわゆる「お屋敷町」として発展していった。

ところが、好事魔多しとはまさにこのことである。肝腎のこの時に児玉はプライベートで苦境に陥っていた。負債による家計の破綻である。

家政の逼迫

児玉が旧徳山藩主の毛利《もうり》元功《もといさ》に家政の窮状を訴えたのはこの頃であった。明治二三年一一月七日付の毛利公宛の書翰の中で、児玉は「家政を取り仕切っていた者の失敗で、借金が一万二〇〇〇円にも上ってしまい、どうにも返済の方途が立たなくなってしまいました。このままでは退官しなければなりません」とその窮状を訴え、旧藩主家に救済を嘆願している。

これより数年後のことであるが、桂太郎もその家政が破綻し、品川弥二郎ら友人たちに援助を依頼している。弟が無断で高利貸から借金を重ね、気がついた時にはすでに手遅れになっていたのである。結局、桂は青山の大邸宅を手放している（拙著『桂太郎』七六～七七頁）。この頃、旧武士階級に属する軍人の家政逼迫はかなり一般的であった。川上操六や高島鞆之助《とものすけ》の家計も苦しかったと伝えられているが、後者の家計破綻は本人の極端な放蕩によるものであった。当時の軍人社会では、料亭での遊興がいわゆる「ハビトゥス」（生活習慣）と化していたのである。

「料亭政治」は情報交換には不可欠であり、政官界では料亭への借金は一種の公的な必要経費だと見なされていた。この時の児玉の借金中には、おそらくは料亭への借金も含まれていただろう。東京に転勤したことが「交際費」の増大をもたらしたことも間違いあるまい。もっとも、佐倉時代の借金は多くても一〇〇〇円程度だろうから、東京転勤後の五年間に、それが一万二〇〇〇円にまで膨らむとは尋常一様ではない。いくら児玉が酒好きでも、あの激務の中でここまで料亭への借金が膨らむだろうか。

一説によれば、不用意に第三者の保証人になったことが負債の激増を招いたというが、私はそれは十分あり得る話だと考えている。「家政を取り仕切っていた者の失敗」とは、おそらくはそのことを指しているのだろう。児玉の借金問題はどう処理されたのだろうか。毛利家も支援に乗り出しただろうし、伊藤・井上ら郷党の人々によって、なんらかの救済策が講じられたことは間違いあるまい。なぜなら、児玉の洋行が迫っていたからである。

3　洋行――「非政治的軍隊」の発見

次代の陸軍の担い手として、児玉にはぜひとも成し遂げねばならないことがあった。西洋の軍事事情を実地に学ぶことである。

待望の洋行――これ手真似の第一着なり

明治二四年（一八九一）六月、児玉に欧州差遣の辞令が下った。一〇月二五日、児玉は単身、横浜解纜のフランス船へ乗り込み、一路マルセイユへと向かった。一等船室の日本人は児玉だけだった。一〇カ月にわたる視察旅行の始まりである。

外国語ができなかった児玉は、船の中でも汽車の中でも身ぶり手ぶりで大方の所用を済ませていた。この件に関しては、児玉自らに語ってもらおう。やや長いがユーモア溢れる文章はいかにも児玉らしい（現代語訳）。

朝一番で、私が甲板で運動していたところ、ギャルソンがやって来て、なにやら話しかけて来た。適当に頭《かぶり》を振って誤魔化していたら、暫くして、彼はまたやって来て、「ヨン、ヨン《（ママ）》」と呼びかけて来る。そんなことを数回繰り返しただろうか。彼は、はたと気付き、その手を口に当てて見せたので、小生ようやく、これは食事のことらしいと悟り、あわてて食卓に着いた。「これ手真似の第一着と御一笑」下さい。

一等船室の客は自分以外はすべて白人であったが、皆、上等社会の者とは思われぬ「至極不体裁」な「心易き」連中ばかりだったので、食事も気楽に済ませることができた。そこで、かねて教わっていた通り、ワインを余裕で二、三杯傾けた次第である。

ランチには、朝の失敗もあったので、「ぬからず顔にて食卓に就きたり」。「ソヲフ」(スープ)、冷肉と順調にこなしたが、最後にリンゴが食べたくなり、これをギャルソンに命じた。ところが、言葉が全く通じない。小生はなはだ困却したが、こうなったら引くに引けず、小刀で皮を剝く真似をしたら、ギャルソン「一笑して果物数種を進む。即リンゴ一夥を取る。これ手まねの第二着なり」。

(明治二四年一〇月二九日付寺内正毅宛児玉源太郎書翰)

行間からは、児玉の希望や喜びが溢れ出ている。児玉は、テーブルマナーや「レディーファースト」を留学経験のある寺内から教わっており、女性には自ら微笑んで挨拶することに努めていた。「帰朝の後は毎朝山の神を拝む様にならねばよいがと一笑仕《つかまつ》り候」。児玉はそう書き記している(同右)。

上海からパリへ

途中、児玉は船便の都合により上海に上陸している。予期せぬ清国訪問であった。だが、児玉と清国との出会いは祝福されたものではなかった。上海で児玉が見出したのは、土俗的な中国と「文明的な」外国租界との鮮やかなコントラストであった。上海城内にも行ってみたが、その「不潔さ」は言語に絶する、反面、「英仏米等の租界は随分見事」である。児玉の率直な感想である。

児玉の趣味は、漢詩を詠むことと浄瑠璃見物である。中国古典に関する当時の日本人、特に武士階級の教養は、質量ともに今日の私たちとは比較にならない。乃木には及ばないまでも、児玉も漢詩をよく詠んだ方であった。だが、現実の清国の姿は、かねてより親しんでいた中国古典の世界とはあまりに異なっていた。

一方、児玉は清国の広大さには強い印象を受けた。日本の新聞は、今すぐにでも哥老会《かろうかい》*が上海を脅かすような、センセーショナルな記事を書き立てているが、そのような危機的状況などどこにも存在しない。上海は平穏そのものである（明治二四年一一月三日付監軍部将校各位宛児玉源太郎書翰）。

＊清末から民国初めの土俗的秘密結社。太平天国の乱に加わり、乱後は揚子江流域で下層民中心に非合法的な活動を展開していた。後に孫文などの革命派と連携して活躍した。

中国の巨大さは、外国勢力や革命運動の浸透を容易に許さないであろう。児玉はその生涯を通じて、中国の革命運動を日本の対外膨脹の手段として用いることには慎重であったが、そのルーツは早くもこの時に見出すことができる。

一二月、マルセイユでフランスの地を踏んだ児玉は、そのままパリに向かった。そして一五日には、早くも第一の目的地であるドイツのマインツに向け出発した。

「兵隊町」マインツにて

マインツ（ヘッセン公国）は、歩騎砲工すべての兵種が揃って駐屯しているライン河畔の要衝である。各種軍学校を視察するには、まさにもってこいの環境であった。メッケルらドイツ側も遠来の客を大歓迎した。彼は、当地の上流階級が昼食に利用するホテルの一室を児玉のために確保してくれたが、それはドイツ将校との社交に自然に慣れさせるためであった。また、多くの将校を児玉に引き合わせてくれた。「其注意の周到なる感服に御座候」。児玉はメッケルへの率直な感謝の言葉を書き記している（明治二四年一二月二七日付寺内正毅宛児玉源太郎書翰）。

マインツでの私的晩餐会では、児玉はドイツ士官の夫人の手をとって席に着いた。間違って左手をとってしまったが、「田舎者の知らざるを謝し候処、一同大笑にて吾輩の遠慮なきを賞し、却て間違が交際を暖めたる如き風情」になった（同右）。威厳に満ちてはいるが、時に見せる愛嬌に富んだ表情、その開放的で陽気な人柄。それらは言葉の壁を越えて、彼の地の人々に親近感を抱かせたようである。

独乙《ドイツ》軍隊の精髄は国境の部隊にあり

一二月二三日、児玉はマインツを発ってベルリンに向かった。「巴里《パリ》を見て伯《ベル》林《リン》に至れば、田舎の一小都府の如き観あり」。児玉はそう述べている。ベルリンでのスケジュールは多忙を極めた。児玉はポツダム兵営、砲工学校、シュパンダウ小銃射撃学校、中央幼年学校などを精力的に視察して廻った。

ベルリンの軍人社会は社交界の一部をなしており、マインツのような「兵隊町」では考えられないほど、さまざまなパーティーや舞踏会が催されていた。最初は懸命にヨーロッパの社交界に順応しようと努力していた児玉であったが、滞在が長くなるにつれて徐々に面倒になってきた。特に貴婦人方と会食するのは苦手であった。ベルリンでは場末のホテルに居を構えたが、それは過度の社交を避けるためであった。

他方、マインツの兵営の醸し出す緊張感を児玉は大いに愛した。榴弾砲の繋駕《けいが》を古兵に号令しながら、連隊長が、このまま「パリに至らんと欲す」と漏らしたことは、児玉を非常に喜ばせた。「独乙軍隊の精髄は国境の軍隊にあり」。児玉はそう書き記している（明治二四年一二月二八日付三浦監軍宛児玉書翰）。

ヴィルヘルム二世に拝謁

明治二五年一月一二日、児玉はベルリン王宮に参内し、皇帝ヴィルヘルム二世（一八五九～一九四一）に拝謁した。

ヴィルヘルム二世は当年三三歳、即位から四年あまりしか経っていなかったが、この間、宰相ビスマルクを罷免し、長年ドイツ外交の支柱であった露独再保障条約の更新を見送るなど、従来の勢力均衡政策をかなぐり捨てて、世界強国への道をめざす「新航路」政策に大きく舵を切っていた。後に第一次世界大戦を引き起こす、ドイツ帝国最後の「カイザー」である。児玉はカイザーにいかなる印象をもっただろうか。残念ながらそれを窺うにたる史料は見当たらない。

ベルリンの冬は暗く寒い。ドイツ皇帝への拝謁を終えて、思わずほっとしたのか、児玉はその直後に「日は短く夜は淋しい。一日も早く帰朝したいと思っている。地震や風水害さえなければ、日本ほどよい国はない」と、珍しく弱音を吐いている（明治二五年一月一三日付寺内正毅宛児玉源太郎書翰）。

言語の不通もあって、児玉は西欧社会に十分溶け込むことはできなかった。彼の行動範囲は軍人社会に限られており、伊藤や木戸孝允がイタリアで古代ローマの遺跡に深い感銘を受け、開化への確信を感得していったような、そんな経験を積むことはどうやらなかった模様である（瀧井一博『伊藤博文』四二〜四四頁）。

ロシアに学ぶ

一月一七日、児玉はベルリンからロシア行きの国際列車に乗った。列車はやがてバルト海に沿って走るようになり、ケーニヒスベルクから国境の駅を越えてロシア領に入った。行き先は、ロシア帝国の首都サンクトペテルブルクである。

なぜ、児玉はロシアへと向かったのか。その後の歴史を知っている私たちは、それを日露戦争に引き付けて理解しがちである。もちろん、ロシアは日本の北辺を脅かす軍事的脅威であった。しかし同時に、ピョートル大帝（一六七二〜一七二五）の統治が、当時の日本にとって、近代化モデルの一つだったことは忘れられがちである。

明治二五年一月一九日、児玉は露都に降り立った。一八七六年以来の大寒波のため、連日零下二〇度以下の酷寒が続いております。児玉はそう報告している。

児玉の第一印象は、ロシアの一般的風習はきわめて「緩慢」で、大いに「亜細亜の有様に類似」しているというものであった。しかし、幼年学校や騎兵士官学校などの軍関係諸学校を巡視するにつれて、そうした印象は薄れていく。これら諸学校には潤沢な予算が投ぜられており、しかも、そこではツァーリに対する忠誠心が徹底的に涵養され、顕著な教育効果を挙げているように思われたからである。日本はこの点まことに不十分で、「少年子弟は政治にのみ狂奔している」。児玉は日本の現状を慨嘆すること頻りであった（明治二五年一月三一日付監軍三好重臣宛児玉源太郎書翰、『児玉陸軍少将欧州巡回報告書』所収）。

児玉の政治・教育観

児玉が留守にしている間に、日本では第一次松方正義内閣と民党（自由党、立憲改進党）とが対立を深めており、民党による予算案の否決をきっかけに第二議会は解散に追い込まれていた。すでに選挙戦は過熱しており、品川弥二郎内相は選挙干渉の準備を進めていた。

児玉は言う。議会解散は面白いことではありませんが、一般社会が「乱雑の場合」にはこれもやむを得ません。ただ、政府には乱雑を「整頓するの責任」があります。こうなったからには、あくまで「強硬の政策」でいったんこれを整頓し、秩序が整った上でさらに「進取の策」に出ることが上策です。われら軍人は社会秩序の維持を最も必要と考えています。乱雑な社会が放置されるならば、その間に成長した子弟は、この「悪風習」に染まってしまい、国家百年の長計を誤る事になるでしょう。今や、民党も大同団結するの手段に出た以上は、陸軍も内部で意見を異にすることなく、一致団結して事に当たるべきです（一月三一日付土屋光春監軍部参謀宛児玉源太郎書翰、『児玉陸軍少将欧州巡回報告書』所収）。

ここで興味深いのは、児玉が日本社会の政治化を非常に憂慮しており、とりわけ、自由民権運動以来の地方政社の勃興を、青少年を政談に熱中させる社会の「悪風習」としてとらえていることである（前掲三好宛書翰）。政談を排して実学を尊ぶ。それは、伊藤博文の称揚するところでもあった（瀧井一博『伊藤博文』一四一〜一四九頁）。伊藤と児玉は、ここでも期せずして同一の認識に立っていたのである。

非政治的軍隊

それでは、国家の干城たるべき軍隊、とりわけその将校団はこうした「政治的社会」の中でいかにあるべきか。

児玉は言う。軍隊は非党派的存在として天皇に直結されねばならない。天皇と軍人との関係は、かつての「殿様と士族」のごとくあらねばならない。地方幼年学校を整備・拡充して、天皇に対する忠誠心をあらかじめ徹底的に涵養しておかねばならない（前掲三好重臣宛書翰）。

日本では、朝廷の存在そのものを原理的に否定する政治思想はそれまで事実上存在しなかった。幕末維新の政治的激動は、「玉《ぎょく》」（天皇）の争奪戦を経て、最終的には「王政復古」を建前として収拾されていったし、神風連も自由党左派も、西郷隆盛も板垣退助も、いずれも天皇の存在を自明の前提として、その行動原理を決定していた。政治がいかに変化しようとも、天皇という「普遍的・超越的存在」に軍隊を直結させておけば、軍隊の政治化には一定の歯止めがかかるに相違ない。開国進取の国是を定めた今日、もはや尊王論の暴走はあり得ないし、天皇の存在が「革命原理」となることはない。児玉はそう考えていたのである。

しかしながら、一九一七年（大正六）のロシア革命をきっかけに、君主制の存在を真っ向から否定する一連の「危険思想」が、内外で大きな影響力を振るうようになると、児玉の構想した枠組み全体が大きく動揺し始める。そして、「赤化」の脅威＝国体そのものの危機は、国体論の急進化を引き起こし、ひいては軍内に鬼胎を、児玉があれほどその存在を厭わしく思っていた「政治的運動」そのものを、産み落とすことになるのである。

ブーランジェ事件の衝撃

さて、フランス視察中の山県有朋が、たまたま遭遇したブーランジェ事件に衝撃を受け、軍隊の非政治化にいっそう腐心するようになったことは、瀧井一博氏の研究に明らかであるが（瀧井『文明史のなかの明治憲法』一六七〜一六八頁）、児玉もまたブーランジェの大衆煽動的な政治手法にはきわめて批判的であった。

第二帝政崩壊後のフランスでは、共和派、王党派、ボナパルティスト等々のさまざまな政派が錯綜し、第三共和政は政治的な安定感を欠いていた。そこに現われたのが、ジュルジュ・ブーランジェ将軍（一八三七〜九一）であった。数々の外征戦争に出征して、なんども戦傷を受けた勇将ブーランジェは、陸相に就任すると早速「宿敵」ドイツに対する強硬姿勢を前面に押し出した。

当初、ブーランジェ陸相の背後には、急進共和党（党名とは裏腹に保守政党であった）の実力者クレマンソーが控えており、陸軍の高級人事などにも影響力を振るっていた。ところが、対独復讐戦争を求める大衆の圧倒的な声に押される形で、やがてブーランジェは、軍事クーデタによる政権奪取という考えを玩ぶようになる。国民大衆はブーランジェに、英雄ナポレオンの姿を見出したのである。

これ以上、ブーランジェを放置するのは危険だ。老獪なクレマンソーは彼から距離を置くようになった。そして、ブーランジェもまたナポレオンではなかった。彼は自らの虚像に押し潰された。その優柔不断さから大衆に見捨てられ、やがて亡命先のブリュッセルで自殺を遂げた（一八九一年）。

「フウランセー党」に対する嫌悪感

児玉が訪れた頃、パリにはまだブーランジェ事件の余韻が残っていた。内務大臣が「フウランセー党」の議員を議会で殴打したというニュースを引きながら、児玉は「随分元気の強きことに御座候」との感想を漏らしている。樺山海相の不適切な演説、「蛮勇演説」によって、第二議会を解散せざるを得なかった日本とはなんという違いであろうか。

フランスでは政党に対する政府の優位は揺るがないが、それにしても「官民の区別」の厳しさには驚いた。児玉はそう寺内に書き送っている（二月一日付寺内宛児玉書翰）。ここで言う「官」とは政府、「民」とは政党のことであろう。児玉は政党内閣に対する強い警戒心を抱いており、共和制よりも帝政の方が政治体制としては優れていると考えていた。なぜなら、皇帝と軍隊が直結することで、軍隊は政治から超然とすることができるからである。児玉にとっての天皇は、佐佐木高行ら天皇親政論者のそれとは異なり、むしろ、伊藤が理想とした「君臨すれども統治せず」的な存在であったことが窺われる（瀧井『伊藤博文』二一七〜二二二頁）。

帷幄上奏権問題の登場

話をロシアに戻そう。児玉は、ロシア帝国の統帥権独立制度にも言及している。ロシアでは、軍隊と帝室とは他の諸官衙とは異なる一種特別の関係にあり、皇帝の座右には「大本営」（日本のそれとは異なり、平時機関）が常設されており、「陸軍令」はそこから発出されている。諸省の政令が「元老院」から出され、その「部長」の副署が必要とされているのとは対照的である。軍人は通常の官吏とは異なり、皇帝に直結しているのである（前掲土屋光春宛書翰）。

ここでの児玉の指摘は、一見「統帥権の独立」を強固に主張しているかのようである。だが、すでに大山陸相の専断によって、帷幄《いあく》上奏権*の恣意的拡張は始められており（明治二三年一一月、陸軍定員令）、「大政統一の任に当る内閣総理大臣をして、卻《かえっ》て説を陸海軍大臣に仰」がねばならないという弊害が生じつつあった（瀧井『伊藤博文』二二七〜二三二頁）。そして、児玉はそれを必ずしも好ましいこととは思っていなかった。内閣官制を制定して、内閣総理大臣の権限を削減し、帷幄上奏権拡大のきっかけを作ったのは山県だったが（明治二二年）、児玉は山県のこうした「秘密主義」には批判の目を向けており、伊藤・山県の連携こそが、政党勢力に対抗して国防国策を貫徹するための唯一の道であると考えていたのである。

＊陸軍大臣や参謀総長が内閣総理大臣を介さないで、直接秘密裏に天皇に意見を述べることのできる特権。

山県首相の下で、大山陸相が帷幄上奏権を濫用すれば、薩長間の連携に亀裂が生じ、政党勢力にその隙を衝かれるだろう。そうした弊害を避けるためにも、軍事命令の独立性の確保とともに、天皇親臨の国防会議を設置して、平時から政治と軍事の調整を図るべきだ。ロシアから帰ってきた児玉は、そのような理想論を抱懐するようになった。

児玉の軍服常用論

なお、ロシア訪問をきっかけに、児玉は「軍人たるもの公私ともに軍服を着用すべし」との説を唱え始める。すでにそれは、ドイツ留学（明治二〇〜二一年）

から帰った乃木によって実践に移されていた。世上、「乃木的頑迷固陋さ」の現われとして取り上げられることの多い軍服常用論であるが、実はそれは児玉の支持するところでもあったのである。「児玉の合理主義と乃木の精神主義」とは比較の対象となることが多い。しかしながら、軍隊を政治や社会から截然と分離し、軍人の精神的独立を重視する点では、両者は意外と共通していたのである（前掲土屋光春宛書翰）。

二月三日、児玉はペテルブルクの中心にある冬宮《とうぐう》（現・エルミタージュ美術館）で皇帝アレクサンドル三世に拝謁した。翌四日、短かったが多くを学んだロシア滞在を終えて、児玉はドイツへの帰路についた。

マインツでの日々

マインツの「市街は全く堡塁と鉄橋の中に包み込まれており、来因河《ライン》には絶えず汽船が往来しており、頗る勇壮なる風光」です。この「軍人市街」での生活で、児玉は息を吹き返した。ベルリンでの憂鬱は晴れた（二月一三日付土屋宛児玉書翰）。だが、児玉はやや張り切り過ぎたようである。演習旅行の度ごとに滞在先の諸公に挨拶に出向かざるを得ず、また、言語の不通や彼我の体力上の問題（ドイツでは「老将軍」でも、終日騎馬で演習場を馳駆していた）などもあって、児玉は徐々に疲労感を覚えるようになってきた。

「朝夕軍服の着詰《きづめ》は習志野の野営より苦しく、ただ寝室に入り寝衣を着け、赤葡萄酒の一瓶が此上なき楽しみに御座候」。持論としたはずの軍服着用励行論もどこへやら、児玉は一日の終わりに寝室で傾けるワインに慰めを見出すようになった（三月八日付中岡少佐宛児玉書翰）。

この辺の融通無碍《むげ》なところが、児玉の児玉たるゆえんであろう。彼は乃木的精神主義に共感を覚えつつも、自らそれを実践に移すことはできなかった。児玉は、天皇に「自らの身命を捧げて悔いぬ」武人であったが、だからこそ、つかの間の「生を愉しむ」ことにはきわめて肯定的であった。「〔旅費などの〕入費相嵩《かさ》み候間、未だ一回の愉快も試み申さず」。そんな含みのある書翰を児玉は書き残している（同右）。

動員計画の調査

その後、児玉はエッセンのクルップ製鉄所を視察して、ドイツ帝国領であったエルザス地方を経由してバイエルン公国に向かった（四月一日）。王都ミュンヘンでは摂政王ルイトポルト（「月光王」ルートヴィヒ二世の叔父）に拝謁し、その第一王子との陪食を仰せつけられている（四月七日、同一一日）。

児玉のドイツ訪問の目的の一つは、軍事動員計画の調査にあった。だが、メッケルの尽力にもかかわらず、ドイツ陸軍のガードは固かった。「大概の事は一見し得《う》れども、只だ動員計画は至極六ケ敷《しごくむつかしく》」、児玉はそうこぼしている。彼がミュンヘンに向かったのは、バイエルン公国の軍事動員計画の調査のためであった（二月二一日付寺内宛児玉書翰）。もっとも、バイエルン滞在もわずか半月足らずで終わっている。

四月一七日、児玉はミュンヘンを発って、オーストリア＝ハンガリー帝国の首都ウィーンへ向かった。ウィーンでは観兵式に参列した後、ハンガリーへと発った。ハンガリー旅行の目的は牧場視察である。

当時の軍隊は馬によって支えられていた。騎兵がもつ衝撃力・突破力は陸軍の攻撃力の中核であった。また、前線の部隊に必要物資を運ぶのも馬の仕事であった。調教された、良好な体格の馬を大量に確保することは精強な陸軍の基本的な条件であった。児玉は馬体の改良にも深い関心をもっていた。欧州でも名高い東プロイセンの帝国種馬飼養所（トラケーネン）に、児玉が立ち寄った記録はない。だがハンガリーでは、ラゴルナやキシュベルといった、当地を代表する牧場を精力的に視察して回っている（四月二四〜二七日）。

皇帝フランツ・ヨーゼフに拝謁

五月二日、児玉はウィーンのシェーンブルン宮殿でオーストリア皇帝フランツ・ヨーゼフ（一八三〇〜一九一六）に拝謁した。事前に馬の話を聞いていたのだろう、皇帝は児玉に「先日の観兵式に出ることを予知せば、乗馬を貸与する筈であった」と声をかけている。ちなみに、フランツ・ヨーゼフは八六歳の天寿を全うし、一九一六年一一月、大戦下のウィーンで、帝国の将来を憂いながら息を引き取った。オーストリア＝ハンガリー帝国の滅亡は、それからわずか二年後のことである。

第一次世界大戦を経て、この時、児玉が訪問した三つの帝国はすべて滅び去っている。彼が目撃したのは、中欧とロシアの君主制が放っていた最後の光芒であった。だが、児玉の報告書からは崩壊の予兆を読み取ることはできない。それどころか、児玉は帝政ロシアの体制的安定度を高く評価しており、とくに皇帝に対する将校団の忠誠心の強さに深い感銘を受けていた。とはいえ、それは仕方があるまい。一体、当時の日本人の中で誰が帝政ロシアの崩壊を予見していただろうか。

急遽帰国する

ウィーンから帰着した児玉は、その後一カ月あまりをベルリンで過ごしたのち、ベルギーに向かい（六月二日、ブリュッセル到着）、リエージュ要塞を見学して再びパリに向かった。リエージュは複郭を擁する要塞都市であり、第一次世界大戦ではドイツ陸軍の猛攻を受けている。もっとも、日清戦争以前の極東には近代的要塞などは存在せず、また、日本本土の防衛も覚束ない状況であったから、その視察にはわずか半日が割かれたにすぎない。

七月一〇日、児玉は倉皇として帰国の途についた。当初予定していたアメリカ行きはもとより、イタリア・英国行きまでも急遽取り止めて日本へ向かったのである。一体、児玉に何が起こったのだろうか。

公式の報告書では、旅費の払底や通訳不足が帰国の理由として挙げられている。しかし、これはあくまで建前であった。真の理由は、望郷の念もさることながら、児玉が日本の議会政治の混迷にきわめて深刻な危機意識を抱いていたことにあった。

二月に行われた第二回衆議院議員選挙では、品川弥二郎内相による選挙大干渉が行われた。各地で官憲と民党は衝突し、死者二五人・負傷者三八八人という惨状が呈された。五月に召集された第三議会では、政府と民党との対立は海軍拡張問題にも飛び火し、貴族院による予算復活修正の是非をめぐって貴衆両院は激しく対立した。

母国からのニュースは、遠い異郷の地にあった児玉を驚愕させた。児玉はパリで同郷の野村靖（駐仏公使）に会い、日本の国防や政略に関して「密話」している。野村は維新第二世代に属する外務官僚で児玉よりは年長である。二人は「大いに其意を同ふ」したというが、いったい何を語りあったのだろうか。

駐仏公使との密話

　　児玉と野村は、不要不急の事業を中止し、最大急務たる国防体制を確立すべき
　であるという点で意気投合した。近い将来、伊藤（井上）内閣が成立した暁に

は、ぜひとも、「参謀本部及陸海軍大臣の交迭《ママ》」を断行して、「国防会議」を設置しなければならない。すなわち、山県を参謀本部に戻し、児玉にそれを輔翼せしめ、川上か桂を陸軍大臣に抜擢すべきだというのである。当時の参謀総長は有栖川宮熾仁《ありすがわのみやたるひと》親王、参謀次長は川上操六、陸軍大臣は高島鞆《たかしまとも》之《の》助《すけ》、海軍大臣は樺山資紀である。要するに薩派が陸海軍の枢機を握っていたのであるが、彼らの意見は単純な長閥擁護論ではなかった。それは、山県の秘密主義に対する批判をも蔵していた。

従来、「軍務の事件、秘密に関する只々山県伯の脳裏に止まるのみにて」、伊藤や井上といえどもそれに与かることはきわめて稀であった。ましてや、現在進行中の軍事案件は「最も秘密となし、これを他人に語らず、空しく山県伯の脳中に納め」られている有様である。その結果、伊藤—山県間に阻隔が生じ、政戦両略の分裂を招き、政党勢力に付け入られるようになってしまったというのである。

今こそ天皇親臨の国防会議を設けて、有栖川宮、伊藤、山県といった「二、三伯の間」で議論を深めることで、国防政策の統一と政戦両略の一致を図るべきである。「今日議会世界《（ママ）》と成る上は、軍略、政略相互に一致して其方針」を執らねばならない。

児玉は、国防に対する強烈な危機感に捉われていた。日本での経験に加えて、欧州各所の見聞によって大いに感ずるところもあり、さらにいっそうの「杞憂」を抱くようになった。そして、帰朝を一カ月も早めて、にわかに帰国の途についてしまったのである。

児玉を政略上に蹉跌させてはならない

軍事については、自分（野村）は児玉の力量を疑っていない。しかし、児玉の素志を成就させようとすれば、必ずや一般政略と関係せざるを得なくなる。果たして、そんな微妙な政治的駆け引きが児玉にできるだろうか。彼が軽率に発言すれば、万事が瓦解するだけではなく、「大害を醸成」する危険性すらある。児玉「少将をして軍事に斃れしむる」はやむを得ないことである。しかし「政略上に於いて蹉跌《さてつ》せしめ候ては残念千万」である。

児玉は山県に所信を直接述べようとしていたが、野村はそれに一抹の不安を覚えていた。帰国後はまず井上に相談し、そのアドバイスにもとづいて「進退発言」すべきであり、山県に直言するかどうかも井上の意向に従うべきである。野村はこう述べ、井上に児玉との議論の一部始終を詳細に報告したのである。井上がこの書翰をいかに重視していたかは、それが伊藤に転送されていることからも窺える（以上、明治二五年七月八日付井上馨宛野村靖書翰、『伊藤博文関係文書』6、三五一〜三五六頁）。

伊藤は、この書翰を深く意に留めた。明治二五年、第二次伊藤内閣で陸軍次官に抜擢された児玉は、帷幄上奏権の範囲を限定する必要を認め、一案を起こして内閣法制局に内議している。それは、軍事行政を内閣に取り戻し、「行政各部の統一を保持する」、つまりは、陸軍の政治的突出を自己抑制するという画期的なものであった（明治二七年、「陸軍定員令改正の件」）。だが、それは大山の容れるところとはならなかった。児玉は、この「クーデタ」にも等しい制度改革を、たんに行政手続きの簡素化の側面を強調して呑ませようとしたが、その真意を察知した大山に拒否されたのである。結局、日清戦争が勃発したこともあって、児玉の折角の問題提起もうやむやのうちに終わってしまっている（「帷幄上奏ニ関スル沿革」、『翠雨荘日記』八八一・九一六〜九一八頁）。

軍事行政への関わり

山県は自ら「一介の武弁」と称していたが、むしろそうした自意識に、より忠実たらんとしていたのは児玉であった。しかし、近代的軍隊は桂太郎が喝破していたように、すぐれて行政的な存在でもあり（小林『桂太郎』三八〜四一頁）、徴兵制度一つをとってみても、戸籍制度に代表されるさまざまな行政分野との連繫抜きには存在しえない。また、陸軍関係予算は、帝国議会の協賛を経なければ成立しない仕組みになっていた。

一介の武弁として身を処そうとしても、国防全体のことを考えれば考えるほど、政治的な領域に踏み込まざるを得ない。抑えがたい危機感に触発されて、児玉は「政治的なるもの」に関わろうとしていた。もともと近代的教育システムは国家と社会との接点に存するが、国家の干城を養成するための軍隊教育は、体制のいかんを問わず国家主義的たらざるを得ない。陸軍大学校の校長としてエリート将校団の教育に携わったことによって、児玉はあらためて、政治と軍事との関係に思いを巡らせたのであった。

もっとも、児玉は自分の領分をよく弁えており、とりあえずは軍事行政への関与、とりわけ軍事動員システムの構築にその役割を限定した。野村の危惧は杞憂に終わったのである。むしろ、そうした役割を長州閥で担ったのは桂太郎であった。彼は「伊藤、山県の間に於ける緩衝地帯をわが領地と心得、双方の領分をそれぞれ侵蝕して」政治的軍人として台頭していったのである（徳富猪一郎『蘇翁夢物語』一一六頁）。

4　陸軍軍政の模索

政党に対する違和感

明治二五年（一八九二）八月一八日、児玉は日本に帰ってきた。同月二三日、大山陸軍大臣は児玉を陸軍次官に抜擢した。大山は児玉の事務処理能力を高く買っていたのである。

それにしても、当時の児玉の兼任ぶりは尋常ではない。陸軍省軍務局長、鉄道会議議員、陸軍省法官部長、砲台設計砲工兵合同会議議長、参謀本部御用取扱等々、まさに枚挙にいとまがない有様である。

児玉は政党内閣主義には反対であり、超然主義を支持していた。だが、予算案は衆議院を通過しなければ成立しない。帝国憲法には前年度予算施行権という抜け道が設《しつら》えられていたが、それでは財政規模の拡大に対応することはできない。陸軍次官が政党との折衝を避けていては始まらない。児玉の正面攻撃が始まった。あるジャーナリストは往時を回想して、次のように述べている。

なにしろあの頃の政党事務所と云へば、まるで壮士の集合所で、よく乱暴者が仕込杖などをひねくっていたものだ。当路の大官をはじめとして吏党の連中はビクビクもので、容易にその事務所に寄り付く勇気はなかったが、その頃陸軍次官であった児玉大将のみは、ブラリと自由党なぞの事務所に出掛けて、陸軍の予算を説明する勢いであった。これには却って、敵の壮士が毒気を抜かれる位であった。

（博文館編『児玉陸軍大将』四八頁）

だが、それは議会での討論を嫌う態度と表裏一体であり、時に議事運営を混乱させることもあった。貴族院議員の尾崎三良《おざきさぶろう》は、鉄道敷設法に対する児玉陸軍次官の答弁が「甚だ不都合」だったため、議場の雰囲気を著しく損ね、井上馨内相の再答弁によってようやく可決されたと述べている（『尾崎三良日記』明治二六年二月二八日）。議会操縦には、児玉はまだまだ不慣れであった。ブーランジェ嫌いの児玉らしいエピソードではある。

薩摩と長州の軍人気質

一般に薩摩系の軍人は、大山にしても樺山や野津にしても、茫洋たる東洋豪傑風の大器といったイメージでとらえられがちである。繊細さや俊敏さとは無縁だが、他方、鈍牛のような存在感・圧迫感は彼らからつねにオーラのように立ち上っている。

しかしながら、外観がそうであったからといって、彼らの内面までもが「東洋豪傑的資質」で満たされていたわけではない。実は大山は相当勤勉な努力家で、その備忘録・単語帳・会話篇・数学練習帳などはもちろん、日清・日露両戦役関係の手記などはきわめて詳細であった。とくに大山は数学を好み、その勉学ぶりは軍医・石黒忠悳《ただのり》を驚かせている（石黒『懐旧九十年』三四七〜三四八頁）。

筆者は職業柄、多くの政治家や軍人の日記・手帳を読んできたが、西南戦争当時の樺山の陣中日誌ほど、繊細な書体で細々と書きつづられたものは見たことがない。雨に濡れても流れないように鉛筆を用いているが、それにしても筆跡の繊細さ、几帳面さは特筆に値する。石黒が言うように、彼ら薩派の将官たちは自らの「俊敏鋭利の質」や繊細さを見事に韜晦《とうかい》（自分の才能などを包み隠すこと）していたといえよう。

一方、長州系の軍人はそうした韜晦とは無縁であった。山県には薩摩の将官には見られない、「霊《りょう》鷲《じゅ》が巌角《げんかく》に止《とま》って四囲を睨んで居る」ような（高橋義雄）、鋭角的な迫力があった。桂は「ニコポン」と綽名されるほど、政治的な調整能力に富んでいた。ニコニコ笑って、ポンポン肩を叩いて巧みに人を籠絡するのである。茫洋たる風貌は桂には無縁であった。

児玉は「聡敏頴吾《そうびんえいご》」（聡明で俊敏、さとく賢いこと）、「ことを行なうに児玉ほど敏速な者はいない」と評されていた（石黒『懐旧九十年』三二五頁）。連隊長時代の綽名は「木鼠《リス》」であったが、それとは裏腹に児玉の声は野太く、野戦でもよく通った。

一方、大山はその外観とは不釣り合いな優しい声の持ち主であった。森鷗外もこれにはよほどびっくりしたものと見えて、「声はいと優《やさし》く、ほとんど女子の如くなりき」と初対面の折の日記に記している（森鷗外『独逸日記』明治一七年一〇月一三日）。

桂と大山には、キリスト教信仰に興味を示したという共通点がある。明治一二年頃のことであるが、小崎弘道が説教していた築地の教会には、陸軍軍人では桂や大山が参集していたという（東京日日新聞社会部編『戊辰物語』一九三頁）。帝国陸軍とキリスト教信仰とでは水と油の感があるが、これは「開化期」特有の現象であろう。ちなみに、児玉が教会に通っていたという記録は、管見の限りでは見当たらない。

近代軍備システムの整備に尽力

さて、陸軍次官としての児玉の業績で特筆すべきは、彼が近代軍備をシステムとして捉え、狭義の軍備だけではなく、軍事力の効率的な運用を可能にするさまざまな社会資本、すなわち、鉄道、港湾、上下水道などの整備に尽力していたことである。

例えば広島市の上水道は、勅令によって「軍用水道」として速成されたが、それを推進したのは伊藤博文と児玉であった。また、海軍煉炭製造所（後の海軍燃料廠）の徳山への誘致にも、児玉は一役買っている。周知のように、この燃料廠は海軍の艦船用燃料を供給するために設立され、現在では巨大な石油化学コンビナートとして「工業都市徳山」を支えている。

児玉は陸軍の総意の下に、山陽本線の速成（明治三四年五月、全通）にも尽力したが、その結果、門司港〜徳山間の航路は廃止され、それまで賑わっていた徳山はたんなる一通過地点に転落し、地域経済は衰退の一途をたどっていた。だからこそ、児玉は製造所誘致に尽力したのである（以上『徳山海軍燃料廠史』）。

とはいえ、それは政党政治にありがちな、地元への露骨な利益誘導ではない。この時期、児玉は特に西日本の社会資本整備に尽力しているが、それは明らかに朝鮮半島有事を睨んでのものであった。

社会資本整備に関する児玉の考えは、往々にして財界人の意見と衝突した。鉄道会議＊での、渋沢栄一との衝突などはその好例である。

＊官民の鉄道建設計画の審査を行う、逓信大臣直属の最高諮問機関。各界を代表する二〇名の議員によって構成されていた。

鉄道会議での渋沢栄一との衝突

児玉が鉄道会議の議員を拝命したのは、明治二五年からの四年間である（日清戦争の最中は欠席）。議長は川上操六、議員には伊藤大八《いとうだいはち》、井上勝、川田小一郎《かわたこいちろう》、渋沢栄一、谷干城、田健治郎《でんけんじろう》、若尾逸平《わかおいっぺい》、渡辺洪基《わたなべひろもと》といった面々が顔を揃えていた（以下、『鉄道会議議事速記録』による）。

もっとも、軍人が会議の主導権を握っていたわけではない。議事録を読む限りにおいては、児玉の発言頻度はそれほど高くはないし、川上の議事運営も、事前に根回しはしていたと思うが、実に坦々たるものであった。数少ない発言の中で目につくのは、児玉が国防上の観点から、海岸部への鉄道の敷設に一貫して反対していることである（例えば、仁別線＝奥羽線の一部など）。これに強く反駁したのが渋沢であった。山間線では経済的な収益が上がらない、鉄道ルートはたんに国防上の観点からのみ割り出されるべきではない、もっと経済振興に主眼を置くべきだ。渋沢はそう主張した。実業家としての当然の見識である。

児玉の軍事至上主義は、多くの議員の賛同を得ることはできなかった。仁別線は継続審議の結果、否決されてしまったし（明治二六年二月）、北陸線の敷設ルート再調査問題でも、渋沢らの議論が勝ちを占めているのである（明治二七年一月）。なお、川上の病気療養中、児玉は議長代理を務めているが（明治二六年三月、七月）、議事運営の仕方は捗々しくなく、業を煮やした渋沢は「今日は私は退屈なのでこれで御免を蒙ります」と述べて、中途退出している。

国政レベルでは、児玉は軍事と行政の総合調整の必要性を理解していた。だが、いざ赤裸々な利害調整の現場に身を投じると、彼は往々にして軍事的観点に固執しがちであった。「紳士」が多かった鉄道会議ですら、円滑に運営できなかったのに、どうすれば、あの海千山千の代議士連中に国防の重要性を説得できるだろうか。児玉がこの点に習熟するには、なお、日清戦争という危機的状況に身をさらす必要があった。

日清戦争の勃発

明治二七年（一八九四）、朝鮮で東学党の乱が勃発した。朝鮮国政府は、その武力鎮圧を清国に要請、清国は直ちに朝鮮への派兵を決定した（六月二日）。李鴻章や袁世凱は、日本が対抗出兵に踏み切る可能性は薄いと判断して、朝鮮の属国化を一気に進めようとしていたのである（岡本隆司『世界のなかの日清韓関係史』一四六〜一四八頁）。

六月二日、清国側の出方を察知していた第二次伊藤内閣は、対抗的な小規模出兵を決定した。第一の目的は居留民保護にあったが、伊藤はそれを、日清両国による朝鮮内政改革に繋げたいと考えており、山県もこの方針には賛成であった。彼らはともに、対清開戦は可能な限り回避したいと考えていたのである。

ところが、川上参謀本部次長や陸奥宗光外相の意見は違っていた。彼らは一気に開戦へと持ち込み、長年の懸案であった朝鮮問題に決着を付けようとしていたのである。すでに、現地の反乱は治まりつつあった（六月一〇日、全州和約）。だが、日本の国内世論は限定出兵の報に興奮状態に陥り、より大規模な出兵を主張してやまなかった。

こうなったら、もう仕方がない。内政的な危機を乗り切るためには、必死の「暗中飛躍」を試みるしかない。甲申事変時に比べれば、日本の軍事力は相当強化されていた。川上らは直隷決戦（北京進攻作戦）を強く志向していた。内閣も最悪の事態を想定して、開戦準備に取り掛かった。現地での軍事衝突は、もはや時間の問題であった。

明治二七年七月二五日、日清両国海軍は豊島沖で衝突した。さまざまな要因が交錯するなかで、ついに日清戦争が始まったのである（高橋秀直『日清戦争への道』、斎藤聖二『日清戦争の軍事戦略』、伊藤之雄『山県有朋』）。

事実上の陸軍大臣

この間、陸軍次官の児玉は何をしていたのだろうか。

児玉は、「戦時大本営条令」の策定や軍事動員システムの制度設計に携わっていた。また、参謀本部で開かれた「陸海共同作戦案」の協議にも加わっている（六月二一日、斎藤『日清戦争の軍事戦略』六三頁）。

さらに開戦後には、輸送用船舶の購入や鉄道の管理・運営などに尽力し、川上（兼兵站総監）と密接に連携しながら、直隷進攻作戦の準備にも取りかかっていた。日清戦争では、陸軍の二大巨頭、大山と山県はともに出征しているが（山県＝第一軍司令官、大山＝第二軍司令官）、それが可能になったのは、児玉源太郎という卓抜な実務家・軍政家がいたからである。児玉は事実上の陸軍大臣として、外征作戦の展開に伴う、複雑多岐な兵站システムの構築とその弾力的な運用を、親友の寺内とともに事実上取り仕切っていたのである（参謀本部第一局長の寺内は、大本営の運輸通信部長官を兼任）。

八月一日の宣戦布告を経て、九月一六日、日本軍は清国軍を撃破して、平壌を占領した。翌一七日には、黄海海戦の勝利により、制海権は完全に連合艦隊の掌中に帰した。一〇月三日、大山の第二軍は遼東半島に上陸し、一一月六日には金州城を攻略した。

実は、清国陸軍の正面装備は日本陸軍に優っていた。にもかかわらず、清国が手痛い敗北を喫したのは、ひとえに軍事行政の不備に因るものである。第三師団を率いて出征した桂は、そのように評している（小林『桂太郎』八三頁）。桂は、制度設計者としての自らの功績を誇っていたが、それは取りも直さず、制度運用者としての児玉への賛辞でもあった。

川上との関係

この間、児玉は「参謀本部御用取扱兼勤」を命ぜられ（九月八日付）、省部間（陸軍省と参謀本部）の連携はいっそう密になった。前線に送るべき火砲の種類から戦略方針の策定に至るまで、児玉と川上はさまざまな意見を交換しているが、時に川上は、「内地」にいる児玉の意見を煙たく感じることもあったようである（明治二八年五月七日付児玉宛川上電報、『樺山資紀文書（第二期受入分）』三六九―2）。

ここで興味深いのは、児玉が川上に「南洋」方面での作戦準備について打診していることである。「南洋」とは、台湾のことであろう。この頃、川上らは厳冬期における直隷作戦の可能性を探っていたが、児玉は、山県率いる第一軍の進撃はいずれ行き詰まると判断しており、「冬籠り」の場合には、

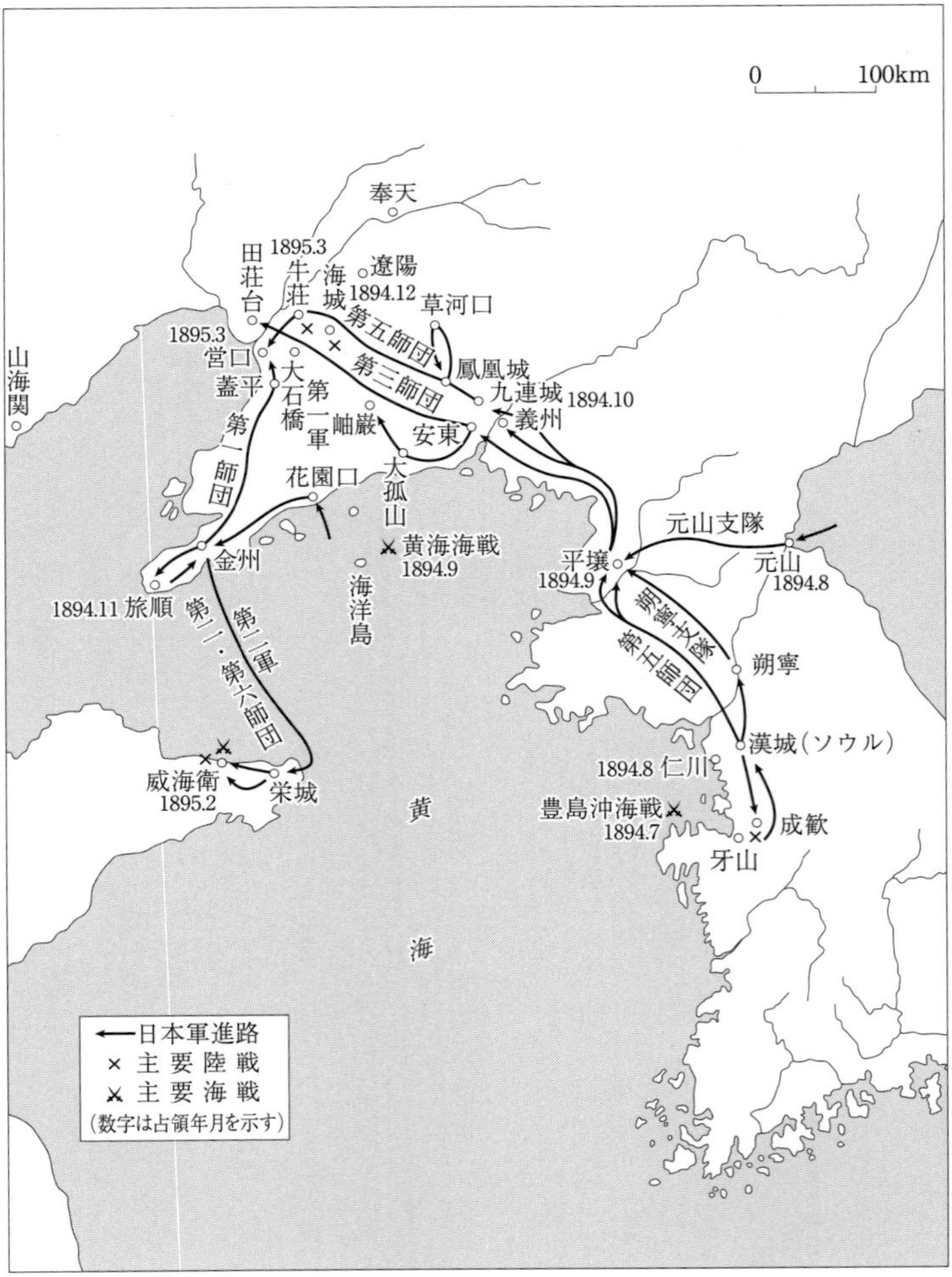

日清戦争関連地図
（『明治・大正・昭和天皇の生涯』新人物往来社，2005年，より）

むしろ、台湾攻略に打って出るべきだと考えていたのである（明治二七年一一月七日付川上次長宛児玉次官書翰）。

熊本鎮台時代から、児玉が一貫して、沖縄・台湾方面への強い関心を有していたことは、前に述べた。日清戦争は、児玉の南進志向に絶好のきっかけを与えたのである。

日清戦争での児玉の役割

日清戦争では、出先軍の「独断専行」がしばしば見られた。例えば、野津道貫第五師団長による平壌強襲や、山県第一軍司令官と桂第三師団長による海城突出などは、その好例である。だが、大本営でそれらが問題視された形跡はほとんどない。野津や山県・桂が、なんらかの処分を蒙ることはなかった。

なぜか。それは当時の通信手段では、戦場と広島大本営との円滑な情報伝達はほとんど不可能であり、出先軍に大きな自由裁量権を付与しておかなければ、攻撃や退却のタイミングを逸する可能性、つまり、作戦を誤るリスクがきわめて高くなるからである（伊藤『山県有朋』二七六頁）。山県と大山が自ら出征した所以である。

もっとも、山県の召還（後述）と大山の病気のため、大本営＝川上の発言力は自ずと高まっていった。川上はしばしば伊藤と直接話し合って、戦略方針の調整を行っている。日清戦争は、伊藤と陸奥、そして川上の戦争であった。児玉が大戦略に介入する余地はあまりなかった（『熾仁親王日記』第六巻）。

山県の帰国と児玉

山県は戦地で健康状態を害して、天皇から帰国を命ぜられたが（一二月八日）、児玉は伊藤や井上に正確な情報を伝えて、この政治的に微妙な問題を無事一件落着させている（伊藤『山県有朋』二七五～二七七頁）。この時、児玉は山県の心情を慮って、「帰朝の上は（山県に）相当なる名誉の位置」を与えてほしいとまで、踏み込んだ発言をしている。伊藤と児玉の相互的な信頼関係を窺わせるに足るエピソードである（明治二七年一一月三〇日付井上馨宛児玉源太郎書翰）。

なお、前掲井上宛書翰の中には、「毛利家の一条」全く落着し、両公から児玉に「優渥なる御親書」を賜ったとの印象的な記事がある。事実関係は不明であるが、毛利家の家政に関しても、児玉は一定の関与を許されていたのであろう。長州閥内部での児玉の地位は、それほどまでに上昇していたのである。

明治二八年四月一七日、日清講和条約が成立した。日清戦争に勝利した日本は、台湾と遼東半島を割譲させ、さらに二億両《テール》の賠償金を獲得した。

軍事的法制官僚としての児玉

さてこの辺で、壮年期を迎えた児玉の人となりについて触れておこう。彼はよく「果断の人」と言われる。だがその前提には、事前の周到な準備と緻密な計算があった。だからこそ、彼はここぞというタイミングで、断を下すことができたのである。そういった意味では、彼はまさしく「能吏」そのものであった。

陸軍次官時代からそうであったが、児玉はあの分厚い予算書を「款・綱・目」すべてにわたって読み込んでいた。下僚《かりょう》任せにはできない性分だったのである。事前の調査、情報に対する周到な計算・配慮こそ児玉の真骨頂であった。

ここに興味深い逸話がある。児玉家には何人かの使用人がいたが、彼らはみな文盲であった。字が読めると情報漏洩に繋がる可能性があるからである。回避できるリスクには、事前に予防策を講じる。「出たとこ勝負」とは、まったく無縁であった。

児玉の場合、その「非官僚的な」人物像が強調されることが多い。だが、そういったイメージはやや一面的である。児玉は軍隊の非政治化を強く志向していたが、それは当然のことながら、軍隊の官僚組織化に帰結する。否、近代的国民軍は、もともと官僚組織の軍事的分枝なのであって、児玉が桂とともに、陸軍の制度化・組織化に尽力したことは、彼の官僚的資質を雄弁に物語っている。

もっとも、彼はいわゆる「官僚主義」とは無縁であった。もちろん、軍紀は重んじたが、何かを行わないための口実として、法律や制度の中に立て籠もることは児玉のもっとも忌むところであった。また、自分の子分を周囲に集めて、小権力者となることもなかった。児玉は有事の人でありながら、同時に制度設計者でもあった。野戦指揮官・トラブルシューターでありながら、軍事的法制官僚・軍政家でもあった。この、稀有な「マルチタレント」ぶりこそが、まさに児玉の児玉たる所以であった。

その人となり

話を児玉の人となりに戻そう。

児玉は酒豪ではあったが、日清戦争の後、出勤途中に眩暈を感じ昏倒しそうになったことから、以後、酒、特に日本酒はなるべく控えるようにしていた。この時、児玉は三カ月におよぶ長期療養を余儀なくされている（明治二九年二～四月、斎藤『日清戦争の軍事戦略』二五四頁）。ところが後年、旅順陥落の祝賀パーティーの席上、シャンパンを飲んだことがきっかけとなり、日露戦後には再び酒杯を重ねるようになってしまった。煙草もまた児玉の嗜好品の一つであり、愛用のパイプを手放さなかった。

児玉は若いころは小さな体軀にも似ず、「牛飲馬食」をこととし、とくにステーキの類は大好物であった。しかし、明治二四年の洋行をきっかけに、節制に努めることにした。

知的嗜好としては、山県や寺内はなかなかの読書好きであったが、児玉や桂はそれほどでもなかった。山県の和歌に対して、児玉は乃木と並ぶ漢詩愛好家であった。浄瑠璃も好んで観ており、その道の通であった杉山茂丸から鑑賞の手ほどきを受けていたようである。外国語は不得意だったと言われているが、西洋の書物に対する好奇心は強く、とくに歴史書を翻訳させて読むことを好んだ。

児玉の軍服常用論は紹介したが、彼は若い頃はなかなかのお洒落で、背広や着物の類も何着も誂《あつら》えていた。もっともそれは、軍人たる者、時と所を心得た服装をすべきであるとの考えにもとづくものであり、「お洒落」云々とはやや次元が違うかもしれない。内務大臣時代の記念写真や、郷里の人々に囲まれた最晩年の写真には、瀟洒な洋装（フロックコートや背広）で収まっている。

その快活さ

当時の軍人には乗馬は必須科目であったが、佐賀の乱で右腕を痛めてしまったので、以後、手綱捌きには若干支障をきたすようになった。もっとも、無理をすれば、終日演習場を乗り廻せないこともなかった。乗馬の腕前は、桂よりは上だったろう。

花柳界での児玉の評判は相当なもので、児玉が日露戦争の最中に秘密裏に帰国した時も、東京の花柳界は慰労の宴を開いている。また、児玉が急逝した時には、大勢の芸妓衆がその死を悼んでいる。

児玉の遊び方はいたって陽性で、文字通りどんちゃん騒ぎであった。しんみり呑むのは性に合わなかった。また、酔って人に絡むということもなかった。遊び方は、山県や伊藤と同席した時でも変わらなかった。

児玉は寺内とは肝胆相照らす仲であり、桂との仲も親密であった。日清戦後に桂が重病で倒れた時、児玉は公務の合間を縫って桂の見舞いに通っていた。桂が刺身が食べたいと言うと、児玉は自ら魚河岸で新鮮な魚を求めて桂に食べさせた。桂はこの時の児玉の友情を終生忘れなかった。

桂には天下公知の愛人、お鯉（安藤照）がいた。口さがない人々は彼女を「お鯉の方」などと呼んでいたが、児玉は一竿の鯉のぼりをわざと贈って桂をからかったことがあった。いかにも茶目っ気に溢れたエピソードである。また、あの気難しい伊東巳代治《いとうみよじ》（伊藤博文の側近）には、目覚まし時計をプレゼントしたと伝えられている。巳代治の朝寝坊は、政界では有名であった。

児玉は自らの派閥作りには無関心であり、官僚組織の中に自派の勢力を扶植しようとはしなかった。彼は、後藤新平や新渡戸稲造《にとべいなぞう》を抜擢・重用したが、これらの人々はいずれも藩閥外の人間、しかも文官であった。また、阪谷芳郎《さかたによしろう》とも親しかった。児玉は伊藤同様、藩閥よりも能力本位で人を用いたのである。

経験主義とセンチメンタリズム

彼は抽象的な概念を通じて、現実世界を解釈することを嫌った。また、特定の理念に捉われることもなかった。その発想パターンはいつでも具体的であり、経験的であった。阪谷や新渡戸といった英米系の知識人を重用したのも、彼らが能吏だったからというよりも、その実践的で包容的な人となりに惹かれたからであろう（長谷川如是閑「明治を思う」）。

たしかに、桂や後藤はドイツ学の影響を色濃く受けていた。しかし、彼らもまた、観念論とは無縁な実学の徒であったことを忘れてはならない。後藤が新渡戸を「アメリカ人」と綽名して、その教養の吸収に努めたことはよく知られている。桂もその晩年には、英国流の議会政治に深い関心を示している（小林『桂太郎』第六章）。

児玉は冷徹な認識の人であったが、同時に、口舌の徒を嫌う実行家でもあった。天皇に対する強い忠誠心こそは、児玉を行動に駆り立てた内面的原動力であった。しかし、それは決してファナティックなものではなかった。

公私混淆は彼のもっとも忌むところであり、公の席での児玉の振る舞いは威厳に満ち、峻烈であった。それは時に、冷酷な印象を周囲に与えることもあった。二〇三高地攻略戦にまつわる一連のエピソードなどはその好例であろう。

だが、彼の胸底には、人生に対する哀感のようなもの、新渡戸の言うところの「センティメンタリズム」が強く脈打っており、それは時として抑えがたい情感の迸《ほとばし》りとなって溢れ出た。平生、児玉は意志の力で、自らの多情な心性を抑え込んでいたのである。それが人柄に深みを与え、彼をよりいっそう魅力的にしていた。

第四章　突飛新式の果断家――台湾総督・陸軍大臣

1　文官で陸軍の行政をやる

明治二〇年代を通じて、長州閥陸軍では山県有朋を頂点とするピラミッド型の権力構造が出来あがりつつあり、桂太郎、児玉源太郎、寺内正毅、田中義一といった人材が世代の切れ目なく続いていた。日清戦後には、いわゆる「山県系官僚閥」が形成されるが、その中核を担ったのが彼ら軍人グループであった。山県系官僚閥とは、政党勢力の台頭に対抗すべく、郷党の違いを越えて、山県の下に結集した「保守的」官僚グループである。

長州閥と薩派

一方、西郷隆盛亡きあとの薩派では、黒田清隆や大山巌、西郷従道、高島鞆之助《とものすけ》らがゆるやかな集団指導体制を布いており、郷党的な結束力はあっても、制度に依拠した、官僚的な統制力は今一つであった。西南戦争による人材の喪失も大きかった。もっとも、山県系の優位がすぐに実現したわけではない。それどころか、当初は薩長の勢力はほぼ拮抗していたのである。

薩派陸軍の次代の指導者として、郷党の期待を一身に担っていたのが川上操六である。日清戦争の勝利は、川上参謀次長の声望を大いに高めた。彼は参謀本部を自家薬籠中のものとし、陸軍省を押さえた長州閥本部と、あたかも陸軍を二分するかのごとき形勢となった。

これらの二大派閥内部は、さまざまな政治的スペクトラムに彩られていたが、大まかに言えば、長州閥は官僚的で、薩派はより郷党的であった。これを外交上の枠組みに当てはめれば、前者には欧米協調主義的な、後者にはアジア主義的な傾向が強かった。政党との関係で見るならば、長州閥は自由党系（政友会）と、薩派は立憲改進党系の対外硬派や「大陸浪人」と、それぞれ連携するパターンが多い。

児玉と陸軍軍備拡張問題

軍備拡張問題をめぐっても、当初、薩長両派のスタンスは微妙に異なっていた。日清戦後の日本陸軍は、平時七個師団態勢から一三個師団態勢へと、軍備をほぼ倍増させたが、それを主導したのは山県ではなかった。

薩摩系の宇都宮太郎（佐賀出身。当時、参謀本部第二局員）に言わせれば、対外進取の意気に欠け、「軍備拡張の大精神」に悖《もと》る長州閥は、「非戦主義者」の集まりに他ならなかった。日露開戦時の常備兵力（一三個師団）が辛うじて整備されたのは、ひとえに川上や宇都宮ら薩派系軍人の主張によるものであり、児玉陸軍次官や寺内参謀本部第一局長は、当初は、薩派の陸軍軍拡案は過大であるとしてそれに反対していた。彼らには「対露の観念」が未熟だったのである。宇都宮は、後にそう回想して

いる（『宇都宮太郎日記』明治三三年四月二五日、同四三年九月一七日）。

たしかに、山県陸相の「軍備拡充意見書」（明治二八年四月一五日付）では、師団戦闘能力の強化は謳われていたものの、師団数そのものは、日清戦前と同じく七個師団に抑えられていた。また、軍備拡張案の作成は、当初、川上が主導しており、参謀本部内の意見調整も第二局の原案を叩き台にして進められている（井口省吾文書研究会編『日露戦争と井口省吾』一六頁、斎藤『日清戦争の軍事戦略』二二六頁）。

川上や薩派の発言力は、それほどまでに強かったのである。だが、そこに長州閥の受動的立場を見出すだけでは不十分だろう。というのは、児玉は軍備拡張事業は「容易之事」ではなく、「整理と拡張は同時に計画」されねばならないと考えており、桂もまた、その考えに同意していたからである（明治二八年七月二七日付児玉宛桂書翰）。以前の児玉なら、軍拡一本槍になってもおかしくなかった。なぜ、児玉は柔軟な発想を身に付けることができたのだろうか。

阪谷芳郎との出会い

話を日清戦争に戻そう。児玉陸軍次官の仕事は、各種兵站業務やそれを支えるインフラ整備、さらには軍隊の復員に伴う検疫業務にまで広がっていた。当然のことながら、それらは全て予算措置を伴う。つまりは、大蔵省当局との折衝が必要となる。

大蔵省側の交渉窓口となったのが、阪谷芳郎（広島大本営付主計官、のちに第一次西園寺公望内閣の大蔵大臣）であった。阪谷は当時若干三一歳、帝国大学から大蔵省に入った近代的エリート官僚の第一期生である。英語が堪能であった彼は、英米系の経済学・財政学に親しむと同時に、中国に対する深い関心をも有しており、その幣制改革問題に関する見識はすでに伊藤博文や渋沢栄一の認めるところでもあった（阪谷芳直『三代の系譜』一四九〜一五九頁）。

阪谷は自ら松方財政の嫡流をもって任じており、財政規律には大変きびしく、無軌道な軍備拡張にも批判的であった。ところが、児玉と阪谷は存外馬が合った。というよりも、「有事の陸軍行政」に取り組む中で、児玉は知らず知らずのうちに「政治」に開眼していったのである。

戦時動員・兵站システムを円滑に運用するためには、多くの部局からの、さまざまな要求に優先順位を付け、タイミングを見計らって実行に移さねばならない。全ての問題に最適解を出すのは不可能であるし、特定の問題に行政的エネルギーを集中し過ぎると、かえってシステム全体が機能不全を起こす。こういった複雑な解法（それは絶妙なバランス感覚を要する）を、児玉は試行錯誤を重ねながら会得していったのであり、そのパートナーが阪谷だったのである。日清戦争を日本側から見るならば、それは初の近代戦であった。近代戦の衝撃が、児玉に自らを陶冶し直す、きっかけを与えたのである。

英米系知識人への共感

「素位而行」（素位《そい》にして行く。「無位無官の市井《しせい》の人として生きる」の意）。芳郎は父阪谷朗廬《ろうろ》の筆になるこの扁額を愛し、終生自宅の居間にかけていたという（『三代の系譜』三三一〜三三三頁）。地位・権力に対する恬淡《てんたん》とした態度、深い学識。やがて児玉は、阪谷芳郎の人柄そのものに深く惹かれていった。そして、阪谷との交流が深まるにつれて、かつて渋沢に対して露わにしたような、軍事至上主義的な思考パターンも自ずと後退していった。

ちなみに、後藤新平を臨時陸軍検疫部事務官長に起用する際に、児玉は阪谷の意見を聞いてから最終的な断を下している。阪谷に対する児玉の信任が、いかに深かったかを窺わせるエピソードである

（鶴見祐輔『後藤新平』第一巻、七六九頁）。

その後、二人の交遊は家族ぐるみのものとなった。後年、芳郎の長男希一《きいち》が日銀を勇退した時に、彼を満州に引っ張ったのは、源太郎の長男で、当時関東州長官を務めていた秀雄であった（『三代の系譜』二二三～二二五頁）。また、芳郎も秀雄に満州政策に関する時局的な意見を送っている（大正一三年九月一〇日付児玉秀雄宛阪谷芳郎書翰、『児玉秀雄関係文書』Ⅰ、三〇〇頁）。

阪谷という人間を通じて、児玉は英米流の経験主義に触れ、「文明交通の機構としての、世界主義、国際主義」を、観念的なイデオロギーとしてではなく、「全くその心と行動の働きとして身につけている」人々の存在を知り（長谷川如是閑「明治を思う」）、軍人でありながら、それに強く惹かれていったのだろう。その後、台湾総督に就任した児玉は、新渡戸稲造を起用し、彼との親交を深めていくが、新渡戸もまた、アメリカに学んだ農学者であり、『武士道』を英文で著した国際人でもあった。

当時、開化期に主流であった英米系の学問は、国家学や医学を中心に吹き荒れていた「独逸風《ドイツかぜ》」によって傍流に押しやられつつあった。実は、阪谷も新渡戸もともにドイツ学の洗礼を受けていたし（瀧井一博『文明史のなかの明治憲法』一五九～一六二頁、同「帝国大学体制と御雇い教師カール・ラートゲン」）、児玉もメッケルとともに、「陸軍のドイツ化」を推し進めていた。だが、彼らはドイツ一辺倒にはならなかった。桂や品川弥二郎といった長州閥エリートがドイツ学への傾倒を強めていった、そうした時代状況の中で、児玉は英米系の学問を血肉化した人々との交流を深めていたのである。源太郎没後のことではあるが、次女仲子が法学者穂積重遠（渋沢栄一の孫）と結婚したことによって、児玉家は阪谷・渋沢両家と縁戚関係に入っている（系図参照）。

川上との軋轢
——論功行賞問題

それにしてもなぜ、山県の下には多くの多士済々たる人々が集まったのだろうか。その鍵は日清戦争の論功行賞の中にあった。

この時、議論の的となったのは、後方兵站業務などの軍政部門の貢献を「実戦部門」と同様に評価すべきかどうかということであった。山県は児玉陸軍次官による後方兵站業務を非常に高く評価しており、「実戦に参加しなかったから調査の対象外だ」とした川上操六の反論を抑えている（明治二八年四月一三日付伊藤博文宛徳大寺実則書翰）。

当時の進級条令では、陸軍大将となるには、中将在官時に「攻城野戦の勲功」を樹《た》てねばならず、この条件をそのまま適用すれば、参謀次長としてデスクワークに勤《いそ》しんでいた川上中将の昇進は見送りということになる（徳富猪一郎『陸軍大将川上操六』一七七頁）。ところが、ライバルの桂第三師団長は、海城籠城という失態を演じたにも関わらず、大将昇進は確実であった。川上はこういった昇進システムに、どこか釈然としないところがあったのだろう。

山県の采配は公平であった。彼は進級条令を改正して、児玉を中将に昇進させるよう図らった。山県は、軍人の価値は戦場での働きに全てを還元できるものではなく、銃後での兵站業務なども戦場での働きと同等に評価されるべきだと考えていたのである。だが、年功序列を重視した天皇は、戦争終了後に昇進させればよいとして、それを聴許しなかった（『明治天皇紀』第八巻、明治二八年四月一三日、石黒忠悳『懐旧九十年』二三七〜二三八頁）。

「非戦闘部門」に対する周到な眼差しを山県がもっていたからこそ、彼の下には野戦指揮官タイプ以外の多彩な人材が、狭い郷党を越えて集まるようになったのである。実戦重視の論功行賞システムは、戦《いくさ》あってのものであって、平和な時代には機能しない。日露戦後の「やや長い平和」の時代に、山県系官僚閥が薩派を圧倒するようになるゆえんである。

後藤新平を知る

陸軍次官としての児玉の事務負担には、ただでさえ相当なものがあった。ところが、それに加えて膨大な復員業務がのしかかってきた。児玉はそれをてきぱきと捌いていたが、それにしてもオーバーワークには違いなかった。

なかでも急を要したのが、凱旋軍の検疫問題であった。内地へのコレラ上陸をいかに食い止めるか、である。すでに、台湾に出征した部隊の中からは、多くのコレラ患者が発生しており、とりわけ、澎湖島守備隊は悲惨な状況にあった。検疫の対象者は、軍人・軍属をも含めて二十数万人。しかも、多くの兵卒たちは、まさに「帰心矢の如し」の心境にあった。彼らを特定の上陸地点に留めて、厄介な検疫を受けさせることは容易な業ではない。西南戦争時には、長崎の中国船を感染源とするコレラが、凱旋軍の強引な東上によって滋賀県下にまで広がっている。

伊藤は児玉に目を付けた。こんな仕事を安心して任せられるのは、彼を擱《お》いて他にない。児玉なら、血気盛んな凱旋軍を抑えることができるだろう。

だが、ここに大きな問題が生じた。本来なら、児玉の下で実務を取り仕切るべき軍医総監の石黒忠悳が、征清大総督府に従って、旅順に赴くことになってしまったのである。この時、石黒が推薦した

後藤新平
（国立国会図書館蔵）

のが後藤新平であった。後藤は当時若干三八歳。陸中国水《みず》沢《さわ》出身の医者で、愛知県病院長時代に、兇漢に刺された板垣退助を官命を待たずして治療し、その名は全国に轟き渡った。

彼はもともと一介の「国手《こくしゅ》」（名医）に納まるつもりはなかった。「衛生」を通じて国民生活を改善し、国家としての競争力を高めなければ、進化論の原則が貫徹する国際社会で日本が生き残ることはできない。内務省に官途を求めた後藤は、ドイツ留学を経て、長与専斎《ながよせんさい》の事実上の後任として衛生局長に抜擢された。

ところが、順風満帆であったはずの後藤の人生は、相馬事件への連座によって暗転する。それは相馬子爵家の「御家騒動」とも言うべき、奇々怪々な一大スキャンダルであったが、不用意に首を突っ込んだ結果、後藤は一年余の入獄という高い代償を払わさせられた。

明治二七年（一八九四）一一月、無罪が確定し、後藤は青天白日の身となった。児玉が後藤を知ったのは、その直後であったが、さすがの児玉も「スキャンダルの飛沫を浴びた男」の起用にはやや逡巡した。だが、実際に面談してみると、なるほど石黒や阪谷の言う通りの面白い人物である。後藤を軍医に任命して、検疫業務に当たらせよう。ところが、後藤はそれを潔しとしなかった。今更、軍医になどなる気は毛頭ないというのである。この返答は児玉をいっそう喜ばせた。それ位の気骨がなければ、凱旋軍を抑えることなど到底できないからである。

臨時陸軍検疫部——文官で陸軍の行政をやる

こうして、「臨時陸軍検疫部」という、世にもユニークな組織が児玉の頭脳から案出された（明治二八年三月）。なぜ、ユニークなのか。それはこの検疫部が「文官で陸軍の行政をやる」（後藤）組織だったからである。検疫部長は児玉である。そして、その下に次官待遇の事務官長が置かれ、後藤が事実上の全権を掌握した。後藤以外はすべて武官であり、その兵員数は一旅団に匹敵した。

検疫部には多くの佐官級軍人も勤務していたが、後藤は彼らに直立不動の姿勢を取らせた上で命令を下達した。児玉はそれを背後から見守っていた。否、それどころか、児玉はあたかも大楯のように、後藤に対する非難中傷を受け止めていた。検疫部解散時に、児玉が「此の箱は君の月桂冠だ、持って行って開いて見よ」と言って、数百通もの非難中傷の電報を収めた箱を後藤に手渡した、というエピソードはあまりに有名である。

この全幅の信頼があったればこそ、後藤はその才腕を縦横に振るうことができたのである。後藤は文字通り不眠不休で、似島《にのしま》（宇品《うじな》付近）をはじめとする三カ所に検疫所を建設し、そこに最新式の蒸気消毒汽罐を据え付けた。児玉も、参謀総長の小松宮に率先して受診させるという巧妙な方法を用いて、凱旋軍の将官にごく自然な形で検疫を受けさせてしまった。二人の呼吸は抜群であった。六月に始まった検疫事業が、完全に終了したのは一〇月末日であった。船舶六八七隻、人員二三万人を検疫して、この一大事業は無事完了した。

こうして、「児玉―後藤コンビ」が誕生した。児玉と後藤は、その後、台湾で、そして満州で、「帝国」建設の先端部分を担うことになる。明治二八年八月、日清戦争の軍功により、児玉は男爵を授けられ、華族に列せられた。後藤もまた、内務省衛生局長に返り咲いた。

帷幄上奏権問題の再燃と脳梗塞の発作

平和克復と同時に、戦時下封印されていた帷幄上奏権問題が再燃した。大山陸相が「陸軍下士若くは判任文官欠員の補充に充つる雇員給料」の支給という純行政事項を、帷幄上奏で決定してから閣議に諮ったのである（四月）。激怒した伊藤首相は、大山の請議を撥ねつけると同時に、帷幄上奏権の濫用を警告する通牒を陸海軍大臣に送り付けた（四月二九日）。ところが、ことはこれだけでは収まらなかった。伊藤の警告があったにも関わらず、大山は陸軍平時編制を帷幄上奏し、閣議に事後報告するという「暴挙」に出たのである（五月）。平時編制は、予算とも密接な関係を有する行政事項であり、同様の事案（海軍定員令）を海軍は事前に閣議に諮っていた。伊藤はまたも激怒した（以上、伊藤孝夫『大正デモクラシー期の法と社会』二二五〜二二六頁）。

なぜ、児玉次官は大山陸相を諫止できなかったのだろうか。ちょうどこの頃、児玉は出勤途中に脳梗塞の発作に襲われ、約三カ月間もの静養を余儀なくされている（二月三日〜四月二七日）。恐らくはそんなこともあって、児玉は大山の暴走を有効に抑えられなかったのだろう。軍務に復帰した児玉は、すぐにことの重大性に気付き、伊藤に「懇請」して「客年（昨年）十二月中往復の体《てい》に粧《よそお》ひ」、どうにか事態を収拾している。

このような事件があっても、帷幄上奏権縮小に関する児玉の考えは変わらなかった。否、むしろ強化されていったといってよい。翌明治三〇年、内閣法制局からの問い合わせに対して、児玉は「官制や条例は陸相から内閣へ提議」すべきであるとの考えを示し、伊藤の構想に呼応しているのである（森靖夫『日本陸軍と日中戦争への道』二二頁）。

さて、軍務に復帰した児玉を待っていたのは大山とのトラブルだけではなかった。第二次松方内閣の陸相に内定していた桂（当時、台湾総督）を遂《お》って、拓殖務相の高島鞆之助が強引に陸相ポストを奪うという事件が起こったのである（九月）。

もっとも、行政的素養に欠ける高島には、陸軍軍政の切り盛りは難しかった。結局、高島は次官の児玉に頼ることが多くなった。その退任時に、高島が児玉の手をとって、「熱涙を湛えながら」感謝の意を述べたとのエピソードが伝えられているが、さもありなんと思わせる話である。大山との再度の衝突にも関わらず、児玉が薩派全体を敵に回すことを免がれたのは、そのためであった。

高島鞆之助
（国立国会図書館蔵）

乃木の台湾行きを斡旋

さて、問題は台湾総督の後任を誰にするかであった。高島は奥保鞏に話を持ちかけて断られ、台湾出征の経験のある乃木に白羽の矢を立てたが、交渉は難航が予想された。そもそも、明治二四年に乃木はいったん陸軍を退いているが、それは直属上官の桂第三師

台湾総督官邸（著者撮影）

団長とそりが合わなかったからである。乃木に言わせれば、「桂の後任など真っ平だ」といったところだろう（「野村靖日記」明治二九年一〇月一一日、奈良岡聰智「「別荘」から見た近代日本政治・第九回　乃木希典」）。

一〇月のある日、児玉は大磯にいた山県から「乃木を説いて、台湾総督への就任を承諾させてくれ」と頼まれた。さすがの山県も、乃木の頑固さには手を焼いていたのである。ところが、児玉と会うや否や、乃木は即座に就任を快諾した。「武将の談判とは申しながら、瞬時間去就の一決は実に壮快」である。山県は桂にそう述べている（明治二九年一〇月一七日付桂宛山県書翰）。

乃木は児玉が好きであった。その武人としての身の処し方に好感を抱いていた。「児玉の頼みなら話は別だ」。乃木はそう思ったに相違ない。こうして乃木は、第三代台湾総督に就任した。ちなみに井上馨や桂・児玉は、井上邸に乃木を招いて壮行会を開いている（「野村靖日記」明治二九年一〇月一七日）。皆、貧乏籤をあえて引いた乃木に、感謝の意を表していたのである。

台湾統治の混乱
——薩派の失敗

それにしても、なぜ、長州閥の乃木が総督に就いたのだろうか。

明治二九年四月、台湾総督府が台北に設置され、初代総督には樺山資紀が就任した。伊藤は文官総督制の導入を検討していたが、川上の強硬な主張を容れる形で武官総督制が採用されたのである。総督の下には参謀部が置かれ、「民政移行」は形だけに終わった。台湾では、事実上軍政が継続していたのである（『原敬日記』明治二九年二月二日）。

さらに、東京には拓殖務省が新設され、総督府の監督に当たることになった。台湾統治システムの制度設計は薩派主導で行われ、その結果、拓殖務省―総督府という二重権力構造が生まれてしまったのである。東京の拓殖務省に、現地の事情など分かるはずもない。ましてや、大臣は官僚的資質に欠ける、あの高島である。台湾統治はほどなくして行き詰まった。そして、それは「土匪」*の活動によっていっそう増幅されてしまった。

*台湾は、先住民の山地系住民や平埔《へいほ》族以外にも、客家《ハッカ》系や閩南《ミンナン》系の漢民族など、さまざまな民族集団が並存する社会である。「土匪」は漢族からなる土着の「アウトロー」集団であり、相互の連携はほとんどなく、「頭目」を中心に武装して結集し、時に周辺村落の収奪を行いながら、それぞれの縄張りを支配していた。その構成メンバーもさまざまであり、清国復帰論者や台湾独立をめざす志士もいたが、なかには盗賊に近い土匪集団も存在していた。土匪は、先住民が支配していた山地を除く、台湾全土に割拠しており、主な頭目だけでも二〇人余りに及んでいた。

「土匪」の跳梁

日本軍の上陸と相前後して、台湾は無政府状態に陥り、各地で自然発生的に土匪が跳梁跋扈するようになった。総督府は頻繁に武力「討伐」を行い、各地の土匪集団を実力で潰滅させようとしたが、それはまったくの逆効果に終わった。なぜなら、土匪と「良民」を見分けることはきわめて困難であったし、外敵の殲滅を任務とする軍隊は、地域住民との微妙な交渉を必要とする治安維持活動には本来不向きだからである。

守備隊の討伐は往々にして、住民の殺戮を誘発し、親兄弟を殺された人々は自ら土匪集団に身を投じた。良民の土匪化、土匪の再生産が始まってしまったのである（台湾総督府「台湾の土匪」）。

治安が維持できなければ、徴税活動も停滞する。税が納められなければ、総督府特別会計は当然逼迫する。そして、財政赤字を補塡するために、本国一般会計から多額の財政補充金を投入せざるを得なくなる。新領土の経営は儲かるどころか、相当な過重負担となりつつあったのである。第二次松方内閣は内地で地租増徴を行おうとしていたが、その直接的な要因は台湾経営費の増大にあった（室山義正『近代日本の軍事と財政』二六三〜二六五頁）。

総督武官制の動揺

松方は自ら事態を収拾すべく、拓殖務省の廃止と総督文官制の導入に踏み切ろうとした。だが、それは川上や高島の猛反発に遭い、松方は数カ月にわたって迷走したあげく、結局、総督武官制を再確認せざるを得なくなった。天皇の信任は揺らぎ、増税に反対する与党進歩党との亀裂は深まった（『明治天皇紀』第九巻、明治三〇年九月二九日、一〇月八日、「徳大寺実則日記」一〇月九日の条など、村瀬信一『明治立憲制と内閣』二二五頁）。

拓殖務省の廃止

この間、台湾に赴任した乃木は、旧慣温存による地域社会との融和に努めるとともに、住民虐遇の厳禁を命じ、さらには、警察、憲兵、軍隊の担当範囲を地理的に分かつ、いわゆる「三段警備」制を実施に移すなど、武断的統治の修正を試みた。だが、乃木の威令は守備隊にまで及ばず、三段警備は対土匪政策をいたずらに混乱させただけであった（小林「台湾領有と日本植民政策の形成」）。問題は明らかに、高島陸相兼拓殖務相のいい加減さと薩派の制度設計の不手際にあった。明治三〇年九月、高島が権勢を振るっていた拓殖務省は、ついに廃止に追い込まれた。

ここで問題となったのが、乃木の去就である。「拓殖務省からの余計な介入がなくなるのは結構だが、果たして乃木に台湾統治の全権を委ねられるだろうか」という声が、長州閥内部からも上がってきたのである。しかしながら、山県も桂も児玉も乃木には同情的であった。彼らに言わせれば、薩派の専横こそが問題なのであって、乃木は、彼らの不手際の「尻拭い」を買って出た、いわば政治的犠牲者と目されていたからである（「野村靖日記」明治三〇年七月一八日、八月三一日）。

総督候補となる

だが、乃木に対する世論の風当たりは強まるばかりであった。薩長間の軋轢も増大していった。松方は乃木の更迭を前提に、山県、大山、西郷（従道）、川村（純義）、野津、長谷川（好道）、児玉を総督候補として上奏したが、これに対する天皇の答えは、山県は健康上不可、大山は受けまい、川村は政治向きにあらず、西郷が望ましいが、それが駄目なら、桂・児玉の内から選ぶべきだというものであった（「野村靖日記」九月三〇日、『明治天皇紀』第九巻、一〇月一八日）。

これに山県が反応した。西郷の起用は論外であるが、児玉次官は軍備拡張計画の事実上の責任者であり、今、彼に去られては陸軍軍政の混乱は目に見えている。いっそのこと高島を更迭して、桂を陸相に据えるという手もあるが、これを松方に呑ませるのは容易ではない。また、総督再任を桂は喜ぶまい。したがって、乃木の留任が望ましい。山県はそう奉答した（『明治天皇紀』第九巻、一〇月一八日）。以上の一部始終からも明らかなように、すでにこの時点で、明治天皇や山県は、児玉を山県・桂に継ぐ「長州閥陸軍ナンバー3」と見なしていたのである。

消去法の結果、乃木は当分の間留任することになった。ただし、以上の経緯は、新内閣ができ、桂が待望の陸相職に就きさえすれば、児玉の総督就任も可能となるということを示している。そして、その機会は意外に早く到来した。明治三一年一月、政党勢力との対立によって第二次松方内閣は崩壊し、第三次伊藤内閣が成立したのである。

清国視察旅行

さて、台湾問題が世上を揺るがしている最中の明治三〇年一〇月、児玉は清国への視察旅行に赴いた（一〇月一九日〜一一月二八日）。行先は威海衛とされたが、天津・上海への微行も予定されていた。この旅行の日程は、同行した陸軍省副官鵜沢総司《うざわそうじ》の日記に詳しい。主な視察先は、北京、天津、山海関、威海衛、上海などであり、上海に渡航する際には、一行は軍服を脱して乗船している。

その目的は判然としないが、北清方面の一般的兵要地誌や上海の景況を、次官自ら視察することにあったことは間違いないだろう。もっとも、児玉の弟の文太郎（当時、大阪商船長崎支店長）も同行していることや、上海では永井久一郎（郵船会社上海支店長、作家永井荷風の実父）の歓迎を受けていることなど、密命を帯びた旅行であるとするには、やや不自然な点も多い。ちなみに、後藤新平も神戸まで同船し、児玉は後藤を伴って神戸の水産博覧会を視察している。総督の最有力候補であった児玉に、清国沿岸部の状況を視察させておこうとの底意が、この出張の背景に存在していたことは確かであろう。天皇も山県も伊藤も、児玉の「外遊」はもちろん承知していた。

上海滞在中の児玉に衝撃的なニュースが報じられた。ドイツによる膠州湾の占領である（一一月一八日）。児玉は、威海衛占領軍司令官（当時、同地は賠償金支払いとの関連で、日本軍によって保障占領されていた）に情報収集を命じている。いわゆる「支那《シナ》瓜分《かぶん》」、中国分割がここに始まったのであった（以上、鵜沢家文書研究会編「明治三十年　児玉源太郎清国視察随行日記」）。

2　予の職務は台湾を治むるに在り

秀雄への訓戒

児玉が東京で多忙な日々を送っていたころ、長男の秀雄は仙台の第二高等学校で日々勉学に励んでいた。ところが、明治三〇年（一八九七）三月、二高を揺るがす大事件が起こった。ことの発端は校長の失策にあり、学生は同盟して校長の辞職を迫った。秀雄もこの運動に加わっていた。在京新聞は連日のようにこの事件を書き立てた。

「賄《まいない》征伐＊」などの学園騒動は当時頻繁に起こっており、それ自体はなんら珍しい事件ではなかった。しかし、児玉は「至急親展」扱いの書翰を送り付けて、秀雄らの集団主義的な行動を強くたしなめた。

＊当時の全寮制の諸学校では、しばしば貧弱な食事に対する学生の不満が爆発しており、彼らは校内の厨房

に勝手に立ち入って牛飲馬食するといった類の、いわゆる「賄征伐」と称する騒動を起こしていた。

児玉は言う。「何卒《なにとぞ》、個人と国家との分画を明瞭にして、これを学理に照らし、御推理相成候事《あいなりそうろうこと》こそ肝要である。校長の失策は失策として、これを糺すのは一向に構わない。ただし、「生徒同盟して同一の働作をなす如きは断じて」不可である。足下《そっか》（秀雄）はよもやそんなことはしていないとは思うが、念のため注意する次第である（明治三〇年三月一〇日付児玉秀雄宛源太郎書翰、『児玉秀雄関係文書』Ⅰ、三頁）。

児玉は、秀雄の行動の中に、次郎彦の悲劇の小さな影を見出していただけではない。彼は「賄征伐」や「寮雨」などの蛮風をかねてより苦々しく思っており、日本の中等・高等学校教育の最大の問題点は、近代国家、とりわけ立憲君主制国家のリーダーたるべき「紳士」の育成にほとんど失敗している点にあると考えていた。だからこそ、秀雄の挙措に過剰反応したのである。

秀雄は、あたかも雷に撃たれたかのように、学生同盟から瞬時に脱会した。彼は「予科生徒諸君」に宛てて、今まで行動をともにしてきたが「信の非なるを晤了」したので、「誓約の儀は断然」取り消す、との苦渋に満ちた手紙を起草している（明治三〇年三月一二日付第一高等学校予科生徒宛国分兵吉・児玉秀雄書翰、前掲『児玉秀雄関係文書』Ⅰ、四頁）。

台湾総督就任

明治三一年二月、児玉は晴れて台湾総督に就任した。この間、松方は辞職し、伊藤が第三次内閣を組閣していた。総督就任は、桂の陸相就任に伴う「玉突き人事」でもあった。

児玉は民政局長（後、民政長官）に後藤を抜擢した。正確には、伊藤・桂・児玉の総意にもとづいて、後藤は台湾経営に引っ張り出されたのである。それにしても、なぜ、後藤なのか。

当時、帝国主義と疫学とは密接不可分の関係にあった。帝国の建設に伴う人的物的交流は、さまざまな「未知のウィルス」との接触をもたらした。疫学的に安定した状態を作り出さねば、帝国の維持・運営は不可能である。しかもそれに加えて、台湾には難しい問題があった。阿片吸引の悪習である。阿片を厳禁するか、漸禁するか。どうやって、阿片患者を把握し、それをコントロールしていくか。こうした問題を効率的に処理するためには、医学的な知識が必要不可欠となる。台湾という亜熱帯地方の統治には、疫学的・医学的な知識を有する官僚が必要だったのである。

台湾総督時代の児玉
左は後藤新平民政長官。
（児玉家私家版『藤園記念画帖』より）

桂は総督府内に「衛生院」を新設して、その長官に後藤をと考えていた。桂の総督辞任によって、この構想は水泡に帰したが、以上の経緯から見れば、児玉・後藤コンビの成立はごく自然な成り行きだったといえよう（鶴見『後藤新平』第一巻、八七二〜九〇三頁）。

問題はむしろ総督府の内部にあった。陸軍である。出先に蟠居していた軍人勢力を抑えなければ、後藤はその才能を発揮することはできない。また、軍を抑えることは、土匪の再生産を止めさせるという点からも、きわめて急を要する課題であった。

就任直後の軍幹部に対する訓示の中で、児玉は開口一番「予の職務は台湾を治むるに在りて、台湾を征討するにあらず」と喝破し、一同の度肝を抜いた。さらに、児玉は「本職が此大任を全ふするには、民政局長〔後藤〕、陸海軍幕僚長の補助及び間接に各旅団長の協力に依らざるべからず」と続けて、後藤を直近の「協力者」として位置づけ、旅団長の上位に置いた（「秘　明治三十一年六月三日、幕僚参謀長及各旅団長に対する児玉総督訓示の要領」）。だが、「一介の局長」に対する軍人の反感は根強かった。

陸軍軍人の跋扈

当時の台湾守備隊には、立見尚文《たつみなおふみ》を筆頭に野戦のヴェテランが多く配属されていた。後藤と宴席で大立ち回りを演じることになる、松村務本《まつむらかねもと》（台中旅団長、白襷隊の立案者、旅順で戦病死）なども、「弾丸雨霰と降る中を潜ってきた」ことを誇っており、文官の下流に立つことを潔しとしなかった（鶴見『後藤新平』第二巻、一〇九〜一一五頁）。

なかでも立見（台湾守備隊参謀長）は別格であった。桑名藩士として戊辰戦争に出征した立見はしばしば新政府軍を破ったが、山県の盟友、時山直八《ときやまなおはち》率いる奇兵隊を撃破した越後朝日山《あさひやま》の戦いはつとに有名である。

この時のことであろうか。立見は一隊を率いて、山上で小休止していた山県の本営を急襲した。山県は油断していた。彼は腰の瓢箪から酒を汲んで舌鼓を打っており、狼狽して渓谷を転がり落ちるように逃走したあげく、気が付いたら剣の代わりに瓢箪を手に持っていた。「それでも瓢箪だけは残ったからよい」。後年、立見は山県に会うと、こう揶揄《やゆ》するのを常としていたという（鵜崎鷺城「薩の海軍、長の陸軍」、『明治文学全集』第九二巻、一四一頁）。多少の誇張はあるだろうが、いかにもと思わせる逸話である。

野戦指揮官としての立見の才能は、山県も認めるところであった。西南戦争の最終局面で西郷隆盛は岩崎谷に立て籠ったが、その攻撃を任されたのは立見であった。

陸軍軍人は紳士たるべきである——後藤の軍人殴打事件

こんな武張《ぶば》った連中が跋扈している台湾に、小姓出身で木戸系のエリート官僚だった桂が行って、果たしてよく彼らを抑えられただろうか。桂が台湾に赴任できずに終わったのは、彼のためにはかえってよかったのかもしれない。乃木も、例の軍旗事件があるから睨みは利かない。軍人の跋扈は止まなかった。

そんなところへ、あの後藤が乗り込んだのである。これは、何か起こらない方がおかしい。そして、事件は赴任三カ月後のある晩に起こった。この日、後藤は新任披露のための宴席を開いて、立見参謀長や各旅団長などの軍関係者を招いていた。詳しくは類書に譲るが、遅参した後藤に酔った松村がしつこく絡み、ついに両者は取っ組み合いの活劇を演じた。翌早朝、後藤は辞表を懐中に入れて、総督の官舎を訪問し、昨晩の一部始終を報告した。さすがの後藤も、やや臆するところがあったのである。ところが、児玉は意外にも、ただ一言「それはよかった」と述べただけだった。

その日の晩、今度は総督の招宴が官邸で開かれた。芸者も同席する「内地」式の饗応である。最初に児玉から、「どうかお心置きなく、ごゆっくり召し上がって下さい」との挨拶があった。ところが、寛いだ雰囲気に気も緩んだのだろう、「ご主人のお許しが出たから、今晩はうんと飲んで…」という言葉が、松村の口からこぼれた。

その瞬間、それまでニコニコと打ち寛いでいた児玉は突然容を改めて、「主人が挨拶したからといって、それに甘えて酔い倒れるまで飲むということは紳士の態度ではない。陸軍将校は国家の柱石である。その柱石たる軍人が、台湾の新版図において、酔い倒れるとか、文官と軋轢するとか、格闘するとかいうような行動をとることは甚だ自分は遺憾に感じる。この辺はご列席の諸君も御注意を願いたい」と一喝した（以上、鶴見『後藤新平』第二巻、一〇九〜一一五頁）。

立見は児玉より七歳年長であり、松村とも気心の知れた仲である。しかし、立見はなぜか沈黙を守った。

軍紀と無礼講

昭和戦前期までの軍人社会では、酒席で酩酊したあげく、床の間に放尿したり、果ては、二階から通行人めがけて狼藉に及ぶといった蛮行が間々行われていた。なぜ、このような不衛生で野蛮な行為が事実上許容されていたのか、それ自体興味深い問題であるが、旧制高校での寮雨の「伝統」に鑑みれば、ことは軍人社会にとどまる問題ではなく、「日本人と無礼講」全般に関わる問題なのかもしれない。

児玉は陸軍屈指の酒豪であったが、こうした悪習は根絶されるべきだと考えていた。なぜなら、酒席での度を過ごした無礼講は、軍隊内階級秩序に微妙な影響を及ぼし、いわゆる「下剋上」的傾向の培養基たり得るからである。児玉のこの懸念は、昭和期に入って的中する。

諸君は陸軍行政を分かっているのか

第二ラウンドは、台湾総督府評議会官制の改正問題をめぐって起こった。総督府評議会は総督の最高諮問機関であり、従来は多くの軍人がそのポストを占めていたが、児玉はそれを文官中心の民政機関へと改組しようとしたのである。その目的は民政局長の権威を高め、土匪の無差別的討伐を止めさせることにあった。

後藤が改正の趣旨説明を行うと、早速、立見や楠瀬幸彦《くすのせさちひこ》（台湾総督府陸軍参謀）が食ってかかった。「軍人を評議会から外すとは怪しからん、これまでの軍隊の働きを無視するつもりか」というのである。だが、児玉は厳然と言い放った。

「立見閣下の御説もあるし、楠瀬大佐の意見もあるが、一体諸君は陸軍行政というものはどんなものか知っているのか。知っているならば言ってみたまえ」。

皆、沈黙してしまった。児玉以上に、陸軍行政のなんたるかを分かっている者はいない。

「陸軍にいて、陸軍行政の分からない者が、民政のことに口を出す資格はない」。

児玉はまたしても立見らを押し切り、評議会は民政機関として再編成された（以上、鶴見『後藤新平』第二巻、一一七～一二〇頁）。それにしても、山県をも歯牙にもかけぬ素振りを見せていた立見を、児玉はなぜ抑えることができたのだろうか。

軍人社会の勢力を以て軍人を抑える

その秘密は児玉の経歴にあった。彼の赫奕《かくやく》たる武勲には、立見ですらも一目置かざるを得なかった。野戦指揮官タイプの軍人は、彼がいかなる戦場を潜り抜けてきたか、そしてどんな戦いぶりを示してきたかを重んじる。児玉のことだから、自らの武勲をことさらに誇りはしなかったであろう。だが、練達の剣士は剣尖を交わしただけで、相手の力量を知る。立見も児玉の戦歴が本物であることを、その挙措や言葉の端々から感じ取っていたのであろう。

しかも、その行政能力は立見らの遠く及ばぬところであった。児玉が台湾の陸軍を抑えられたのは、そのためであった。児玉は「非政治的」たらんとしていたが、彼の武勲それ自体が、軍人社会では強力な政治的パワーをもっていたのである。児玉は自らの「軍人社会の勢力を以て軍人を抑へ」た、といわれるゆえんである（鵜崎鷺城「薩の海軍、長の陸軍」、『明治文学全集』第九二巻、一四九頁）。

とはいえ、児玉の民政方針は台湾総督府参謀部の不満を高めた。とりわけ、薩派系の軍人はそうであった。だが、彼らを更迭する機会は間もなく到来する。

台湾総督府とフィリピン独立運動

自由民権運動が終焉を迎えた頃から、一部の壮士は朝鮮半島や中国大陸、さらにはフィリピンなどに渡って、彼の地の革命運動や騒乱に加わったり、さまざまな諜報活動や政治的謀略に関与するようになった。いわゆる「大陸浪人」の誕生である。

大陸浪人という膨張の尖端は、おもに薩摩系の非官僚ルートを通して、日本陸軍内部に逆流し、陸軍の意思決定に微妙な影響を与えるようになった。升味準之輔氏の言う「膨張の逆流」である（升味『日本政党史論』第三巻、一二六〜一二七頁）。

赴任後まもなく、児玉は米西戦争（一八九八年四月〜）への対応を迫られることとなった。当時、スペイン領であったフィリピンでは、ホセ・リサールやアギナルドらによる独立運動が盛んであり、バシー海峡を隔てて一衣帯水の関係となった日本、とりわけ台湾総督府参謀部はその動向に強い関心を寄せていた。

坂本志魯雄——立食の間にマニラ城を抜かん

坂本《さかもと》志魯雄《しろお》という男がいた。土佐出身、自由民権運動に参加したが、朝鮮へ渡って閔妃《ミンビ》暗殺事件に加わろうとして果たせなかった。その後、台湾に渡って鉄道部の嘱託となったが、彼のやりたいことは別にあった。フィリピン独立運動である。

米西戦争が起こるや、坂本はひそかにアギナルドと接触し、日本陸軍の払い下げ兵器を輸送船布引《ぬのひき》丸《まる》でフィリピンに運んで、アギナルド軍を援助しようとした（四月）。立見や明石元二郎《あかしもとじろう》（参本部員、フィリピン出張中）はすぐに了承したが、川上参謀総長はなかなか「うん」とは言わなかった。しかし、最終的には川上もそれを了承した。

ところが、肝腎の布引丸が上海沖で海難事故に会い、沈没してしまった（七月二一日）。坂本は焦った。彼は「小官に貸すに陸戦隊一大隊を以てせられよ。手に唾して立食の間にマニラ城を抜かん」との電文を立見に打電した（八月）。日本領事館を焼打ちして、日本人を殺傷し、それを口実にフィリピンに出兵すべきだというのである。

立見や楠瀬も、これにはさすがに驚いた。総督府参謀部は容易にその方針を決することができなかった。しかし、いたずらに時を費やせば、坂本のことである、何をしでかすか知れたものではない。

採決は児玉と川上に委ねられた。

結論は明快であった。「帝国の国是として南洋経営はこの際理想にして着手すべき秋《とき》にあらず」、いずれの側の戦闘行為も援助してはならない、あくまで厳正中立を守るべし。立見や坂本の「雄図」はここに水泡と帰したのである。

立見・楠瀬の更迭

坂本は、児玉赴任以前から総督府参謀部に食い込んでおり、台北の街を軍人連と高歌放吟して飲み歩いていた。マニラへの坂本の派遣には立見や楠瀬、さらには明石が深く関わっていたが、その「大元締め」は川上であった。とするならば、坂本の突出を抑えたのは児玉であると考えて間違いないだろう（以上、尾崎卓爾『弔民《ちょうみん》坂本志魯雄』六九～一〇二、三二一～四二〇頁）。

酒席での醜態をきびしく戒めた児玉の発言には、高歌放吟して天下国家を論じるという、彼らの「生活習慣」を正すことを通じて、浪人に引きずられた出先軍が国策を誤るのを事前に防ごうという周到な政治的計算があったように思われる。児玉は謀略そのものをも否定していたわけではない。ただし、それは「高歌放吟」の中からではなく、冷徹な国家意思の発動として行われなければならない。

明治三一年一〇月、立見は第八師団長（弘前）へ、楠瀬は西部都督部参謀長へそれぞれ転出させられている。児玉は後藤の驥足を十分に伸ばさしめ、かつ、坂本のような浪人連が、総督府や軍に影響力を振るうのを防ぐために、立見らを更迭して、出先陸軍を強く戒飭《かいちょく》したのである。

土匪招降策の成功

軍人勢力に一撃を加えると、児玉は後藤と連携して新しい対土匪政策を実行に移した。いわゆる「土匪招降策」（帰順政策）である。それは、土匪集団の来歴を事前によく調べて、旧「良民」に対してはその帰順を許すが、生粋の「犯罪者」や帰順を肯んじない土匪集団に対しては、警察力を主体とする「討伐」を行うというものであった。実は、乃木も同様の政策を実施したのだが、帰順資格が曖昧で、事前の内偵調査もなされなかったため、再度「匪化」する者も相当数に及んでおり、その効果はほとんど上がっていなかったのである。

外敵の殲滅を任務とする軍隊に、住民との肌理《きめ》細やかな接触・交渉を要する警察業務を代行させることには本来無理があった。また、守備隊を討伐作戦に東奔西走させることは、台湾の防衛上も好ましくない。中国分割の危機が目睫の間に迫っているというのに、守備隊をいたずらに消耗させ、しかも、その結果、良民の生命財産を不当に侵害することになっては、元も子もない。

新招降策の効果は抜群であった。明治三一年七月、宜蘭地方の「頭目」林火旺《りんかおう》の帰順を皮切りに、陳秋菊《ちんしゅうぎく》などの大物指導者も続々と投降してきた。もっとも、全ての土匪が投降したわけではない。帰順を潔しとしなかった土匪に対しては、児玉は徹底的な討伐をあえて行っている。明治三四年一二月に開始され、翌年五月に終わった台湾南部地方における「土匪大討滅」がそれである。ただし、実際に討伐を加えるに際しては、それ以前に投降した土匪から詳細な聞き取り調査を行って、一種の政治的戸籍を作成しており、無差別的な殺戮は回避されたという。

とはいえ、対土匪政策が血腥《ちなまぐさ》いものであったことに変わりはない。明治三〇年から三四年までの間に、総督府が捕縛した土匪は八〇三〇人、うち殺戮した者三四七三人、明治三五年の大討伐において、死刑を執行された者五三九人、投降式のトラブルなどで、「臨機処分に附して殺戮」した者は四〇四三人に及んだ。

一方、土匪による良民（一般の台湾人）への加害も甚だしかった。同一期間における加害件数は八九〇三件、殺害された者二四五九人、金銭目的による人質件数は四六五三人、土匪のために「人民」が失った財産は一〇三万円余に及んでいる（以上、鶴見『後藤新平』第二巻、一四九頁）。

台湾経営の展開

対土匪政策が順調に進展し、地方の治安が回復すると、総督府の行政事務も軌道に乗り始める。総督府による土地調査＝収税台帳作成が実行に移されるようになり、税収も徐々に増える。税収増が見込まれるということは、それを将来的な償還財源とする公債発行が可能となり、大規模社会資本整備が現実的な政治日程に上ってくるということを意味する。

こうして成立したのが、「台湾事業公債法」である（明治三二年三月）。それは総額三五〇〇万円の事業公債を発行して、台湾縦貫鉄道（基隆《キールン》～打狗《タカオ》、後の高雄《たかお》）や基隆築港、さらには土地整理・水道事業などの整備財源に充てるというもので、台湾の社会資本整備の画期をなす重要な法律である。ちなみに、こうした大規模土木事業は、投降して良民に帰った、元「土匪」の人々に対する格好の就業支援となった。いかにも児玉らしい「突飛新式」のやり方である。

ちなみに、この時の鉄道敷設ルートであるが、児玉は必ずしも内陸ルートにはこだわっていない。海岸線ぎりぎりというわけでもないが、台湾西海岸の沃野を貫通するルートが採られている。児玉の行政家への変貌は、こんなところにも顔を覗かせていたのである（以上、小林『日本の大陸政策』八〇～九六頁）。

社会資本がいくら整備されても、台湾独自の基幹産業が創出されなければ十分ではない。鉄道・港湾・水道などの社会資本整備は、民生の安定に資すると同時に、基幹産業育成の前提条件を創り出すことでもある。児玉と後藤は台湾の糖業に注目した。問題は、在来の「粗笨《そほん》な」糖業をいかにして「近代化」するかであった（石井満『新渡戸稲造伝』二〇〇頁）。後藤は盛岡出身の農学者で、長年欧米に留学していた新渡戸稲造を総督府技師に抜擢した（明治三四年二月、のち糖務局長）。

われわれの望むところは理想論である

渡台した新渡戸は、まず、台湾全土を十分視察してから意見書を提出しようと考えていた。ところが、児玉と後藤からは、すぐに意見書を提出すべしと矢のような催促である。怪訝《けげん》に思った新渡戸が問い質すと、思いも寄らぬ答えが返ってきた。

「実際的のことなら、われわれの方がよく知っているから、別に君の意見を煩わす必要はない。われわれの望むところは、君が海外にあって進んだ文化を見て、その眼のまだ肥えている中に、理想的議論を聴きたいのであって、台湾の実情を視察すればするごとに眼が瘦せて来る。人はこれを実際論というが知らぬが、われわれの望むところは君の理想論である」

官僚組織の中では、専門家の育成は軽視されがちである。組織人としての同調性や、ジェネラリストとしての「広い知識」は重視されても、ややもすれば専門的知識は「空理空論」と貶《おと》しめられ、理想なき「実際論」がまかり通りがちである。それどころか、素人同然の「自称専門家」すらも、往々にして跳梁跋扈する有様である。

新渡戸はこの一言に深い感銘を受けた。「実際のことは自分がやり、高き理想を学徒に望むという考えは、取りも直さず学理の応用と称すべきものであって、これの出来る人は、日本の役人社会には稀有なる現象である」。いやそれどころか、軍人の中でこんなことを言ったのは、まず、児玉源太郎だけだろう。この理想主義があったればこそ、彼の実行主義は尊いのである。新渡戸はそう述べている（新渡戸「児玉伯の思ひ出」、『新渡戸稲造全集』第五巻、五六六～五六九頁）。

児玉は後藤とともに、台湾の産業発展に尽力した。それは糖業だけではなく、台湾米や烏龍茶などの改良事業にも及んだ。なお、例の阿片問題であるが、公認された「癮者《いんじゃ》」（阿片患者）にのみ、総督府が阿片を専売する、いわゆる「漸禁主義」が採用された。厳禁主義では癮者は地下に潜り、阿片の密造や密輸は跡を絶たないだろう。児玉らの漸禁主義は、阿片患者の漸減（明治三三年一六万九〇六四人→昭和四年二万六二七三人）として実を結んだ。内地への悪習の浸透も、未然に食い止められた。もっとも、誤算もあった。専売収入はすべて「衛生費」に充当されるはずであったが、実際には、台湾の「財政独立」（本国からの補充金の撤廃）を要求する国内世論の前に、それはついに実現しなかったのである。

政事海より超脱すべし

さて、児玉が警察に対土匪政策を担わせたことは先に述べたが、それは警察官による地方官吏の兼官とパラレルであった。そして、台湾土着の保甲制度を復活・再編させ、これに末端行政事務を分担させたこともあって、従来の地方制度＝六県三庁制は三県四庁に簡素化され、それに伴って、総督府の冗官も大いに淘汰された。なんと、合計一〇八〇人もの官吏が罷免されたのである。

児玉の大胆な行政整理は、その発端から総督府内外に大きな波紋を呼んだ。台湾の邦字新聞には、児玉を非難する声が一斉に上がった。後藤は新聞買収でこれに応じようとした。ところが児玉は、それは「政治家の為すところに属す」るとして、新聞政略を断乎として斥けた。秀雄宛の書翰の中で、彼は次のように述べている。

自分はなるべく「政事海より超脱し」、台湾での諸事業を成功に導く存念である。もちろん、これからは時に政治の矢面に立ち、自ら運動しなければならないかもしれない。しかし、事業が軌道に乗るまでは、「批難攻撃はただ柳に（風と）受け流し、他日大舞台に於ての運動を自在」に行うための余地を残したいと思っている。

「大隈、板垣等の失敗」の根本的原因は、彼らが自らの活動の舞台を「政事」という、狭小なステージに限定したことにある。ところが、「若手政事家もこの点に心付かず、無目的に躍起に」なっており、「在京中の青年者にて己《おのれ》の党派を喜び居候者《おりそうろうもの》」も少なくない。だが、「是《これ》は自ら、自らを束縛致すもの」であり、この辺はくれぐれもご注意されたい（明治三一年一二月一六日付、『児玉秀雄関係文書』I、五〜六頁）。第一次大隈内閣は日本初の政党内閣（憲政党）であったが、旧自由党系と進歩党系の権力闘争によって、議会開会以前に自壊してしまった（明治三一年一〇月）。児玉はこのことを指していたのである。

我が断案所信を貫くべし

ここには、政治の魔力を熟知しているがゆえに、それとは一線を画そうとしていた児玉の姿がよく表れている。世界が大きく開けているのに、なぜ、自らの可能性を封印して、一党一派の狭い価値観にとらわれねばならないのか。青年が政治化することを厭う姿勢には、かつてのロシア訪問時と全く変わりはない。

ところがその一方で、児玉はこうも書き記している。「已《すで》に自分を以て総督たらしむる間は、我が断案所信を貫くことは無論にして、他人の論談は単に高見の見物同様の事に可有之候《これあるべくそうろう》」(秀雄宛前掲書翰)。児玉はひそかに、自分の決意のほどを秀雄に打ち明けていたのである。

「評論家は『だと思います』『であるべきであります』『こうなると思います』という。しかし、政治家は違う。『こうであります』『こうなります』と、決意を断定して言うのが、政治家の言葉なんだ」(塩川正十郎「岸信介『決意を断言するのが政治家である』」)。とするならば、児玉はすでに内面的には、政治家(官僚政治家)への第一歩を踏み出していたと言わねばならない。

3 「対岸経営」の蹉跌——厦門《アモイ》事件

児玉と対岸経営

こうして、台湾経営がようやく軌道に乗ろうとしていた、その折も折、義和団による外国人排斥運動が山東半島で勃発した。それは燎原の火のように、天津から北京へと広がり、西太后《せいたいごう》が実権を握る清国政府は、日本をも含む列強八カ国に宣戦を布告(六月二一日)、外国勢力を一気に中国から追い出そうとした。いわゆる北清事変（義和団戦争）である。

時の第二次山県内閣は、列強からの再三にわたる出兵要請を待って北京に出兵するという、きわめて慎重な政策を採った。明治三三年（一九〇〇）八月一四日、義和団に包囲されていた北京の列強公使館は、日本軍をはじめとする連合軍によって救援された。巧みな出兵外交によって、日本は国際社会での地位を大いに高めた。

台湾では児玉が、事態の進行を固唾を呑んで見守っていた。もともと、児玉の関心は朝鮮—満州よりも、沖縄—台湾にあったが、台湾領有によって、児玉はその視線を台湾対岸の福建省にまで伸ばすようになっていたのである。

台湾と福建省との間には、人的交流（漢族系移民の多くは福建出身）以外にも、烏龍茶取引などの活発な物流が存在していたが、児玉らは、列強による中国分割に備えるためにも、日本はこの両岸関係を利用して、福建省沿岸部に勢力範囲を拡大しておくべきだと考えていた。なかでも、その注目を惹いたのが、良港を擁する厦門《アモイ》の存在であった。

児玉は言う、厦門に潜在的勢力を扶植すれば、「我が帝国は、恰も彼の英国が「スウェス」地峡に於けると同様の勢力を、東洋に専有するを得るも決して難事」ではないだろう（児玉「台湾統治の既往及将来に関する覚書」明治三一年）。そして、児玉の命を受けた後藤は、この年の四月、すでに福建省に微行して、当地の有力者と親交を深めていたのである。

当時、ロシアの満州出兵に呼応して、日本も従来の勢力均衡策をかなぐり捨てて、韓国全土を勢力範囲に組み込むべきであるとの議論が朝野で唱えられつつあった。いわゆる「満韓不可分＝交換論」*である。

＊角田順氏以来、この時期の日本の対露交渉枠組みは、児玉ら少壮グループが主張した満韓不可分論＝主戦論と、伊藤・山県ら元老集団が唱えた満韓交換論＝避戦論（伊藤・山県ら元老集団）の対立・相克、前者による後者の圧倒として長らく理解されてきたが（角田『満州問題と国防方針』）、こうした二分法自体に無理があることは、拙著『日本の大陸政策』七〇頁ですでに指摘しておいた。

だが、それは第二次山県内閣の採るところではなかった。山県は、韓国問題の解決は他日に譲り、まずは、福建省方面への進出策を講ずべきであると考えていた（八月二〇日付山県「北清事変善後策」）。山県に言わせれば、三国干渉以来、「北守南進」は日本の国是となっており、現に第三次伊藤内閣は、福建省不割譲に関する交換公文を清国との間に取り交わしていたのである（明治三一年四月）。

この頃、事変の終局を見込んで、ロシアは満州に、英国は上海にそれぞれ出兵していたが、こうした状況の中で、陸海軍はもとより、外務省・政党関係者などからも、福建・浙江方面に好機を捉えて進出すべきだとの意見が、相当活発に唱えられ始めていた。そして沸騰した国論を背景に、児玉は対岸への実力行使を模索し始める（小林『日本の大陸政策』三〇〜三三頁）。

厦門事件

児玉と後藤は、台湾銀行厦門支店の保護を口実に同地に出兵する計画を練っており（「後藤新平日記」七月一日）、児玉は寺内参謀次長と密接に連携して、南清出兵計画を進めていたのである（八月八

日・同一六日・同一七日付寺内宛児玉書翰）。

焦慮する児玉

八月一〇日、閣議は「居留民保護」を名目に、必要とあらば厦門に出兵するとの決定を行った。同日、青木周蔵外相は児玉に宛てて、「厦門又は福州に於て都合能く排外暴動を起さしむる工夫ありや」との電文を打った。一四日には、山本権兵衛海相から厦門停泊中の軍艦「和泉」艦長に対して、同方面で不穏な状況が起こるか、または「他に乗ずべきの機会」があれば、現地領事（上野専一）と協議の上、若干の水兵（隊戦隊）を上陸させることに努め、「躊躇機会を逸せざることに注意すべし」との内訓（二一一号）も発令された。この電報は総督府にも転送されたが、それを見た児玉は台湾からの出兵（陸軍）準備を俄然加速させた。

児玉は焦っていた。彼は寺内に宛てて「此度は拙者にお鉢の廻り候様、御尽力願上げ奉り候。…最早一日も早く厦門だけなりとも占領」したいものであると述べ（八月一六日付寺内宛児玉書翰）、上野領事が慎重に過ぎ、出兵のチャンスを逃していると嘆いていた。

こうなったら、総督府自ら「他に乗ずべきの機会」を作り出すしかない。児玉は後藤を介して、在厦門東本願寺布教所の高松誓なる人物に、六〇〇〇円もの軍資金を秘密裏に手交している（『後藤新平日記』八月一八日）。高松は謎の多い人物である。孫文との交流も噂されていたが、真偽のほどは定かではない（明治三三年一一月三〇日付加藤高明外相宛在厦門上野領事電報）。

訓令の不備

だが、政府と総督府の間には微妙な温度差が存在した。

山県の意見書「北清事変善後策」はたしかに、今や「福建浙江の要地を占む」べき時機が到来したとの判断を示していたが、それを実現する手立て（武力行使の是非など）については一切触れていなかった。八月二一日、山県内閣は「福州辺に海軍より軍艦を出すに付、様子により台湾より一大隊の兵を出すこと」について、あらかじめ天皇の承認を得ておく旨を閣議決定した。翌二二日、参内した大山参謀総長は「台湾より模様により出兵のこと」を奏上し、天皇の裁可を得た（「大山巌日記」）。二三日、桂陸相は児玉に対して、「和泉」の艦長から請求あらば、速やかに所定の兵力を「適宜厦門に派遣し、海軍と協力して其《その》目的を達せしむる様、予め準備し置くべし」との奉勅命令を伝宣した。

斎藤聖二氏も指摘しているように、この奉勅命令は児玉に出兵の全権を与えたものではない。出兵要請に関する権限は和泉の艦長が握っており、児玉はそれに応じるしかなかったのである。しかも、一連の決定には、「様子により」等々の条件が付けられており、奉勅命令も陸兵（陸軍部隊）派遣命令そのものではなかった。政府ならびに軍中央は、列強の動向を見計らいながら、慎重にことを進めようとしていたのである。

だが、逸る児玉は奉勅命令を「ゴーサイン」だと受け止めた。山県や桂の出先に対する配慮は不十分であった。訓令や命令の文面は曖昧であり、台湾からの陸兵派兵について具体的かつ明確な条件は示されていなかった。児玉が政府の意図を誤解したとしても不思議ではなかった（以上、斎藤『北清事変と日本軍』二四三〜二四四頁）。

陸戦隊上陸

八月二四日未明、東本願寺布教所に怪火が起こった。領事はこれを排外的暴徒の仕業だと断定し、早速陸戦隊の出動を要請、軍艦「和泉」と「高千穂」から陸戦隊が上陸した。現在では、この火事が高松の自作自演であったことは明らかになっている。六〇〇円もの潤沢な軍資金を提供されながら、とどの詰まりが「物置小屋」と五十歩百歩の布教所への放火とはあまりにお粗末である。焦慮の末の暴挙としか言いようがない。火は中国側によってすぐに消し止められた。治安の乱れもなく、現地道台の意向を汲んで、上野領事は市街地への陸戦隊の派遣を差し控えた。「領事艦長ともに余り大事を取り過ぎ」ている。落胆した児玉は、寺内にそう繰り返した（八月二五日付寺内宛児玉書翰）。

この時の児玉と満州事変時の石原莞爾との最大の相違点は、石原が国家意思の発動を待たずに独断専行したのに対して、児玉は正規の訓令や奉勅命令を受けて動いているということである。もちろん、そこには意思疎通の不十分さから生じた誤解もあった。だが、それはあくまで誤解であって、児玉ら出先が山県ら中央を瞞着して、自分たちの企図を押し通そうとしたわけではない。厦門事件は、関東軍の独走の「小さな雛型」などではないのである。

陸兵派遣に踏み切る

八月二五日、「和泉」「高千穂」両艦長は市街地への陸戦隊派遣に踏み切った。当然、清国側も対抗的に警備を強化し、現地の緊張は急速に高まっていった。自ら現地で指揮をとるべく、台湾北部の淡水《たんすい》に赴いていた後藤は、上野に対して速やかに陸兵派遣を総督に求めるよう打電している（二七日早朝）。児玉は後藤を通じて、領事や艦長をなんとか動かそうとしていたのである。

だが、後藤からの来電以前に、彼らは連名で陸兵派遣を児玉に要請していた（陸海両相にも転電）。二八日午前、陸兵の第一陣、二中隊を搭載した軍用船が基隆から出航した。厦門では、後藤らが作戦開始を三一日午前五時と定め、諸般の準備を進めていた。児玉は期待に胸を躍らせていた。桂陸相宛の電報の中で、彼は「訓令に由り緩急に応ず」と述べ、さらなる命令を待ち受けていた（以上、斎藤『北清事変と日本軍』二五〇～二五五頁）。矢は弦を離れようとしていたのである。

出兵差し止めと勅使による慰撫

ところが、事態は一変する。政府は児玉ら出先の反応に狼狽・動揺し、急遽出兵差し止めを訓令したのである（二八日夕刻）。

元老筆頭の伊藤は、そもそも積極策それ自体に反対であったし、山県をはじめとする政府首脳も、南方で今すぐことを起こすつもりはなかった。児玉は憤慨し、切歯扼腕した。電報を握って身じろぎもせず、しばらく考えに沈んでいたが、やがて、その頰を一条の涙が流れ落ちた。総督秘書官の横沢二郎は、当時の児玉の様子をそう回想している。

彼は政府に対して、転地療養か辞職を認めるよう打電した（三〇日）。そして、すぐさま後藤に上京を命じ、自らの意志のあるところを政府要路に説明させると同時に、事件の一部始終の調査・糾明に当たらせた。これには、さすがの山県も参った。彼は、児玉にはなんらの責任もなく、辞任はおろか、転地療養の必要もないと繰り返した。もっとも、山県に再挙の意志はなかった。

結局、事態を収拾したのは明治天皇だった。天皇は後藤を宮中に呼び、侍従を通さないで、直々に沙汰を下した。これは異例の待遇である。天皇は、病気職に堪えずというのなら、在職のまま静養すればよい、台湾の地は大変重要であるから、「其職に留まり朕が意を安んぜよ」との意向を述べ、さらに、勅使を台湾に派遣して児玉を慰撫した。児玉は恐懼して、その地位に留まった。

中央と出先の権限をどう規定するか

事件の一部始終から、児玉は大きな教訓を得た。それは、出先機関にあらかじめ相当の自由裁量権を与えておくべきだということである。

海底電線の整備によって、台北―東京間は約三〜八時間で通信可能となっていた。現地情報は入手しやすくなったが、その反面、出先への東京の中途半端な介入も可能となった。

児玉に言わせれば、厦門事件が「事件」になってしまったのは、東京が出先に十分な権限を付与せず、曖昧な対応に終始したためである。このような失態を防ぐためには、双方の十分な意思疎通を図らねばならないが、そのためのもっとも効果的な措置は、総督府の強力な出先機関を東京に置くことである。

こうして、児玉は拓殖務省を復活させ、台湾総督に拓殖務大臣を兼任させるべきだと主張するようになる。ただし、この児玉案が実現するためには、一、民政長官に台湾経営の実権を任せられること（民政長官に人を得ることができるか否か）、二、政党内閣主義を原理的に否認し続けることが可能であること（もしくは、政権担当可能な責任政党の樹立）、三、そもそも、出先と中央との間に大きな国策構想上の乖離がなく、相互的信頼関係が成り立っていること、という三つの条件がクリアされねばならない。

「一」は、総督兼大臣が東京にいても、台湾では民政長官による統治が行われねばならないということである。つまり、実質的な文官統治体制の構築である。後藤がいるから、これは当面のところ問題ない。

「二」は、政党勢力による台湾経営の壟断を防ぐためにも、ぜひとも実現されねばならないが、政党内閣主義の原理的否認という防波堤は、すでに第一次大隈内閣の成立によって崩れてしまっている。とするならば、残された道は政党改良しかない。だが、伊藤による新党結成（明治三三年九月、立憲政友会）は、必ずしも当初の伊藤の期待通りのものとはならず、やがて伊藤は枢密院議長に祭り上げられて、政友会を去ってしまった。となると、「三」もきわめて怪しくなる。

結局、児玉は拓殖務省の再設置を断念した。だが、この時封印された問題意識と山県のリーダーシップに対する不信感は、その後も児玉の胸底に蟠《わだかま》っていた。そしてそれは、日露開戦後に「陸軍大総督府」設置構想として表出し、旅順攻略作戦にも大きな影響を及ぼすことになる。

児玉と孫文

ところで、厦門事件の背景には、孫文をはじめとする中国革命勢力の動きがあった。義和団事変が起こるや、孫文は、清朝が列強の信頼を失ったこの機に乗じて、南清方面で挙兵して革命政府を樹立しようと考えた。彼は宮崎滔天《みやざきとうてん》、犬養毅《いぬかいつよし》、頭山満《とうやまみつる》といった日本の対外硬派と気脈を通じるとともに、フィリピン独立運動とも連携して、ことを起こそうとしていた。八月二二日、孫文は横浜から上海へと向かった。

伊藤や山県、とくに伊藤はこうした「暴挙」には反対であった。彼らは孫文を信用していなかったし、革命がそう簡単に成るとも思わなかった。孫文らの挙兵に万一康有為《こうゆうい》でも呼応しようものなら（まず、あり得ないだろうが）、清国はほとんど無政府状態に陥り、挙句の果てには帝国の解体、列強による中国の領土的分割という最悪の事態に立ち至るであろう。

それではこの間、児玉はどう動いていただろうか。

七月下旬、福建方面での対応策を練るために上京していた後藤は、中村弥六から孫文の話を聴取している（七月二八日）。中村は孫文から武器の買い付けを依頼されていた人物で、その彼がこのタイミングで後藤と会っていたということは、その後の厦門での事態の進行となんらかの関連があると見るべきだろう。革命派に足らないのは、軍資金と武器であった。八月二七日、孫文は長崎を出航したが、この時はすぐに日本に戻って（九月三日）、天下の形勢をしばらく観望することにした。この間、厦門事件が勃発したことは先に触れた通りである。

恵州起義の裏側

その後、孫文は台湾に渡って、そこから南清方面の武装蜂起を指揮する決意を固めた。一説によれば、この時、「孫逸仙等事を挙ぐるや、台湾より日本兵を厦門の南方…へ上陸せしむる」計画があったというが、その真相は判然としない（明治三三年一〇月日付不詳在厦門土井中尉報告「孫逸仙一派の日本人」）。

外務省に残された記録によれば、孫文に対する児玉の対応は非常に微妙であった。児玉は孫文の台湾上陸を認めており（九月二八日、基隆着）、後藤も孫文と面会している（一〇月四日、添田寿一台湾銀行総裁同行）。ただし、児玉・孫会談がセットされたかどうかは不明である。総督府は東京の意向に神経を尖らせており、内務省からは「孫逸仙の陰謀は之を妨遏《ぼうあつ》する」との方針が明示されていた（九月二九日付後藤民政長官宛内務省総務長官電報）。孫文の反英的姿勢を英国香港政庁は不快に感じており、その退去を総督府に求めていた。だが、児玉は孫文の「渡支」を偽装して、彼を台北に匿っている。「孫逸仙は台湾に於て、台湾総督府の南清に対する経略を未だ思ひ止まらざる旨を伝聞し、大いに喜び、広東省潮洲及び恵州の間に於て事を挙ぐることに決定した」。当時の一外交情報はそうした内情を伝えているが、これを一概にデマの類として葬り去ることはできない（明治三三年一〇月一六日付青木外相宛在厦門領事豊島捨松電報）。

南清への再出兵を期す

一〇月六日、鄭子良率いる革命派は恵州で武装蜂起した。これと相前後して、高松らは漳州に布教所を開いて、そこで騒ぎを起こそうとしたが、今度は未発に終わった。もちろん、児玉は恵州での出来事を注視していたに違いない。もっとも、政府の意向を無視して、独断専行する意思は毛頭なかった。恵州起義も間もなく失敗に終わった。

この間、日本では第四次伊藤内閣が成立していたが（一〇月一九日、外相加藤高明）、孫文は、大隈ならともかく、「小胆な」伊藤に多くを期待することはできないと嘯《うそぶ》いていた。彼は一一月一〇日に台湾を退去するが（一五日、神戸着）、その背景には、こうした日本国内の事情もあったのである。

とはいえ、児玉は対岸経営を諦めたわけではなかった。彼は寺内宛の書翰の中で、清国処分には五、六年はかかるだろうし、その間、南清方面をも含む、清国への再出兵のチャンスも必ず生じるだろう、中央でも台湾・南清方面の実況を直に見聞してほしいと述べ、寺内の渡台を促している（明治三三年一〇月二四日付寺内宛児玉書翰)。

私たちは、北清事変に伴うロシアの満州占領から「日露戦争への道」が必然化したと考えがちである。だが、それは歴史の後知恵と言うべきであろう。同時代人の児玉の眼に映じた「未来」は異なっていた。彼はロシアとの戦争は予期しておらず、むしろ、北清事変類似の事態が再演されることを予想して、その時こそ日本は南清に出兵すべきだと考えていたのである。

4　「プロフェッショナルな軍隊」をめざす

権謀術数を嫌う

政治と権力闘争とは一体不可分であり、権力闘争に権謀術数は付きものである。「同胞相食む」国内政治レベルでは、児玉は権謀術数を嫌った。次官時代の議会答弁では、水際立った答弁で議場を圧倒することもあったが、いったん議論が紛糾すると一転して対決的な姿勢を露わにした。台湾総督時代には、政党政治家との厄介な折衝はなるべく後藤に任せた。彼は、政治による国民の分断をなによりも忌わしく思っており、「嵌《は》められた」側に遺恨を残しやすい、権謀術数主義は苦手であった。児玉は政治的には正攻法を、すなわち正面突破を好んでいたのである。

「明治十七、八年頃から、陸軍に二つの星が輝き出した。それが川上、桂であり、もしくは桂、川上であった」(徳富猪一郎『蘇翁夢物語』一〇〇頁)。二人は、桂は陸軍省(軍事行政)、川上は参謀本部

（作戦用兵、情報収集）という棲み分けを行い、ある時は互いに利用し、またある時には利用され、虚々実々の駆け引きを行いながら明治陸軍を支えていた。

彼らはともに権謀術数を厭わなかった。蘇峰は、桂は「謀略家」、川上は「権謀家」であるとの評を引きながら、「両人とも難を排し、紛を解く、所謂る四角のものを丸くして通す腕前に至っては、殆ど甲乙はなかった」と評している（『蘇翁夢物語』一一五頁）。

桂についてはこんな逸話が残っている。周知のように、彼は板垣と星亨に接近して憲政党内閣を破壊したが、この時、理想家肌の板垣は桂の人心収攬術にまんまとひっかかった。桂に惚れ込んだ板垣は、自由派の領袖に「桂の意中」なるものを伝え、将来は桂をして自由党を「総理」せしめてはどうか、とまで提案したという。板垣によれば、「桂公は当然自由党総理たるべき人」だったのである（『読売新聞』大正二年一〇月一一日）。話を聞いた憲政党幹部の星や松田正久は、びっくり仰天したことだろう。こうした政党操縦術は桂独特のもので、正面突破主義の児玉にはない政治的才能であった。

「文明」による社会統合

しかし、対外的な問題に対しては、児玉は政治的策謀をあえて用いることも辞さなかった。台湾での「土匪」招降策や厦門事件などはその好例であろう。「同胞相食む」のは忌避するが、敵—味方関係においては謀略をも駆使する。そこには、戦略家としての児玉の一面がよく現われている。

土匪が帰順して「良民」になれば、児玉は「一視同仁」主義でこれに応じ、英国のインド支配に典型的な、「分断して統治せよ」式の統治は行わなかった。社会の分断は児玉の忌むところである。「夷を以て夷を制す」式の異民族統治をとらなかったのもそのためだった。明石元二郎が唱えたように、「土民兵」を採用して土匪の討伐に当たらせれば、たしかに日本側の損害は減るであろう。しかし、それでは台湾社会に大きな傷跡を残してしまうのである。藩論が二分され、その中で政治的に翻弄された若き日の苦い経験は、児玉の政治的生涯にも強く影を落としていたのである。

児玉の台湾統治は、台湾社会の分断よりも統合を強く志向していた。台湾縦貫鉄道の建設はその最たるものである。鉄道の力によって、従来バラバラであった人と人、地方と地方を結び付け、新たな経済力を喚起すると同時に相互依存関係を促進する。そうすれば、地域的割拠主義の「鬼子」であった土匪の社会的存立基盤も崩れるだろう。

児玉はまた、「文明化」、とりわけ、衛生設備（水道、病院）の整備による「瘴癘《しょうれい》」（悪疫）の克服をも重視していた。日本が西洋文明に光被したように、台湾もその恩恵を蒙らねばならない。文明の力によって、人々の生活は改善されねばならない。彼も、西洋の「物質文明」は高く評価していたのである。

電光のごとき鋭さ

台湾時代は、児玉がエネルギーにもっとも満ち溢れていた時代であった。側近の新渡戸稲造は、当時の児玉の印象を次のように語っている。

「…頭の宜しいことを言うたならば、寧《むし》ろ児玉さんの方が〔後藤よりも〕ずっと上だと思う。例えば技術の点のことでも、港湾の修築のことでも、或いは私の殊に与かっておった殖産のことでも、台湾の製糖のことなどでも、…そう云うような技術的な話をしても、まあ、児玉さんに話をすれば十分で分かることならば、後藤さんは矢張り二十分位は掛ったようである。…〔後藤は〕児玉さんに比べれば、矢張り頭の分かり程度、理解の程度においては、大分下っておるのでありましょう。児玉と云う人はその点は偉いものだ。まるで電光のようにピカピカする鋭さを呈していて、身体全体が花火でもあるかの如くピカピカしておって、彼の話ならどんな話でも…ピリピリとその理由を述べ出したら、その整然としていること驚く程であった」（鶴見『後藤新平』第二巻、四九頁）

新渡戸の談話は『後藤新平伝』編纂時のものである。編者は後藤の女婿の鶴見祐輔《つるみゆうすけ》。その意向を慮って、後藤のことを褒めてもおかしくはない。だが、新渡戸はあえて両者を比較して、児玉に軍配を上げているのである。児玉の頭脳の鋭利さ、俊敏さを窺うにたるエピソードである。

もっとも、ここで新渡戸が例示しているのは、いずれもパッシブな理解力に関わる事柄である。後藤の強みはその創造的な構想力にあった。児玉は後藤のそういった資質をよく見きわめて、自らの資質を補っていたといえよう。

総督としての児玉は実に厳格そのものであった。官邸にいる時は必ず勲章を佩用《はいよう》して、厳然として台湾人に接していた。だが休日になると、粗末な着流しに藁草履などを履いて、農民を相手に路傍に打ち解けた話をするといった風であった（尾崎秀眞談、『後藤新平』第二巻、四五頁）。公私の峻別といい、私人としての屈託のなさといい、そこには伊藤博文と同様の人間像が垣間見える。伊藤と児玉とは、人間的にもいわゆる「馬が合った」ようである。

陸相就任

明治三三年（一九〇〇）一二月、桂陸相の後任として、児玉は第四次伊藤内閣に入閣した。北清事変が一段落を告げ、伊藤が憲政党を中心に新政党、立憲政友会を発足させたタイミングを見計らって、山県は闕下《けっか》に辞表を奉呈し、組閣の大命は急遽伊藤に降下した（一〇月）。彼は、伊藤による政党組織に違和感を覚えており、あえてこのような挙に出たのである。

この内閣は、陸海外三相以外はすべて政友会員からなっており、形式的には政党内閣であった。桂が陸相を辞めたのは、健康問題もさることながら、山県と伊藤の板挟みになることを好まなかったからである。それではなぜ、児玉は陸相就任という火中の栗を拾ったのか。

まず、第一に挙げられるのは、伊藤と児玉との関係が良好だったということである。児玉は政党内閣論者ではなかったが、元老伊藤による政友会の創立には、対外的危機に対処するための挙国一致体制の構築という観点から、好意的な態度を示していた。

第二の理由は厦門事件の教訓である。台湾総督である自分が陸相を兼ねれば、内閣と出先の意思疎通は円滑になり、二度と「二階に上げられて梯子を外される」ようなことはないだろう。ちなみに、歴代の台湾・朝鮮総督で大臣を兼任したのは、この時の児玉ただ一人だけである。

第三の理由は、桂との良好な人間関係である。陸軍軍政は、このコンビによって実務的な運営がなされてきた。桂の後を継げるのは自分しかいない。児玉はそう自負していたのである。

だが、伊藤内閣は意外なところから瓦解した。明治三四年度予算の編成に当たって、公債支弁事業の一括中止を蔵相の渡辺国武が強硬に主張し、その収拾に失敗したことが命取りになったのである。翌明治三四年五月二日、伊藤は辞表を奉呈した。

桂太郎擁立に奔走

児玉は、伊藤の政権投げ出しに落胆した。二週間にわたって、元老の小田原評定は続き、後継首班は容易に決まらなかった。結局、大命は井上馨に降下したが、この間の政治空白は、元老の政治的調整能力の低下を人々に強く印象づけた。井上の懸命な努力にも関わらず、沈没しそうな船に進んで乗り込もうとする者はいなかった。組閣工作は難航した。

当時の日本は、外は「中国分割」の危機に臨み、内は政党勢力の台頭による政治情勢の不安定化に直面するという、内憂外患の渦中にあった。日清戦争直後の熱狂はとうの昔に醒め、人々は誰しも日本の前途に不安を抱いていた。「新しい世代による新しい政治」が待ち望まれていたのである。

実は、台湾事業公債の発行をめぐって、児玉は渡辺と鋭く対立しており、彼は総督辞任をも覚悟していた(「翠雨荘日記」同年五月二日)。そして、腹心の杉山茂丸を秘密裏にアメリカへ派遣して、直接、アメリカ資本を台湾へ導入しようとしていた。果たして、井上はそれを諒とするだろうか。

児玉は井上の政治力に一抹の不安を抱いていた。彼は井上の組閣のために動いてはいたが、本音は「桂首班」にあった。彼はそれを実現すべく、まず最初に桂本人を口説いた。さすがの桂も、山県系官僚閥と伊藤・政友会の板挟みになることを懸念し、自らの出馬には慎重な態度を示していたからである。

「政治家児玉源太郎」の誕生

杉山によれば、児玉は元老の頼りにならぬこと、ロシアとの一戦という未曾有の国難が迫っていることを諄々と説き、最後には二人とも涕泣しながら、「陛下の御馬前」で討死にすることを決意したという（杉山『俗戦国策』三二六〜三三〇頁）。だが、この話は出来過ぎている。山県の意を受けた形で、児玉が桂に「蹶起」を促したことは事実であるが（「翠雨荘日記」五月二三日）、すでにこの時点で、二人が対露開戦の決意を固めていたという事実はない。

桂の心中には、ある変化が見られた。組閣工作の難航を見ている内に、欝勃たる野心を抑えきれなくなってきたのである。井上は桂を陸相に据えて、児玉を総督に専従させようとしたが、桂は、陸相には自分と一心同体の児玉が適任であると主張して、この話を潰した。一方、児玉は児玉で、組閣が無理なら後進の桂に道を譲るべきである、と井上に強く迫ると同時に、桂と密会してその決断を促している（「翠雨荘日記」同年五月一七日・二二日・二三日）。

八方塞り状態に陥った井上は組閣を断念し、大命は桂に再降下した。児玉と桂の連携プレイは、見事に効を奏したのである。陸相には児玉が留任した。第一次桂内閣の成立経緯は、桂・児玉といった新世代の台頭を如実に示していた。児玉は後継首班の選定にも、一定の影響力を振るうようになったのである。「政治家児玉源太郎」が、ここに呱々《ここ》の声を挙げたのであった（小林『桂太郎』一三七〜一三九頁）。

児玉流の執務

さて、それでは児玉陸相の執務ぶりはどうだっただろうか。

従来、陸軍省の執務手続きは、各課の課員が起案し、課長・局長の捺印を経て、関係の局課に回付して参事官がこれを取りまとめ、副官と次官の手を経て陸相の机上に到達し、陸相は多くの場合「盲判」を捺すが、万一疑問点がある場合には次官や局長にこれを質すというものであった。

ところが、児玉は疑点があっても、それを次官・局長に質すことなく、必ず起案者たる課員を官房に呼び、彼らと議論してその利害得失を追究し、一たび事理徹底するや直ちにこれを裁決した。稟議式の意思決定過程の中では、往々にして問題点が曖昧化され、責任の所在も明らかでなくなる。児玉式の決裁方法は陸軍省の組織全体を緊張させた。省内の事務は敏活に進捗して、渋滞の痕を見なくなった。長年、次官兼軍務局長として省内の事務に明るく、その急所をよく捕えていた児玉だからこそ、こんな芸当も可能だったのである（滄溟漁史《そうめいぎょし》「陸軍省の幹部」四一～四二頁）。

「微に入り細を穿つ」寺内の官僚主義を批判してやまない、滄溟漁史もさすがに「児玉の陸相振りは…天下一品」であると評している。ただし、その頭脳の明敏さに任せて、あまりに決断が速かったために、いったん宮中に差し出した書類を訂正する必要が生じたこともあった。当然、書類の差し戻しを請うことになるが、そのため宮中における信任は、前任者の桂よりはやや薄かったと伝えられている（「陸軍省の幹部」四二頁）。

児玉と「八甲田山死の彷徨」事件

児玉陸相の決断が異彩を放ったのが、「八甲田山死の彷徨」（新田次郎）として有名な、青森歩兵第五連隊雪中行軍遭難事件である（明治三五年一月）。

敵軍の艦砲射撃等により、東北本線が青森県の沿海部で寸断されたら、青森から太平洋側への連絡は内陸部経由の徒歩行軍によるしかない。厳冬期の雪中行軍の可能性を探るために、この演習は立案され、実行に移されたが、折から襲来した大暴風雪によって、参加将兵二一〇名中一九九名が凍死するという大惨事が起こってしまったのである。

児玉の反応は素早かった。即座に現地情報を上げさせると同時に、遭難者を戦死者と見なして、多額の弔慰金を支払うという決定を下した。また、捜索・救護のための追加予算の支出を議会に迅速に認めさせた。当時の弘前第八師団長は立見尚文であったが、大山参謀総長の追及にも関わらず、立見の責任は問われなかった。一時は騒然となった新聞世論も、遺族感情の緩和に伴って急速に鎮静化し、全国からは義捐金が続々と寄せられた（陸軍省編『明治軍事史』下巻、一一七八〜一一八九頁）。

「プロフェッショナルな軍隊」をめざす

児玉の陸軍省統制に話を戻そう。児玉は「経理事務は剣を帯びたる者の執るべきものに非ず」として、大蔵省より官吏を招致して執務させていた。阪谷との親密な関係を考えれば「さもありなん」と思わせるエピソードである。大蔵省に陸軍の経理状況を見透かされては、予算折衝もやりにくくなるだろう。これは山県に睨まれたが、陸軍の経理事務を文官に一任しようとした一事は、「以て優に児玉の尋常一様の武弁に非ざることを証するに足る」。同じく、滄溟漁史の評である（「陸軍省の幹部」四二頁）。

児玉は陸軍の組織的効率化にも意を砕いており、「文官官僚」でも執行可能な業務は彼らに任すべきであるとしていた。具体的には、「統帥、軍務軍機、作戦、戦闘行動以外の業務」などが、それに当てはまる。改革構想は山本海相との連繫の下に練られており、陸海軍大臣の文官制はもとより、総務長官や人事局長にも文官（もしくは非現役軍人）を任用することが検討されていたという（この件については、大江洋代氏の先行研究「明治期陸軍における『武官官僚』制度の形成」を参照。『読売新聞』明治三四年八月二二・二三日）。この一大改革は結局、陽の目を見なかったが、児玉は陸軍省の経理に大蔵省を関わらせることで、すでに制度改革の一部を実行に移していたのである。これは陸軍省の効率化＝ダウンサイジングへの第一歩であり、帷幄上奏権の抑制や参謀本部の縮小＝純統帥機関化（後述）とあわせて考えれば、英米流の「プロフェッショナルな軍人像」に基づく、帝国陸軍の全面的な改編をめざす画期的な試みであったと評価できる。

児玉陸相時代には、ロシアとの衝突に備えた陸軍常備兵力の整備（一三個師団態勢への拡張）が急ピッチで進められていたが、児玉はそれを大蔵省との連携の下に行っていた。無い袖は振れないのである。国力を度外視した軍拡至上主義こそは、児玉の最も厭うところであった。

台湾地方制度改革を押し切る

陸軍省の事務は上がったものの、児玉の多忙さは傍目にも明らかであった。桂は、台湾を内閣の直轄に移し、児玉を陸相に専念させる（つまり、後藤を事実上の総督代理とする）ことも考慮したが、内閣法制局の反対もあって、制度改革は一向に進まなかった（「翠雨荘日記」明治三四年七月二七日）。

一方、天皇は桂とは逆に、児玉の兼任を解いて、総督の仕事に専念させるべきだと考えていた。だからこそ、従来の慣行を改めて、首相に就任した桂に現役将官の身分を与え、いつでも陸相兼任体制へ移行できるようにしておいたのである。天皇は、台湾の諸事業が「退縮」することを危惧していた

（『明治天皇紀』第一〇巻、明治三四年八月二九日）。

当時、陸相兼総督として、児玉は二つの政策課題を抱え込んでいた。一三個師団態勢の急速整備と台湾地方制度改革である。時系列に沿って、まず後者の方から説明しよう。

児玉は、総督府権力の中央集権化、台北への権力集中を図ることで、台湾統治システム改革に着手しようと考えていた。三県四庁をさらに二〇庁に分解し、総督府に新たに「警察長官」を置いて、各庁長を事実上管轄させるというのである。これは行政機関の警察化を狙ったもので、土匪招降策を組織的に実行するために必要な制度改革でもあった。

児玉は桂に直接この話を持ち掛け、トップダウンで閣議を通過させようとした。ところが、桂が事前の根回しを怠ったため、閣議は混乱状態に陥り、激怒した児玉は陸相の辞表を桂に叩きつけた。

児玉の渡台の期日も迫っていた。そこで、法制局とも種々協議を重ねた結果、総督府に「警務局」を置き、臨時急変の場合に限って、警務局長は直接庁下の警察官を指揮監督することができるとの折衷案で、とりあえず閣議を通過させることにした（「翠雨荘日記」明治三四年一〇月九日）。戦前最長の政権担当期間を誇る桂であるが、内閣発足時には閣議の運営にも不手際が目立った。

やむなく妥協した児玉であったが、台湾に帰任するや否や、後藤と連携して猛烈な巻き返し工作を開始する。再び辞意をほのめかして、桂の再検討を促した。後藤も辞意を表明した。たしかに、法制局の頑なな態度には問題があった。閣僚の多くは台湾の実情も知らないで付和雷同しているにすぎなかった。こんなことで、児玉と後藤に台湾を去られては元の黙阿弥である。桂は今度は周到に根回しを行い、再度閣議を開いて、児玉らの原案を承認させた（「翠雨荘日記」一〇月一七日。明治三四年一〇月一七日付桂宛児玉書翰、同二一日付桂宛児玉書翰）。

児玉と桂の関係は非常に興味深い。以上のエピソードは、桂のニコポン的才能を開花させるのに、結果的に児玉が一役買っていることを示している。自らの地位に全く執着しない児玉の強烈な個性が、桂の政治家的調整能力にいっそうの磨きをかけることになった。

5 「国家のため一大貧乏籤を引く」——改革の頓挫

大山との衝突

さて、次に起こったのは、もっと深刻な事態であった。明治三五年度（一九〇二）予算案の作成に際して、児玉陸相は台湾守備歩兵の約四分の一を削減し、その剰余金を軍備の改良（騎砲両隊への人馬増加など）に充てようとしていたが、彼は「軽忽」にも、それを大山参謀総長に事前に諮ることなく、閣議の了承を得て議会に諮ってしまったのである。

大山は怒った。参謀本部内では、伊地知幸介第一部長（大山の姻戚）が寺内参謀本部次長を激しく攻撃した。参謀本部の創立以来、省部（陸軍省と参謀本部）の対立がここまで深刻化したことはなかった。対立はついに宮中に持ち込まれ、天皇の裁断を仰ぐこととなった（「寺内正毅日記」明治三五年二月二七日）。

事件は、児玉の単純なミスとして処理された。議会の終了を待って、桂は児玉の兼任を解き、寺内を後任陸相に指名して、陸軍省と参謀本部の関係を調整させようとした。気心の知れた児玉に詰め腹を切らせて、大山の顔を立てたのである。三月二七日、児玉は陸相兼任を解かれた（『明治天皇紀』第一〇巻、明治三五年三月二七日）。伊地知も五月五日付で砲兵総監に転出させられた。

とはいえ、台湾守備隊も結局は縮小されている（混成三旅団→二旅団）。財政逼迫の折から、大山も自説（守備隊増強論）に固執することはできなかったのである（『明治天皇紀』第一〇巻、明治三六年九月二五日）。桂は、「整理即ち拡張」という、軍備拡張に関する児玉の政策的枠組みを支持しており、児玉の兼任が解かれたのは議会閉会後であった。山県や桂の児玉に対する信任は揺らがなかった。現に山県は、寺内後任の件を児玉と相談している（明治三五年三月一七日付桂宛山県書翰）。

ミスの背景——帷幄上奏権の制限

児玉の「ミス」の背後には、帷幄上奏権を制限しようという意図が見え隠れしている。明治二七年、陸軍次官であった児玉は、平時編制は国家財政と密接に関係するから、帷幄上奏事項から除外して閣議に諮るべきだ、との見解をも含む意見書を作成し、それを法制局に諮っている。この意見書は、大山陸相によって進められていた帷幄上奏権の恣意的拡大解釈に歯止めをかけようとするものであった。日清戦争の勃発もあって、児玉の意見は陸軍省の省議決定とはならなかったが（本書一三一〜一三二頁）、戦後にこの問題が再燃すると、児玉は終始一貫、伊藤の側に立っている（本書一五八頁）。

陸軍大臣となった児玉は、帷幄上奏権の拡大によって、国務と統帥との調整が妨げられ、陸軍の「個別利害」が突出してしまっている現状を憂い、それをなんとか是正しようとしていた。勅を奉じて行政整理の最高責任者に伊藤を推戴し、行政整理の一環として帷幄上奏権問題をも一気に解決しようというのである（明治三五年一月一日付伊藤博文宛伊東巳代治書翰、『大正デモクラシー期の政治・松本剛吉政治日誌』六四〇頁、伊藤之雄『立憲国家と日露戦争』一五九頁）。

だが、桂の逡巡によって、児玉らの構想は潰されてしまった。その結果、台湾守備兵削減問題（まさに平時兵

陸軍大臣時代の児玉
（『藤園記念画帖』より）

力である）で、児玉は勇み足を踏んでしまったのである。当然、大山としては面白くない。ただ、議会開会中ということもあって、ことは隠密裏に収拾されたのである。

児玉と大山

大山は健康を理由に何度も辞意を漏らしており、明治三四年の九月には約一カ月にもわたって、山県や桂は大山を翻意させるのに苦労していた。この時、大山は、どこまで本気だったかは分からないが、児玉を後任の参謀総長に推している（『明治天皇紀』第一〇巻、一〇四頁。明治三四年九月二五日付桂宛山県書翰、同年一〇月八日付桂宛山県書翰など）。

一時は立腹した大山であったが、児玉が陸相を辞任したことで鉾を収めた。だが、大山の心中には、児玉に対する微妙な感情が残った。児玉は大山を立て、大山は児玉の意見を尊重する、そんな阿吽の呼吸は、まだ二人の間には形成されていない。ともあれ、児玉の参謀本部次長就任という「運命の人事」へと繋がる赤い糸は、すでにこの段階で紡ぎ出されていたのである。

それにしても、更迭は更迭である。こうした形での途中降板はたしかに残念ではあった。だが、総督の職務に専念できることは、児玉の密かな喜びでもあった。実は児玉もまた、陸相兼任は「台湾の不利益即国家の不利益」と考えるようになっており、以前から兼官を解くよう申し出ていたのである（明治三四年一一月九日付桂宛児玉書翰）。

児玉と伊藤・桂

この頃、児玉は伊東巳代治に「桂首相の優柔不断」をこぼしているが（「翠雨荘日記」明治三五年五月九日）、桂がその持前の政策的調整能力を発揮し始めると、二人の関係は急速に修復されていった。そして、児玉の後任に就任した寺内正毅とともに、桂首相—児玉台湾総督—寺内陸相という「鉄のトライアングル」が形成され始めるのである。

一方、伊藤との関係は微妙であった。周知の通り、伊藤が元老と政友会総裁という二つの立場を使い分けて、内閣をコントロールしようとするのを嫌った桂は、山県と図って伊藤の総裁辞任に道筋をつけたが（明治三六年七月、枢密院議長祭り上げ事件）、杉山によれば、この「名案」を思いついたのは自分で、それを根回ししたのは児玉だという（杉山『俗戦国策』三三〇〜三三七頁）。

伊藤が政友会党人派の統制に手を焼き、政党総裁にいささか倦んでいたこと、現実の政友会は挙国一致体制の基礎とは到底なりえないように児玉には思えてきたこと、以上二点を勘案すれば、杉山の証言には一定の信憑性があるように思われる。後者について付言すれば、児玉は、政友会の恣意的な査定のために、基隆《キールン》築港予算を削られ、伊藤の助力を求めたが、どうにもならなかったという苦い経験があった。伊藤の心事を忖度《そんたく》できたからこそ、児玉は杉山の話に乗れたのだろう。

日英同盟と児玉・小村

この間、満州から撤兵しようとしないロシアに、列強は疑惑の念を深めつつあった。そして、明治三五年一月、日本は英国との間に防守同盟を結ぶのであるが、それでは、児玉は日英同盟の成立にいかに関わっていただろうか。

杉山によれば、児玉と桂はともに日英同盟論者であったが、日本から同盟を持ちかけると英国に足元を見られるのではないかと頻りに気にしていた。そこで、杉山は伊藤の訪露（伊藤は日露直接交渉に積極的であった）を利用して、英国に外交的プレッシャーをかけ、より有利な条件で同盟交渉を取りまとめるという秘策を思い付き、それを二人に密話したところ、二人はそれに飛びついてきたという（杉山『俗戦国策』三八九～三九六頁）。

例によって、杉山の話はやや出来過ぎている。彼は、すでにこの時点で対露開戦を三人ともひそかに決意しており、そのために日英同盟を結んだというのだが、同盟交渉を推進した小村寿太郎外相（明治三四年九月就任）の構想は、対露開戦を前提としたものではなかった。

小村構想への共感

小村によれば、日英同盟こそは平和の礎であり、同盟締結がもたらすであろう「やや長い平和」を利用して、日本は英領植民地や中国本土、さらには南北アメリカ大陸に経済的・人口的に進出すべきだというのである。小村は、人口希薄なシベリアや満州には市場的価値はほとんどないと考えており、対露戦争というリスクを冒してまでも、これらの地域に進出すべきだとは全く考えていなかった。小村は陸軍拡張の必要性は認めておらず、むしろ大海軍の建設を唱えていたのである。

小村の日英同盟構想は究極の海洋国家論であり、日本海軍は日本の貿易立国を支える楯の役割を果たすことになっていた。彼は、近未来における対露「有事」の到来など、ほとんど想定していなかったのである（明治三四年九月付小村「内政外交に関する十年計画意見」、小村「日英同盟に関する意見書」）。年来の「対岸経営論」からして、桂も児玉もまた、小村のこうした構想に共感を覚えていたに違いない。彼らは、日英同盟によって齎《もたら》されるであろう「やや長い平和」の間に、日本は中国本土に経済進出すべきだと考えていたのである（明治三五年一〇月二日閣議決定「清韓事業経営費要求請議」）。

明治三五年一月、日英同盟はついに成立した。「光栄ある孤立」を誇っていた大英帝国との同盟は、極東の一島国の政治指導者にとっては、目も眩むような、まさに壮挙中の壮挙であった。同盟締結の当事者たる、桂や小村の得意たるや想像にあまりある。そして、彼らのそうした「多幸症的精神状態」は、明治三六年八月から始まった日露交渉にも大きな影を落とすようになる。

小村寿太郎
（日南市役所蔵）

南阿・欧米視察

日英同盟の締結によって、極東情勢は安定化するかのように思われた。桂首相の協力によって、台湾経営も軌道に乗った。明治三六年六月一九日、児玉は「欧州、南阿弗利加《アフリカ》及米国」への出張（半年間）を仰せつけられた。

一八九九年（明治三二）一〇月、南アフリカではオランダ系入植者が建てた二つの共和国（トランスバールとオレンジ）とそれらの併合を目論む英国植民地当局との間に激しい戦争が勃発した。一九〇二年五月、戦争は英国の勝利に終わり、南阿全域が直轄植民地となったが、その代償は大きかった。英国は二五万もの大軍を派遣して、オランダ系移民、すなわち「ボーア人」のゲリラ的抵抗を捩《ね》じ伏せねばならなかったのである。

それにしても、外遊の目的はいったい何だったのだろうか。児玉はこの外遊に、新渡戸稲造と関屋《せきや》貞三郎《さだざぶろう》を伴うことにしていた。総督秘書官の関屋は「外地」行政のエキスパートで、後に宮内次官や枢密顧問官をも歴任した人物である。陸軍側の随員は小澤徳平《おざわとくへい》少佐ただ一人であった。具体的な旅程は不明であるが、南阿→欧州（英国・ドイツ等）→アメリカという経路がとられていたことはほぼ確実だろう。出張の第一の目的が、大英帝国を揺るがした南阿戦争の実況検分にあったことは間違いあるまい。それどころか、小村構想にもとづいて、南阿に対する日本人移民の可能性を探ろうとしていたのかもしれない（『東京日日新聞』明治三六年八月二六・二九日）。

第二の目的は日英同盟の信頼性をいっそう高めることにあった。日英同盟の締結後、日英両国軍は陸海軍別々に軍事協約を締結し、有事の際の共同動作の調整を行ったが（明治三五年七月）、なお、微妙な政策調整の必要性も認識されていた。児玉前陸相の英国訪問は日英同盟、とりわけ日英両国陸軍の戦略構想の調整にも大きく寄与することになったであろう。

児玉にとって英米両国は未知の国であり、とりわけアメリカに知己の多い新渡戸を随員に加えていることは、その対米人脈の活用が図られていたことを窺わせる。かつてのアメリカ資本台湾導入計画を考えれば、第三の目的が日英米連携の模索にあったことはほぼ確実だろう。

すでに明治三六年四月には、参謀本部内では一部の幕僚の間で早期開戦論が唱えられており、大山参謀総長や田村怡与造参謀本部次長はそれをよく抑えていた。だが、それにもかかわらず、半年間にわたる外遊が裁可され、児玉もその準備に余念がなかったということは、対露交渉の先行きについての楽観論が、政府内外で一般的だったことを物語っている。また、児玉が闇雲な早期開戦論者でなかったことを強く示唆している。

外遊取り止め

この年の四月、京都岡崎の無鄰庵《むりんあん》（山県有朋別宅）に、伊藤、山県、桂、小村の四人が集まり、対露政策を凝議した。有名な無鄰庵会議である。無鄰庵には児玉も招かれていたが、会議の間は別間で待機させられていた。誤解が多いので、本書でも指摘しておくが、無鄰庵会議で対露開戦方針が決まったわけではない。この会議では、「満韓交換」という対露交渉の大枠が確認されただけであった（小林『日本の大陸政策』六一～六二頁）。だからこそ、児玉の外遊は予定通りということになったのである。

ところが、「愈々《いよいよ》出発も迫り荷物も何もみんな用意して、送別会を受けて両三日中に発つという間際になって急にやめになった」。その理由は内閣改造にあった。桂が児玉を内相兼文相として入閣させたので（七月一五日、内務大臣兼台湾総督。一七日、文部大臣兼摂）、外遊どころではなくなってしまった（東京日日新聞社・大阪毎日新聞社編刊『回顧三十年日露大戦を語る・陸軍篇』一九三五年、四四～四五頁）。桂は児玉を「基礎として〔内閣を〕組織」したのである（明治三六年一〇月五日付山県宛桂書翰）。

内務大臣時代の児玉（『藤園記念画帖』より）

小村の楽観主義

この間、日露交渉は七月二八日から東京で始まっていたが、すでに予備交渉の段階から交渉の難航はある程度予想されていた。桂は有力閣僚の兼任体制で内閣を固めて、内政改革や対露交渉に臨む覚悟を決めていたのである。

しかし、桂内閣が戦争準備に大きく舵を切ったわけではない。日本政府提出の第一次協定案（八月一二日付でロシア政府に提出）は、ロシアの満州権益を鉄道権益などに限定すると同時に、日本の韓国支配をロシアに全面的に認めさせるというものであり、あろうことか韓国鉄道の東清・関内両鉄道との連絡までもがリストアップされていた。

桂は伊藤と相談の上で、韓国鉄道経営へのロシアの参加を取引材料として、満韓「不等価交換」をロシアに呑ませようと考えていたのだが（「翠雨荘日記」明治三五年七月一五日）、小村は「欧亜大陸に通ずるの大鉄道に連繫するにあらざれば、則ち韓国鉄道の効用甚だ微々たるべし」との持論を述べて、不要不急の鉄道連絡要求を漫然と掲げてしまったのである（「内政外交に関する十年計画意見」、『明治天皇紀』第十巻、四八四頁)。日英同盟成立に伴う楽観的気分が、小村の脳髄を冒し、桂の判断をも曇らせていたのであろう。桂や小村が対露交渉の前途に危機感を抱くようになるには、もう少し時間が必要であった。

＊当時の楽観論の一端は、「満韓鉄道の聯絡」(『東京日日新聞』明治三六年九月二九日)などにも窺える。

児玉への期待

当時、桂は小村意見書に則った本格的な国家改造を実行しようとしていた。それは、(1)元老権限の縮小＝内閣の機能強化を図るとともに、(2)中央政府のコンパクト化と地方分権を推進し、(3)「小さな政府」の実現によって生じた財政剰余を軍備拡張、とりわけ海軍拡張や国内・海外インフラ整備に投入して、(4)日本の国力培養を清国本土への経済発展の中で図っていくというもので、まさに「全国の力を挙げて、専ら之を外部に向はしむるの計」を体系化したものであった(伊藤之雄『立憲国家の確立と日露戦争』、小林『桂太郎』一七五頁)。一種の貿易立国である。

このような大改革を実行するためには、初発の時点での異例の権力集中が必要である。桂はそれを経験的に理解しており、この時の内閣改造では、清浦奎吾《きようらけいご》司法相や曾禰荒助《そねあらすけ》蔵相も、それぞれ農商務相と逓信相を兼任することになった。彼らは二人とも生粋の山県系官僚である。

それでは、桂は児玉内相兼文相に一体なにを期待していたのか。

一言で言うならば、児玉の卓抜な行政能力、とりわけ、台湾での行政整理経験を国家改造計画に活かすことに期待をかけていた。文部大臣を兼任させたのは、遠からず文部省を廃止して、その機能を内務省に移す予定だったからである。桂や小村は実業教育重視の観点から、中学校の整理と実業学校の増設を計画しており、教育政策は殖産興業政策に包摂されるべきであると考えていた（小林『桂太郎』一七四頁）。

児玉の幼年学校廃止論

なお、児玉は教育体系そのものを刷新して、日本の中等・高等学校に内在している蛮風（賄騒動など）を一掃できれば、陸軍幼年学校を徐々に廃止しても構わないと考えていた。なぜなら、賄騒動こそなかったものの、幼年学校にも粗野・粗暴の弊風は徐々に浸潤していたからである（野邑理栄子「日本陸軍エリート養成制度の研究」九三頁）。

児玉の幼年学校廃止論は、行政整理の必要に迫られた結果の「窮余の一策」などではない。それは帷幄上奏権問題や陸軍経理問題、さらには外地統治システム改革問題にも通底する、彼の国家観・軍隊観の一端が表出したものであった。軍事なるものは他の一般行政とのバランスの中で取り扱われるべきものであり、軍事的価値観だけを突出させてはならない。帝国陸軍の将校たるべき者は、まず広い教養に立脚した「紳士」たるべきである。児玉は福澤諭吉が言うところの「上士」の気風（福澤「旧藩情」）を幼年学校で涵養しようとしたのだが、それが困難であることを知り、より根本的・社会的な教育改革の中で問題を解決しようと決意したのである。

児玉内相の府県半減案

児玉内相は桂の国家戦略をよく理解し、廃藩置県以来の大斧鉞《だいふえつ》を地方制度に加えようとしていた。府県半減案がそれである。桂と児玉は、行政単位としての府県を約二倍の広さに拡大し、各府県により多くの行政的裁量権を付与して、地方分権の実を挙げようとしていたのである。面積の拡大に伴うコミュニケーション・ギャップは、交通通信機関の積極的整備によって

第一次桂内閣の府県統廃合計画（明治36年）

青森（岩手の一部）	三重（和歌山の一部）
宮城（岩手の一部）	京都（滋賀）
秋田（山形の一部）	大阪（奈良全県・和歌山の一部）
福島（山形の一部）	兵庫（鳥取の一部）
栃木（群馬）	島根（鳥取の一部）
東京（埼玉）	広島（山口）
千葉（茨城）	香川＋徳島
神奈川（山梨の一部）	愛媛＋高知
長野（山梨の一部）	福岡（大分）
石川（富山・福井）	長崎（佐賀）
愛知（岐阜）	鹿児島（宮崎）

（凡例）　東京（埼玉）→東京府が埼玉県を併合。香川＋徳島→対等合併。
（典拠）　伊藤之雄『立憲国家と日露戦争』。

抑えられるはずであった（小林『桂太郎』一七三～一七六頁）。

興味深いのは、児玉が山口県を広島県に吸収合併させようとしていたことである。児玉が徳山藩出身だから、こんなことを考えたのだろうか。おそらくそうではあるまい。山県系官僚閥の力を以てすれば、新生広島県政の実権を握ることなど造作ないことである。しかし、児玉にとってそのようなことは些事にしかすぎなかった。問題は旧藩意識の壁をいかに打破して、広域合併を成し遂げるかにあったのであって、「まず、隗《かい》より始めよ」の姿勢で臨まなければ、府県半減などできようはずもない。児玉は自ら山口県を差し出すことによって、その決意のほどを天下に示したのである。

「文官は兵隊と違い、右向け右ではなく、下官であっても意見があれば、遠慮なく上官と議論する。これが文官のよい所である」。児玉はそう言って、

「ドシドシ下僚の意見を述べさせた」（『水野錬太郎回想録・関係文書』七六〜七七頁）。児玉は文部行政改革に筋道をつけると、内相としての職務に専念しようとした（九月、文相辞任）。彼はやる気満々であった。

田村参謀本部次長倒れる

だが、日露交渉の難航によって、桂らの国家改造計画は中断を余儀なくされた。小村らの楽観的予想に反して、第一次協定案に接したロシア側の反応は芳しくなかった。ロシア政府の対案が日本側に提示されたのは、交渉開始から一カ月半以上も経った一〇月三日のことであり、しかもその内容は、桂内閣を狼狽させるに十分なインパクトをもっていた。満韓交換どころか、ロシアは北緯三九度線以北の朝鮮半島に中立地帯を設定すること、満州問題は交渉の範囲外であること、朝鮮海峡の自由航行権を保障すること等からなる、桂に言わせれば「無理外道之事」を申し入れてきたのである（明治三六年一〇月九日付山県宛桂書翰）。楽観論のツケは大きかった。桂・小村の対露外交は、開始早々大きく躓いたのである。

もはや、内政改革に時間を費やしている場合ではない。参謀本部では早期開戦論がますます高まっていた。ところがそんな折も折、肝腎の田村参謀本部次長が病に倒れ、急逝するという「椿事」が起こった（一〇月一日）。

大山は伊地知幸介を後任に起用しようとしたが、寺内の反対に遭遇した。参謀本部の幕僚層からは福島安正を推す声も上がったが、これには大山が反対した（「井口省吾日記」明治三六年一〇月二日）。伊地知といい、福島といい、通常の人事慣行なら、それなりに妥当な人選である。

伊地知は大山と同郷（鹿児島）で、幼年学校―士官学校を経て、西南戦争に出征し、その後、二度にわたってドイツへ留学している。西郷軍との実戦経験と海外留学とは、当時の陸軍では立身出世の二大要件であったが、伊地知はそれを二つとも満たしており、しかも、彼の妻は大山の姪であった。大山は気心の知れた伊地知を次長に据えることで、参謀本部内の統制を強化しようとしていたのである。

破格の降格人事と参謀本部改革

ところが、寺内が考えていたのは、なんと児玉内相の降格人事であった。そして、児玉を推したのは、山県・桂・寺内であった。陸軍大臣経験者を次長に任命するなど、そんな破天荒な人事は聞いたことがない。驚いた大山は、長州閥の真意は児玉の総長就任にあると考え、自らの辞任を桂首相に申し出た。しかしながら、そうした野心は児玉にはなかった。国家の危機の前に、個人的な栄達などどうでもよかった。

桂は大山を強く慰留し、大山もそれを受け容れた。一〇月九日、大山は児玉の次長任命を天皇に内奏した（『明治天皇紀』第一〇巻、明治三六年一〇月九日）。児玉の降格人事は真に非常の措置であった。平和的解決の暁には児玉は次長を辞めるだろうし、以前から辞意を漏らしていた大山もそれに続くだろう。「その場合の策は講じてあるのか」。明治天皇は、そう寺内に問うた。

寺内の奉答は非常に興味深い。実は児玉の起用には、もう一つの隠された意図があった。参謀本部改革である。そもそも、「参謀本部の設置たるや、憲法制定以前に係《かかわ》り、組織不備にして改正を要するの点」も少なくない。寺内は天皇に、ロシアとの交渉が上手くいったら、次は児玉をして参謀本部改革に着手させるつもりだと答えているのである（『明治天皇紀』第一〇巻、明治三六年一〇月一二日。なお、明治三六年一〇月一六日付桂宛徳大寺実則書翰も参照）。児玉と寺内の間には、平和克復時の大山の引退と児玉の参謀総長就任という黙契が、この時すでに成立していたのである。

それでは、児玉と寺内はいったいどのような改革構想を練っていたのだろうか。桂宛の徳大寺書翰や前後の状況から推測するに、それが、憲法発布以前に設置された参謀本部を憲法体制に適合的な組織へと改編すること、具体的には参謀本部権限の削減と陸軍省への移管、さらには陸軍省のスリム化を骨子とするものであったことはほぼ間違いない。

この間、すでに伊藤は帷幄上奏権を制限し、内閣による軍事行政のチェックを拡大しようとしていた（『明治天皇紀』第九巻、六二一頁）。そして、その陸軍側の受け皿となっていたのは、当時陸軍次官であった児玉であった。とするならば、この時の児玉―寺内コンビの動きは、伊藤と伊東巳代治による憲法改革と相呼応するものだったと考えられる。

国家のため一大貧乏籤をひく

一〇月一二日、天皇は児玉の降格人事を裁可し、ここに児玉参謀本部次長が誕生した。それは、後藤新平に大きな感銘を与えた。後藤はその晩年に「一生に一度は国家のため一大貧乏籤を引いてみたいものだ」と周囲に漏らしているが、その際、彼の脳裏に去来していたのはこの時の児玉の姿であったろう。

児玉の次長就任は、参謀本部の少壮将校を勇気づけた。当時、韓国方面からはロシア側の不穏な動きが頻々と伝えられており、参謀本部では韓国への限定的出兵を求める声が上がっていた。しかしながら、政府要路はなおも慎重な態度を覆さなかった。

桂は優柔不断、国家の大事を誤ろうとしている、大山参謀総長には戦意なく、しかも、陸海軍は協和を欠き、山本海相には機を見るの明がない、「帝国の大事将に去らんとす」。井口省吾（参本総務部長）は慨嘆して、そう日記に書き記した（『井口省吾日記』一〇月八日）。ところが、一転して児玉の次長就任が決まった。井口は歓喜した。「午後、児玉次長来部。昨今の時局此有力の次長を得、国家の為め、又本部の為め歓ぶべし、祝すべし」（『井口省吾日記』一〇月一二日）。

こうして、さまざまな人々の期待をその双肩に担って、児玉は参謀本部次長に就任した。明治三六年一〇月、日本は決定的な運命の岐路に臨もうとしていた。

第五章　「国運を担う」者

1　開戦へ動く

参謀本部部長への談話

明治三六年（一九〇三）一〇月一六日、この日、児玉は参謀本部の各部長を内相官邸に集めて、一場の談話をなしたが、その内容はおよそ参謀本部次長らしからぬものであった。

児玉によれば、対露開戦にあたって最も憂慮されるのは、軍備ではなく財力である。すなわち、海軍力ではロシアが優位、陸軍力ではほぼ同等か、日本がやや優位、総じて言えば、ロシアは日本に対して、軍事力では「十分の勝算を信ずることはできない」。だが、それにも関わらず、ロシアが我国を侮辱しているのは、財政力ではロシアは日本に数段優っているとの自信があるからである。裏を返せば、日本の戦費補充が十分だとロシア側が認識するようになれば、その外交姿勢も自ずと緩和され、平和解決の可能性が高まるはずである。

もし日露開戦となれば、その戦費は一年間で八億円もの巨額に上るであろう。そこで私は、内閣にも参謀総長にも諮らずに、ある秘策を実行している。そう児玉は述べて、いわゆる「無償輸送」を関係各社に打診中であると続けた。要は戦時に限り、運賃の支払いを一時延期し、戦勝の暁には「通常配当以上の賠償をなす」というのである（谷『機密日露戦史』七六〜七七頁）。

児玉は次長就任以前から、開戦準備に取り掛かっていた。杉山茂丸を密使として、日本郵船社長近藤廉平《こんどうれんぺい》の下に送り、戦時輸送の無料化を打診したというエピソードが伝えられている。大阪商船と密接な関係にあった児玉は、まず海運業界の協力を取り付け、それを鉄道業界や石炭業界に及ぼそうと考えていたのである（一〇月上旬）。

児玉が、日本橋兜町にあった渋沢の別宅に和装で飄然と現われ（一〇月一七日）、ざっくばらんに日露交渉の見通しについて語って、有事の際の協力を要請したという有名なエピソードは、児玉の天衣無縫さを誇張しすぎている。実際には、まず近藤に水面下で接触し、それから、鉄道会議でやり合って以来の難物、「平和論者」の渋沢を説得しようとしていたのである。

渋沢を説得

児玉はリアリストである。日露開戦という「最悪事態」の到来を想定し、そうなった場合の対応策を講じることは、参謀本部次長としての当然の職責を果たしたまでにすぎない。一方、渋沢らへの働きかけは、国内世論対策、ひいては対露政策の一環でもあった。

桂は小村外相ルートを通じて近衛篤麿《このえあつまろ》や対露同志会と気脈を通じており、小村は対露七博士とも繋がりがあった（谷『機密日露戦史』四九頁）。そして現に、児玉自身も「無償輸送」という破天荒な協力ぶりが公表されれば、ロシアはそれに驚いて対日妥協を図ってくるかもしれないと、近藤や渋沢に説明しているのである。

政友会の領袖、原敬は、政府が対露同志会を援助して、世論を煽動しようとしているが効果はなく、「近来は何とかして識者の議論を高め、以て露に対せんとするものの」ようだと述べているが（『原敬日記』明治三六年一〇月一七日）、児玉の動きも、そういった動きの一環であろう。

強硬論を公にすれば、あるいは戦争は回避できるかもしれない。そう言われたら、非戦論者渋沢も児玉の提案に乗らざるを得ない。一〇月二八日、銀行倶楽部晩餐会での演説で、近藤と渋沢は有事の際の財界の全面協力を表明して、児玉の期待に応えた（以上、『渋沢栄一伝記資料』第八巻、二四二〜二四六、同第二八巻、四七二〜四七六頁）。

児玉は主戦論者か

以上のエピソードは、児玉の周到な配慮を示しているようにも思われるが、日露の戦力比較、特に陸軍のそれに関しては、仮に意図的な発言であったにしても、あまりに自己評価が高すぎた。開戦後に明らかになったことであるが、ロシア陸軍の予備兵力はきわめて膨大で、日本陸軍は内地の全師団を動員しても足らず、新たに六個師団を増設しなければならなかったのである。

児玉の先の「無償化」提案は、開戦・避戦双方の可能性を睨んだ絶妙の布石であった。これなら参謀本部の主戦派も納得するだろうし、渋沢ら平和論者も世論喚起に一役買わざるを得ないだろう。だが、桂や児玉の本音が避戦にあったとするならば、その後の経緯はむしろ逆の結果を示している。彼らの手の込んだブラフは、ロシアには通用しなかったのである。

平和克復後ほどなく、宮中で渋沢は児玉と再会したが、その時、児玉は既往を振り返って、あの時は「御互に国家を背負って話したのだ」という意味のことを語ったという。「一体にこう、ごく短い少ない言葉で多くの内容を汲み取らせなさる、一寸のことでも流石《さすが》はと思われて、奥ゆかしく思われる御人柄でしたよ」。渋沢はそう回想している（『渋沢栄一伝記資料』第二八巻、四七六頁）。戦争回避云々の児玉の議論は、説得のためのレトリックだったのではないか。渋沢本人は、そう思っていたようである。

陸海軍間の戦略調整

さて、対露開戦となれば、陸海軍の協同動作が必要となるが、ここに大きな問題が生じた。当時の軍事システムでは、陸軍は宣戦布告以前に動員されねばならず、それが事実上の開戦決意とみなされて、開戦劈頭に敵艦隊を奇襲攻撃するという海軍の戦略が実行困難となる可能性があったのである。「敵海軍に一撃を加えるまでは、動員は見合わせられたし」。海軍側の主張は堅かった。

田村存命中の参謀本部は、「動員→開戦」という手続きにこだわっており、陸海軍間の作戦計画の調整は暗礁に乗り上げていた。田村没後にもそれは尾を引いており、一〇月二二日に開催された陸海軍の合同会議では、怒った山本海相は途中で席を立ってしまったほどであった。

この問題には対韓政策もからんでいた。当時、山県は韓国皇帝の外国公使館への逃亡を強く警戒しており、漢城（現・ソウル）に二個師団あまりの兵力を送り込んで、武力で皇帝の身柄を確保すべきだと主張していたのである（千葉功『旧外交の形成』一二九～一三〇頁）。上陸予定地の仁川には、すでに大量の軍需物資が集積されていた。ロシア側がそれを察知するのは時間の問題であろう。出先陸軍官憲は領事館の意向を無視しがちであり、外務省との軋轢の解消も早急に必要であった。

余は陸軍の責任解除を宣言す

ことが両軍の基本的な戦略構想に関わるだけに、この問題の調整は難航した。事態を打破したのは、陸海軍の戦略調整に当たっていた児玉の瞬発的な決断力であった。

一二月三〇日に開かれた両統帥部の合同会議（山県も出席していた）の冒頭、児玉は突然、陸軍の「責任解除」を宣言した。今、ロシア側の煽動によって、漢城の日本人居留民は暴動の危険にさらされている。ところが、海軍の頑なな態度のために、陸軍の動員と出兵は不可能になってしまった。したがって、「余は居留民の生命財産を保護すべき陸軍の任務・責任の解除をここに宣言する」。

事態の思わぬ展開に、責任を転嫁された海軍側は狼狽した。伊集院《いじゅういん》五郎《ごろう》軍令部次長は、咄嗟に「動員をしないで、平時編成の部隊を組み合せて相当な兵力となし、艦隊の出撃と同時に出したらどうか」と切り返した。座はたちまち騒然となった。陸軍側の参謀は色をなして反駁しようとした。その時、児玉が言い放った。

「それでやろう。いや、どうしてもやらなければいかん」。

参謀本部のコントロール

有無を言わさぬ児玉の発言に、皆、気圧《けお》された。「それから『やれ』と云ふ事」になった。こうして編成されたのが、臨時韓国派遣隊である。

この時の児玉の「非常に敏捷な、シャープな様子」は、財部彪《たからべたけし》（軍令部参謀）に深い印象を残した。大山と児玉が「海軍の真意中を諒せられ、陸軍を抑えた」。彼はそう回想しているが、議論の推移を見れば、事態を打開したのが児玉の千鈞の一言だったことは明白だろう。周到な児玉のことである。山県や参謀本部を抑えるために、事前に海軍側に根回しをしておいて、一芝居打ったと解釈する方が妥当であろう（「極秘・日露戦役参加者史談会記録」、「財部彪日記」明治三六年一二月三〇日）。

第一次世界大戦では、ドイツ統帥部は宣戦布告前に陸軍の動員を行い、それが事実上の開戦決意とみなされて、ロシアの対独宣戦布告を誘発した。シュリーフェン・プラン*という軍事計画が、外交の可能性を呑み込んでしまったのである。

*ドイツ参謀本部のシュリーフェン（一八九一～一九〇五。参謀総長）が立案した対仏露二正面戦争計画。ロシア陸軍の動員はきわめて緩慢であるとの前提の下に、西部戦線、とりわけベルギー国境方面に軍の主力を配置し、開戦と同時に同国の中立を侵犯して、パリ西方に大きく弧を描くように侵攻し、フランス軍主力を一挙に包囲・殲滅するという「積極果敢な」短期決戦プランである。それは非常に緻密な動員計画（鉄道の詳細なダイアグラム編成などからなる）とセットになっており、いったん計画が動き始めたならば、それを途中で止めるのはきわめて困難であった。

ドイツ陸軍に多くを学んだ児玉であるが、日露戦争の開戦過程では、児玉は参謀本部を巧みにコントロールしていた。山県や参謀本部幕僚層の軍事優先論を抑えて、臨時韓国派遣隊の編成という奇手を編み出して、陸海軍の戦略調整を進めたのは一に児玉の功績である。

山県の苛立ち

この後も、動員下令にこだわる山県に対して、大山や児玉はそれに頓着することなく、着々と出兵準備を進めていた。山県は「軍機画策は無責任者〔山県〕の容喙すべき余地無之《これなし》」というのなら、せめて「目下の情勢」や論議の内容だけでも一報すべきだと、苛立ちを隠しきれなかった（明治三七年一月一六日付桂・寺内宛山県書翰）。

後年、財部は「児玉の次長就任は実に天佑であった」と回想しているが、これは決して過褒ではない。危機一髪の間に臨んで、児玉は山県や参謀本部の突出をよく抑えて、政治と軍事、陸軍と海軍との調整に万全を期したのである。

児玉の隠然たる影響力

従来、最高国策決定過程への児玉の影響力は過小評価され続けてきた。たしかに、元老でもあった大山参謀総長は別格として、児玉ら統帥部関係者（伊東祐亨海軍軍令部長、伊集院五郎軍令部次長）が、御前会議や元老会議に招かれるようになるのは、日露交渉が完全に行き詰まり、伊藤や山県が開戦を覚悟した後のこと（一月一一日以降）である。谷寿夫は、児玉には外交情報すらも十分知らされておらず、「露国の回答書などは、次長自ら総理邸から窃みとってきて、いそいで謄写するような有様」だったと述べている（谷『機密日露戦史』四一頁）。

だが、これは「統帥部の無力さ」を強調し、それを参謀本部の強化に繋げようとする、政治的文脈の物言いに他ならない。児玉が伊藤や桂・寺内とは密接に、山県とはそれなりに情報を交換していたことは、残された多くの史料が雄弁に物語っている。ロシア政府回答書の件にしても、桂が児玉に意図的に情報をリークしていたと解釈すべきであろう。参謀本部幕僚層の強硬論を適当にあしらうためにも、児玉は自らの「情報弱者」ぶりを装っていたにすぎない。

御前会議の開催にしても同断である。伊藤は、御前会議はあまりに人目を引き過ぎると考え、事前の根廻しを重視していた。ましてや、開戦決意の反映と見なされやすい、統帥部関係者の出席においてをや（明治三六年一二月二〇日付山県宛伊藤書翰）。政戦両略や陸海軍間の戦略調整を担っていた児玉は、当然のことながら水面下で奔走していたのである。

児玉は、日露の衝突が不可避なら、早急に開戦を決意すべきだと考えており、ロシア政府の第二次対案がなんら新味のないものであることが明らかになると、陸海軍の開戦準備を整えるために、外交交渉で時間を稼ぐべきだと主張するようになった。伊藤も山県もそれには賛成であった。だが、その後も山県と児玉は、ことあるごとに衝突を繰り返した（明治三六年一二月二一日付山県宛伊藤書翰、一二月二一日付寺内・児玉宛山県書翰）。

山県をバイパスする

山県は焦っていた。桂は、ロシアに対して今一度「再考」を促すべきだとしたが、山県はそれを「商業取引上の駆引談判」であると一蹴し、今は「武士提刀の談判」を行うべきであると主張していた。山県に言わせれば、「動員↓韓国への先行出兵」を決断しようとしない、桂のやり方は腰が引けているというのである*（明治三七年一月四日付桂宛山県書翰、同年一月一六日付桂・寺内宛山県書翰）。

＊山県は露清密約の締結が迫っているとのなんらかの情報に接しており、満州問題で清国がロシアと妥協してしまえば、もはや日本が満韓交換論でロシアを対日妥協に誘引しようとしても、ロシアは話に乗ってこないだろうと考え、再考論などという廻りくどい交渉の仕方は止めて、一刀両断的に交渉を成立させるべきだと考えていた（明治三六年一二月一八日付寺内宛山県書翰）。

「他日臍《ほぞ》を嚙むことのないことを望む」（明治三七年一月一四日付児玉・寺内宛山県書翰）、「無責任者〔山県〕は無責任者として、他日論究する機会もあるに違いない」（一月一七日付寺内宛山県書翰）。山県は怒りを露わにしていたが、桂や寺内は山県の反発を巧みにかわしながら、児玉と連携して開戦準備を着々と進めていた。結局、臨時韓国派遣隊の編成と派遣は、ロシアとの国交断絶決定後の二月五日に着手されている（陸軍省編『明治軍事史』下巻、一三〇七～一三〇九頁）。

桂の背中を押す

いざ、日露開戦を眼前にすると、さすがの桂も内心の不安を禁じえなかった。もしこの期に及んで、ロシアが中立地帯の再考・撤廃などを提案してきたら、それにどう応えるべきか。伊藤は決断を促してきたが、桂は「遅疑逡巡」し、決することができなかった（一月二七日）。

だが、伊藤にも確信があったわけではない。急遽、伊藤、山県、桂の間で意見調整が行われ、一時は「小康説」（当面の戦は避ける）で三人の意見は初めて一致したかに思われた（二九日）。だが、一晩沈思黙考した後に、伊藤は首相官邸に関係者（山県、桂、山本、小村）を招致して、オープンな場であらためて議論することにした（「平田東助日記」）。

伊藤は自ら起草した一文を四人に回示し、決断の時に至ったことを説いた。満州問題はあるいは解決できるかもしれないが、韓国問題は今や目睫《もくしょう》の間に懸かっている。もし、ロシアが中立地帯設定を撤回し、日本による韓国領土の軍事的使用を認めたとしても、日本にとっては数年間の小康を得たに止まり、いずれはロシアと「干戈相視《まみゆ》るは」明らかであろう。国力の不足に顧みて、この際「小康を得るに安んずる乎《か》」、それとも、「国家の運命を懸て、彼の政略を阻礙《そがい》するの手段に出る乎」、一刀両断の決を下す時がきた（『明治天皇紀』第一〇巻、一月三十日）。伊藤は桂に開戦の決断を促した。

一月三〇日早朝、児玉は山県を訪問して自らの意見を伝えているが、児玉の意見は当然伊藤にも伝達されていたことだろう。同日、大山は天皇に対して、「我が政府尚荏苒《じんぜん》決する所なくんば、復《ま》た挽回すべからざるの勢を馴致《じゅんち》する」であろうと述べ、早期開戦によって「先制の利」を得ることを説いた（「平田東助日記」一月三〇日、『明治天皇紀』第一〇巻、二月一日）。最早、時間稼ぎの必要はなくなった、児玉らはそう判断していたのである。

開戦決定と児玉

二月三日、五人の元老と桂をはじめとする四人の閣僚（寺内、山本、小村）は、首相官邸で会し、対露開戦を決定した。翌四日、御前会議が開かれ、内閣の上奏を天皇が裁可するという形で、開戦方針が国家意志として確定された。

御前会議の結論は、海軍省に詰めていた陸海軍の首脳部に伝えられた。児玉は、ただちに各部長を呼び集めた。その時起こった出来事について、上泉徳弥《かみいずみとくや》(海軍中佐、軍令部副官)は次のように回顧している。

児玉は幕僚たちに簡潔に告げた。それは号令のような口調であった。「予《かね》て話をして居った通り開戦と決まった。だから云ひ付けて置いた通りかかれ!」。次の瞬間、陸軍の幕僚たちは「わあーっ」と喚声を上げながら部屋から飛び出していった。上泉らは大いに面喰った。海軍側では、沈鬱な雰囲気が部内を支配していたからである(「極秘・日露戦役参加者史談会記録」)。児玉は参謀本部をよく統率していた。絞りに絞った矢が今放たれたのである。

桂の辞意表明

この間、権力の最深奥部ではちょっとした事件が起こっていた。山県の容喙《ようかい》に対する牽制効果を狙ったのだろう、桂が突然辞意を漏らしたのである。ここは元老自ら出馬して、挙国一致内閣を組織するしかない。桂は伊藤に政権禅譲を打診した。そしてそれが断られると、山県、伊藤、井上三元老の入閣を求めた。さらに山県にも組閣を打診した。だが、伊藤と山県はそれらを全て斥けた(「平田東助日記」二月八日)。

もし、参謀本部次長になっていなかったら、この時、児玉に組閣させるべしとの声が上がっていたかもしれない。そして、児玉はそれを逃げなかったであろう。桂は、すぐさま政権継続を表明したが(「平田東助日記」二月九日)、この事件は戦争指導の多難さを予感させるものであった。

二月九日、連合艦隊は旅順港外のロシア艦隊と砲火を交えた。二月一〇日、日本政府は正式な宣戦布告を行った。日露はついに開戦した。

滂沱《ぼうだ》たる涙

公人としての児玉の態度は、果断にして峻厳である。だが、それは児玉の半面でしかなかった。新渡戸稲造は、こんなエピソードを披露している。

南部家の当主、南部利祥《なんぶとしあき》伯爵は当年とって二四歳。陸軍騎兵少尉として出征するに当たって、早朝から方々に暇乞いに出掛けた。ところが、深夜になっても帰って来ない。伯爵家の家令太田時敏《おおたときとし》は戊辰戦争にも出陣した古武士的な老人であり、新渡戸の伯父に当たる人であった。よもや「若殿」は怖気づいたのではあるまいか。彼は心配しながら、伯爵の帰りを待っていた。

夜半過ぎに伯爵は帰宅した。親族を一々廻り、子供の頃に世話になった乳母をも訪ねていたので遅くなってしまった、明日は早朝に出発するので、このまま寝るつもりだと言う。

太田はほっとしつつも、やや気になったので覚悟のほどを質した。生きて御帰宅の思し召しはないものと存じますが、もしやの場合には御家のことはいかにいたしますか、と問うたのである。

伯爵は静かに答えた。「もちろんのこと、それだけの覚悟は持っている。しかし、伯爵としてお勤めするのではなく、ただ、陸軍少尉として御奉公するのであるから、一家のことなどは何の心置きもない。この家のことは昔からお前が万事心得ていてくれるから、何の心残りもない」。

そうして、その夜は座敷で毛布にくるまってごろ寝し、翌朝は未明に出発した。

数日後、南部伯爵はある人に頼んで、西洋剃刀と香水一瓶を求めた。「そんなものを戦場で何にする」と尋ねたところ、「ロシア人が我が骸《むくろ》を見る時、日本の軍人として恥ずかしくないようにして置きたいのだ」との答えであった。

若き当主の覚悟は、新渡戸の心を揺り動かした。彼は所用で参謀本部を訪れた時に、この話を児玉に漏らした。面会は三分間だけという約束であったが、児玉は相槌を打ちながら、徐々に身を乗り出してくる。新渡戸がよく見れば、児玉は双眸《そうぼう》を潤しており、やがて、涙は頰を伝い、胸に流れ落ちた。だが、児玉はそれを拭おうともせず、隠そうともしなかった（「児玉伯の思ひ出」、『新渡戸稲造全集』第五巻、五七四～五七五頁）。

児玉はそういう人であった。南部少尉が戦死を遂げたのは、翌年三月のことである。

2　山県との軋轢

屐子《げきし》の折れるを覚えず

対米世論工作のために渡米を命じられた金子堅太郎に、児玉が「この戦は六遍勝って四遍負けるからその積りでいてくれ」と述べたことは、あまりに有名なエピソードである。ただし、それには重要な前提があった。最初の本格的な戦闘（児玉は鴨緑江河畔での戦いを想定していた）で、ロシア軍に勝利することである。緒戦に敗をとったら士気は沮喪《そそう》し、勝率六割は不可能になるだろう。敵軍に倍する兵力を戦場に集中し、一挙に緒戦に勝利すれば、あるいはどうにかなるかもしれない。そうすれば、「その内に誰か調停者が出るであろう」（金子『日露戦役秘録』二二五～二二八頁）。

この間すでに、仁川に上陸した臨時韓国派遣隊は漢城を占領していた（二月九日）。また、海軍の旅順港閉塞作戦がある程度奏功したので、第一軍（司令官黒木為楨《くろきためもと》）は一気に韓国北部の鎮南浦《ちんなんぽ》に上陸、平壌から一路鴨緑江に向かって北上し、渡河作戦の準備を整えた。明治三七年（一九〇四）四月二九日に開始された作戦は成功裏に推移し、五月一日には、日本軍は対岸の清国領九連城を占領した。

児玉は鴨緑江渡河作戦の成否に全神経を集中させており、したがって、捷報に接した時のその喜びは尋常ではなかった。黒木に宛てた私信の中で、児玉は「屐子《げきし》〔屐歯〕*の折れるを覚えずということを初めて体験した」と述べている（『参戦二十将星日露大戦を語る』一一一頁）。

＊「屐歯」とは下駄の歯のこと。「晉の謝安石《しゃあんせき》は客と碁を打っていた時、秦軍との戦いの勝報が来たが、表情を抑え、格別嬉しそうな顔をしなかった。しかし、客を送り出したとたん、押えていた喜びに耐えず、下駄の歯の折れるのも知れずに飛び上がった」という（諸橋轍次『中国古典名言事典』）。

児玉は、内心「手の舞い足の踏む所を知らず」といった有様であった。だが、戦はこれからである。彼は参謀本部の緊張を維持させるためにも、そして広くは国民世論が楽観論に陥ることを戒めるためにも、ことさらに喜びを抑えていた。

作戦目標の決定

五月五日、第二軍（司令官奥保鞏《おくやすかた》）が金州半島付け根の塩大澳《えんだいおう》に上陸を開始し、ついで半島最狭部に位置する南山《なんざん》のロシア軍陣地を落とすべく、同月二五日に攻撃を開始した。この南山の戦いは非常な激戦で、日本軍は二日間で約三万発もの砲弾を射耗したが、これは当初想定されていた半年分に相当する弾薬消費量であった。また、死傷者も四三八七名に上り、大本営に衝撃を与えた。

この間、第一軍と第二軍の中間地点の大孤山《だいこざん》に、大本営は独立第一〇師団を上陸させていた。のちの第四軍（司令官野津道貫《のづみちつら》）である。また五月二九日には、乃木希典を司令官とする第三軍の戦闘序列が決定され、同軍は旅順攻囲戦に当たることになった。

六月一〇日、山県、大山、桂、寺内、そして児玉の五名が大本営で会同し、爾後の作戦目標として、一、南満州の要衝、遼陽でロシア野戦軍主力を撃破し、二、旅順攻略に着手すること、三、余力があればウラジオストクを攻略すること等々が決定された（『明治天皇紀』第一〇巻、七六二～七六六頁）。非ヨーロッパ世界初めての徴兵制軍隊が、ケーニヒグレーツやセダンの戦いを彷彿とさせる戦いを南満州の野に展開しようというのである。これはまさに世界史的な出来事であった。

大本営を戦地に進めるべきか

緒戦が順調に進展し始めるや、陸軍内部（大山周辺）では、戦時最高統帥機関たる大本営を戦地に進めるべきだとの論が起こった。万一、ロシア艦隊が朝鮮海峡の海底電信線を破壊・寸断すれば、東京から外征軍を指揮することなど不可能となるからである。

＊前年一二月の「戦時大本営条例」の改正によって、参謀総長を大本営の唯一の幕僚長とする旧制は改められ、参謀総長と海軍軍令部長とは「均しく帷幄の機務に奉仕し、陸海両軍の策応協同を図る」こととなっていた。

ところが、海軍がそれに猛反対した。情報へのアクセスを考えれば、政治経済の中心であり、通信機関も集中している東京にこそ大本営は置かれるべきである。朝鮮海峡でのロシア艦隊の跳梁を、われわれが許すはずもないというのである。

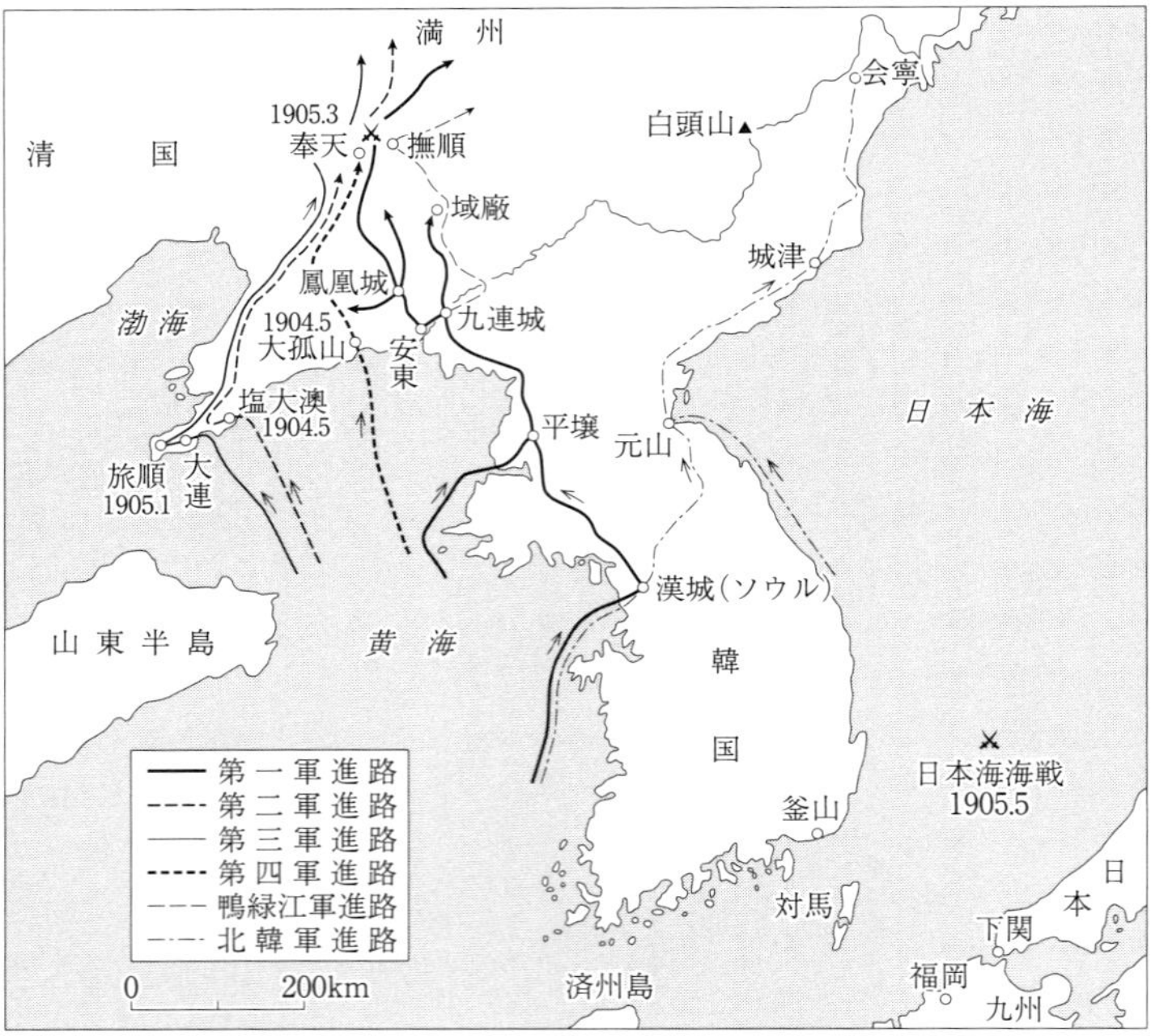

日露戦争関連地図

（『明治・大正・昭和天皇の生涯』より）

両軍の意見は沸騰した。当時海軍次官であった財部彪によれば、この時、事態の収拾に動いたのは児玉であった。「児玉さんもそれ（海軍の意見）に同意されて動かなかった」（『極秘　日露戦役参加者史談会記録』）。財部はそう証言している。

ところが、寺内は桂に対して、平壌付近への兵力の集中が完了し、議会が閉会となる四月上旬を目途に大本営を「進転」させるつもりであり、この件には児玉も同意していると述べている（二月一七日付桂宛寺内書翰）。日清戦争時の広島大本営の前例に倣って、寺内は国内での大本営の移動を考えていたのだろう。だが、児玉はやや別の構想を温め始めていた（伊藤之雄『明治天皇』三八四～三八五頁）。

満州の馬賊は皇太子殿下を待ちつつあり

すでに、児玉は山県元帥を「大本営付」にすることについて、大山参謀総長の内諾を得ており、桂首相を通して寺内陸相への根回しを進めようとしていた（二月一六日付桂宛児玉書翰）。彼は、大山参謀総長を幕僚長とする強力な外征軍司令部の創設を構想していたのである。

山県が大本営に入っても、外征軍からの上奏に関しては、天皇はまず桂首相に下問するに違いない（これは実際そうなり、山県を落胆させた。小林『桂太郎』一八八頁）。気心の知れている桂なら、出先にうるさく首を突っ込んでくることもあるまい。児玉は、桂首相・寺内陸相と連携して、山県を敬して遠ざけようとしていたのである。

三月六日、天皇は皇太子（後の大正天皇）と山県元帥に大本営付を命じた。一二日、参謀本部に行啓した皇太子に対して、児玉は「満州の馬賊は殿下を欣慕するや久し。殿下の満州に君臨遊ばさるるを一日千秋の思いにて待ちつつあり」と言上した。諧謔に富む児玉の発言に、皇太子は喜色を顕わにした（谷『機密日露戦史』一八一頁）。

翌日、児玉は井口と松川敏胤に大本営分置構想を検討するよう命令した。山県を「留守」参謀総長に据え、現在の参謀本部の相当部分は戦地に進めるというプランが動き始めたのである。

その後、一カ月余りの検討作業を経て、「陸軍大総督府編成要領」「同勤務令」（四月七日脱稿）ができあがった。それは、外征陸軍を指揮・監督するために、「陸軍大総督府」を編成して戦地に進めるというもので、大総督（天皇に直隷）には皇太子の就任が予定されていた。皇太子を大総督に擁して、山県の祭り上げを完成させようというわけである（陸軍省編『明治軍事史』下巻、一三四三～一三四四頁）。

人事構想と権力配分

大総督府はたんなる高等軍司令部ではない。作戦計画の実施に関連する「後方勤務」は、大総督（皇太子）から参謀総長（山県）に通牒して処理させることになっており（勤務令第三条）、さらに、大総督には独自の人事権までもが付与されていた（第二・四条）。かつての征清大総督府を彷彿とさせる、強力な統帥機関として「陸軍大総督府」は設けられるはずであった（『明治軍事史』下巻、一三四三頁）。

ところが、児玉の計算通りに事は進まなかった。人事構想と権力の配分との間には、強い相関関係が存在する。この場合、誰が、どんなポストに就くかによって、中央と出先の間の権限委譲には異同が生じ、制度設計にも微妙な影響をもたらす。それらをめぐる「頗る複雑なる交渉」（『明治天皇紀』第一〇巻、七四四頁）が発生したのである。

藩閥（陸海軍）内部では、さまざまな政治的思惑にもとづく人事構想が囁かれていた。大本営進転の動きと相前後して、大山は児玉を参謀総長に推そうとしたが、それが外征軍構想とどのように結び付いていたかは不明である（明治三七年二月一四日付寺内正毅宛徳大寺実則書翰）。一方、山本権兵衛は外征軍の権限をなるべく制限しようとしていた。彼は大山を参謀総長に擁立し、現地軍司令官には野津道貫を充てて、薩派ラインで陸軍を総合的に指揮させようと考えていたのである（海軍大臣官房編『山本権兵衛と海軍』二一七～二一八頁）。

寺内との対立

児玉らの「大総督府」構想は寺内陸相を驚愕させた。これでは「大本営は単に空権を擁するのみの状態」となり、「軍令の系統を転倒」しかねない。新たに設置されるべきは、外征諸軍の指揮のみを掌る軍司令部類似の組織（「陸軍総督府」）であり、総督は大本営が決定した作戦計画の大綱の枠内で動くべきである。寺内は児玉に強く反発した（四月八日）。

陸相の発言力の低下を懸念したのか（陸相は大本営の構成員であり、本来は人事権も掌握していた）、それとも第三軍問題（後述）を考慮したのか、おそらくその両方だろうが、いずれにせよ、寺内＝陸軍省からの異議申し立ては、児玉にとってはまことに不本意な出来事であった。征清大総督府という日清戦争時の前例があるのだから、「陸軍大総督府」も滞りなく設置されるだろう。彼はそう踏んでいたに違いない。

＊日清戦争における第二期作戦（直隷決戦）の実施に当たって、明治天皇は大本営を「旅順半島」へ移し、親征の実を挙げようと考えたが、伊藤ら「有司」は天皇の健康上の問題を理由に挙げて、これに反対し、

結局、参謀総長小松宮彰仁親王を大総督とする「征清大総督府」の設置という形に落ち着いた（明治二八年三月一六日）。もっとも、実際に大総督府が旅順に進出したのは、講和条約調印直前の四月一八日であり、それまでの間は、彰仁親王は参謀総長として大本営で指揮を執っており、大総督府の出征は事実上有名無実に終わった。したがって、留守参謀総長は任命されていない。ちなみに、征清大総督には「配下将官以下任免補除の権」が与えられている（『明治天皇紀』第八巻、七一七～七一八、七六二頁）。

陸軍省の対案、「総督府」構想に今度は大山が憤慨した。広汎な権限を与えられなければ、「死生の地にありて、意の如く外征諸軍を指揮」することはできない。彼はすでにこの時までに、自ら満州に出征する決意を固めていたのである（谷『機密日露戦史』一八三頁）。

五月一二日、児玉は寺内を訪ねて、外征軍問題に関する大山の上奏文案（児玉が文案を修正）を内示し、寺内はそれに「異存ナキ旨」回答している（『寺内正毅日記』同日条）。翌一三日、大山は「外は作戦に時機を失うの憂い無く、内は外交内政に毫も支障を」生じないようにするためには、大本営を戦地に進めるのではなく、「陸軍総督を御親任相成り、これを適当の地に進め、臨機諸軍の指揮を御委任」せねばならないと内奏した。そこにはもはや、「大総督府」構想に関する言及はなかった（『明治軍事史』下巻、一三四一頁、『機密日露戦史』一八三頁）。

大山と児玉は、大幅な妥協を余儀なくされた。皇太子の擁立を断念し、出先の権限も削られることとなった。事態はこれで収拾されたかに見えた。

桂陸軍大将の介入

ところが、そうは行かなかった。おりから起こった、第三軍（旅順攻囲軍）の指揮権をめぐる一大論争によって、議論はますます混迷の度を深めていったのである。

論争のきっかけを作ったのは桂であった。陸軍総督はロシア野戦軍との決戦に専念すべきであり、旅順攻囲軍たる第三軍の指揮権は大本営が握るべきだというのである。しかもあろうことか、桂は、自分は首相としてではなく、陸軍大将として発言したのだと付け加えていた。彼は、「首相による統帥事項への介入」は、あくまでも回避されねばならないと考えていたのである。

事態は下手をすれば、深刻な「統帥権論争」を引き起こしかねなかった。もはや、明治天皇に裁断を仰ぐしか、状況打開の方策はなかった。だが、天皇は性急に結論を出すことなく、山県元帥に意見を求めた。五月二三日、山県は、権限を大幅に縮小した、すなわち、兵站や経理・人事などを除いた、より小規模の「中間機関」を大本営と野戦軍との間に置くべきだとの意見を上奏した。

彼は、空虚な留守参謀総長職への自らの「祭り上げ」の危険性を感じていたのであろう。また、この頃から、旅順攻囲戦の最終的な指揮権を自ら握ろうと考えていたのかもしれない（以上、『明治天皇紀』第一〇巻、七四三～七四四頁。『明治軍事史』下巻、一三四二～一三四三頁）。第一軍を率いて勇躍出征しながら、病のため帰国しなければならなかった日清戦争時の無念を、今回の「征露の大戦」では何としてでも晴らしたい。そんな気持ちが山県の胸中に膨らんでいたとしても不思議ではない。

大山は職を辞するべきである

児玉はひどく憤った。「凡そ作戦に関する機関の編成は、則ち参謀総長の責任」である。もし、自らの案が実行できないのなら、大山はその職を去るべきである（『明治天皇紀』第一〇巻、七四四頁、『明治軍事史』下巻、一三四三頁）。

児玉は、山県は将器に乏しく、大山でなければ現地軍の統制は難しいと考えていた（『山本権兵衛と海軍』二二七頁）。山県がこれ以上介入してくるならば、全面対決をも辞すべきではない。この時、児玉は大山にある種の覚悟を促したのである。

だが、ここでついに天皇が動いた。五月二五日、大山参謀総長に「御沙汰書」が下された。それは、満州に「高等司令部」を置くが、兵站や人事に関する権能は付与しないという方針を明示していた。

桂に対する天皇の信任はきわめて厚かった。山県の言を容れたというよりも、天皇は桂を信頼して、大山案を最終的に斥けたといえよう。また、天皇が皇太子の健康を案じていたことも、陸軍大総督府構想が頓挫した一因であった（『明治天皇紀』第一〇巻、七四一頁、谷『機密日露戦史』一八六頁）。

しかしながら、第三軍問題は依然として宙に浮いたままであった。山県・桂・寺内は、大本営には陸海軍部が存在する、海軍との連繋が必要な旅順攻囲戦は、大本営が指揮して然るべきだと主張して止まなかった。

予は坊主となり、山中に引退すべし

参謀本部は俄然沸騰した。山県との関係悪化を避けようとして、大山は徐々に妥協的になっていたが、各部長の多くは、第三軍に対する最高指揮権を大本営、すなわち山県に譲ることには反対であった。旅順陥落時まで、高等司令部は内地に止まるべきである。

参謀本部内では、そんな意見さえ唱えられ始めていた（六月二日）。

事ここに至って、ついに児玉の堪忍袋の緒が切れた。部長会議の席上、児玉はメッセンジャー役の長岡外史（徳山出身）にこう告げている（六月三日）。

　長岡君、君行きて山県元帥に伝えよ。この愚を再言せば、予は坊主となり、山中に引退し、断じて再会せず。桂首相にも同様告げられたし。抑《そもそ》も桂大将が総理大臣たる資格を捨てて、陸軍大将としてかれこれ述ぶる如きは、これ軍律上宜しからず。野津（道貫）、佐久間（左馬太《さまた》）、山口（素《もと》臣《おみ》）も皆大将なり。彼らもまた同様大将として所説を述ぶれば、参謀総長の職は不要なり。

（『機密日露戦史』一八七頁）

谷寿夫『機密日露戦史』では、児玉は長岡では埒が明かないと考え、桂に直談判して口説き落としたということになっているが（六月五日）、山県宛の桂書翰によれば、事態はそれほど簡単ではなかった。「まず、両方面（旅順と満州）の軍とも総司令官（大山）の指揮下に入れ、此後作戦の結果、実際に於て分離を必要の場合には、更に大本営の命令にて分離せしむることも」できるという線で、児玉―山県双方の妥協が図られていたのである（明治三七年六月六日付山県宛桂書翰）。当面、第三軍は高等司令部の隷下に置くが、将来的には大本営の直轄に戻すこともあり得るという含意の下に、児玉―寺内―桂間の意見調整はなされたのであった。

それにしても、児玉はなぜ、先の引用文中で「陸軍大将」（親任官）にこだわったのだろうか。それには、次のような事情があった。従来の進級令には、大将への昇進者は「中将にして歴戦者に限る」（具体的には、師団長を戦役中に勤めた者）との明文があったが、これでは山口素臣《やまぐちもとおみ》中将（山口出身）は大将になれないので、便宜的に「事変」（山口は第五師団長として北清事変に出征）を「戦役」と読み替えて、昇進させたことがあった（明治三七年三月）。さらに、五月には進級令そのものを改正し、中将にして「功績顕著なる者」にも大将進級の道を開いた（『明治天皇紀』第一〇巻、七三六頁）。

大将昇進への異議申し立て

「泰平の世」が続けば、軍人が親任官になれる機会は非常に小さくなる。右の措置は、もともと開戦以前から準備されており、文武官・陸海軍間の身分上の不均衡を是正しようというものであった。これを山県の「お手盛り」人事であったと断ずることはできないが、児玉はそこに釈然としないものを感じており、自らの親任式当日（児玉は六月六日付で、乃木ら四中将とともに大将に昇進することが決まっていた）の早朝、山県に対して突然何らかの異議申し立てを行っている。

その内容は判然としないが、児玉からの連絡を受けた山県が珍しく狼狽して、朝六時半に寺内を自宅へ呼んで、その善後策を講じているところから推測するに、おそらくは児玉自身の昇進辞退か、それに類することだったように思われる。実は児玉も、師団長として出征した経験はなかったのである（『寺内正毅日記』明治三七年六月六日）。

「軍功」に対する違和感

「一将功成って万骨枯る」。児玉の秘書官を務めていた関屋貞三郎によれば、当時、児玉は散歩の折にこの詩句をよく口ずさんでいた。「戦争はまだこれからなのに、自分が今大将になるというのは非常に面白くない」。児玉は関屋にそう漏らしていた（東京日日新聞社・大阪毎日新聞社編『参戦二十将星・回顧三十年日露大戦を語る』四六頁）。

結局、児玉は宮中に参内し、大将への親任式を無事済ませているが、右の異議申し立ては、官僚閥の最高権力者、山県有朋に対する強烈な当てつけでもあった。

児玉は一人の将帥として、時に非情な決定をも下す覚悟は当然あった。だが、その一方で「一人の将軍が手柄を立てるために、万人の兵卒が骨となる」（諸橋轍次氏の解釈による）ような事態だけは、避けねばならないと強く感じていた。あたかも「万骨枯る」事態を先取りするかのような形で、自分たちを大将に昇進させた「官僚制的な論理」に、彼は一矢報いなければどうにも我慢できなかったのであろう。

満州軍総司令部の成立

こうして、権力の微妙な匙加減の結果、「満州軍総司令部」が成立した（六月一一日、天皇の意向によって名称変更）。「満州」という単語を冠したところに、第三軍の指揮権に関する天皇の考えが仄《ほの》かに滲み出ている。

谷寿夫は、以上の紆余曲折の根本的原因を、自家の勢力を拡張しようとした桂が、「文官の地位を以て兵事に容喙」したことに求めている。彼に言わせれば、「大本営の軍議に…局外者妄りに喙を容るる如きは」「自家勢力消長の上より打算せられた」行為に他ならず、桂とそれに同調した寺内の行為は、まさに「国家を害するものと云ふべき」だというのである。一方、桂らの「無責任な干渉」に断乎として立ち向かった児玉は、あたかも「統帥権の独立」を死守したヒーローのように描かれている（『機密日露戦史』一九四頁）。

しかしながら、先の引用文からも明らかなように、児玉は、桂が陸軍大将の身分を利用して参謀総長の職権を侵したことに怒っていたのであって、「文官の地位を以て兵事に容喙」したから怪しからん、などとは一言も言ってない。それどころか、「総理大臣たる資格」で発言するのだったら、政戦両略の一致という観点からも、むしろ望ましいことであると児玉は考えていた節さえある。

児玉の怒りは、「作戦に関する機関の編成」という参謀総長固有の任務が、山県元帥や桂陸軍大将の容喙によって侵害されたことに対して、つまり、陸軍内部に対して向けられていたのである。妥協に妥協を重ねたことで、児玉のフラストレーションは大いに高まっていた。寺内は、大山と児玉は「到底最初の野戦軍総督の意旨《ママ》」を捨てていないと述べているが（『寺内正毅日記』明治三七年六月一〇日）、これはその通りであろう。後日、児玉は寺内に捩《ね》じ込んで、満州軍の戦闘序列に属する第一～第四軍に対する人事権を、寺内陸相経由で実質的に行使するようになるのである。

満州軍総司令部問題は、陸軍内部に新たな軋みを生じさせた。すでに、総司令部の出征以前から、児玉と山県の関係は緊張感を孕んでいたが、この一件で陸軍省と参謀本部との関係も微妙なものとなった。「双互の間、感情甚良ならず」、寺内は日記にそう記している（六月一〇日）。そして、この感情的なしこりは、旅順攻囲戦に大きな影を落とすことになるのである。

首相の発言権を担保する

　ところで、日露開戦の最終的な意志決定過程から見ても、元老筆頭の伊藤博文がその気になれば、何らかの名分を立てて大本営に入ることは十分可能だったように思われる。だが、伊藤はそうはしなかった。公式令の制定（明治四〇年制定。内閣総理大臣の権限拡大を図った）を極秘裏に準備していた伊藤は、おそらくは、自分が枢密院議長等の資格で大本営に参列することは、来るべき「憲法改革」の趣旨に鑑みて望ましくないと考えていたに違いない。

　大本営の分置に関して、桂が首相としてあれこれ意見を述べるのは構わないが、陸軍大将として発言するのは軍律上好ましくない、という児玉の発言もそう考えると非常な重みを持ってくる。臨時外征機関の権限強化を図りながらも、統帥権問題に関する首相の発言権は担保する。内閣制度の強化を柱とする、「明治憲法体制の確立」を伊藤と児玉はともに模索しており、その一端が右の児玉の発言にも表出していたと言えよう。

伊藤博文
（国立国会図書館蔵）

＊「大本営会議」には、首相・外相・蔵相といった閣僚も適宜出席して意見等を述べている（谷『機密日露戦史』一四〇頁。『明治天皇紀』第一〇巻、六三五頁）。日清戦争では、天皇の意向により、伊藤首相と山県枢密院議長も大本営会議に列席した（『明治天皇紀』第八巻、四六〇、四六九頁）。

児玉の基本的な考え方

　児玉に言わせれば、首相・陸相との意思疎通さえ確保されていれば、戦時外征軍司令部に相当な権限を与えるのは当たり前である。まずは、戦に勝つことが先決だからである。ただし、平和克復＝復員とともに、政軍関係は正常化されねばならない。すなわち、軍政と軍令は明確に区分され、一般行政に対する軍の容喙は防遏《ぼうあつ》されねばならない。帷幄上奏権は縮小され、内閣による軍の統制が図られるべきである。児玉の基本的な考え方を要約すれば、おおよそ以上のようなものであろう。

旅順戦後から児玉と寺内の関係は徐々に好転し、日露戦後には、両者はあたかも何事もなかったかのように、参謀本部の縮小をはじめとする一連の陸軍軍制改革に邁進するようになるが、それはこういった基本理念で、彼らの考えが一致していたからであった。

体制的脆弱性を抱え込む

臨時外征機関問題は、児玉—寺内—桂間の意見調整によってようやく収拾された。だが、大本営への山県の祭り上げという、児玉の企図は貫徹せず、かえって、陸軍内部の足並みの乱れが目立つようになった。しかも、第三軍の指揮権問題を媒介にして、旅順が落ちなければ、それは即座に統帥問題にまで波及するという権力構造が、すでにこの時点で出来あがっていたのである。

換言すれば、乃木の用兵が宜しきを得なければ、それは瞬く間に軍全体の統帥問題にまで発展する、そういう火種がすでにこの時に蒔かれていたのである。二〇三高地の攻略という「一の戦術的問題」（谷寿夫）が、国家的危機の引鉄を引くという、きわめて厄介な体制的脆弱性が抱え込まれてしまったのであった。

児玉には、出先＝満州軍の強硬論で国策を牽引しようという考えは微塵もなかった。彼が考えていたのは、臨時外征機関と内閣との緊密な連携による戦争指導なのであって、だからこそ、奉天会戦の直後に児玉は東京に密行して、講和交渉の旗振り役を果たしたのである。児玉は主戦論を振り回すどころか、早期講和論を堅く持して、桂や小村ら主戦派（「あと一撃」論者）の説得に努めたのであった。先の谷寿夫の所説は、児玉の早期講和論に目を瞑り、外征機関問題をめぐる政治対立を、「統帥権をめぐる文官対武官の対立→児玉による統帥権の擁護」というストーリーに仕立て上げた、すぐれて「時局的」な政治的言説であるといえよう。

＊谷『機密日露戦史』は、大正一四年に陸軍大学校で調整・印刷されたものであるが、当時はいわゆる「憲政の常道」（二大政党による政党政治）が緒に就き始めたころで、政党勢力は陸軍省を通して、陸軍全体に対する統制力を強めていた。そうした事態に対する反発が、谷をして、軍令機関＝参謀本部（大山総長と児玉次長）を称揚するストーリーテラーたらしめたのである。

3　旅順要塞攻防戦――「児玉伝説」の実像

大山・児玉の出征――新橋駅に押し寄せる人々

明治三七年（一九〇四）六月二〇日、満州軍総司令部の親補式が宮中で行われ、二三日には満州軍統率に関する訓令が大本営から大山総司令官に下され、第三軍は大山の指揮下に入ることとなった。

六月二九日、大山・児玉ら総司令部のスタッフは、宮中千種《ちくさ》の間での午餐会に招かれた。皇族方をはじめ、伊藤、山県ら元老一同、桂、寺内、小村ら諸大臣も出席を命ぜられており、陪食者は四二人もの多きに及んだ。この日、明治天皇は大山に馬車一輌・輓馬二頭を、児玉に乗馬一頭をそれぞれ下賜している。

七月六日、大山・児玉らは幕僚を率いて新橋停車場を出発した。一般庶民から政府顕官に至るまで、さまざまな階層からなる大勢の人々が見送りのために集まっていたが、その中には紋付袴に山高帽をかぶった七代目松本幸四郎《まつもとこうしろう》（当時は市川高麗蔵《いちかわこまぞう》）や築地の名立たる料亭の女将たち、さらには大勢の着飾った芸者衆も入り混じっていた。「やはり国民戦争だったのかねえ」。父を見送るために新橋に出向いた、次女仲子《なかこ》は後年そう回想している（『司馬遼太郎　リーダーの条件』一八三〜一八四頁）。

七月一〇日、大山や児玉を乗せた安芸丸は宇品を出港、一五日にダルニー（大連）に上陸した。いよいよ、大山・児玉コンビによる現地での作戦指導が始まったのである。

この間、南山を攻略した第二軍は、急遽反転・北進して、得利寺《とくりじ》でロシア軍を撃破した後（六月一五日）、大石橋《だいせききょう》に進出した。第一軍も摩天嶺《まてんれい》方面に進出、徐々に敵軍を遼陽方面に圧迫しつつあった。そして、これら諸軍と第四軍とによって、遼陽会戦が戦われるのであるが、筆をそこに進める前に、まずは旅順の戦いに触れておかねばならない。この戦いこそは、日露戦争を代表する陸上戦闘であり、かつ、さまざまな軍事神話を生みだした「いわくつきの」戦場だったからである。

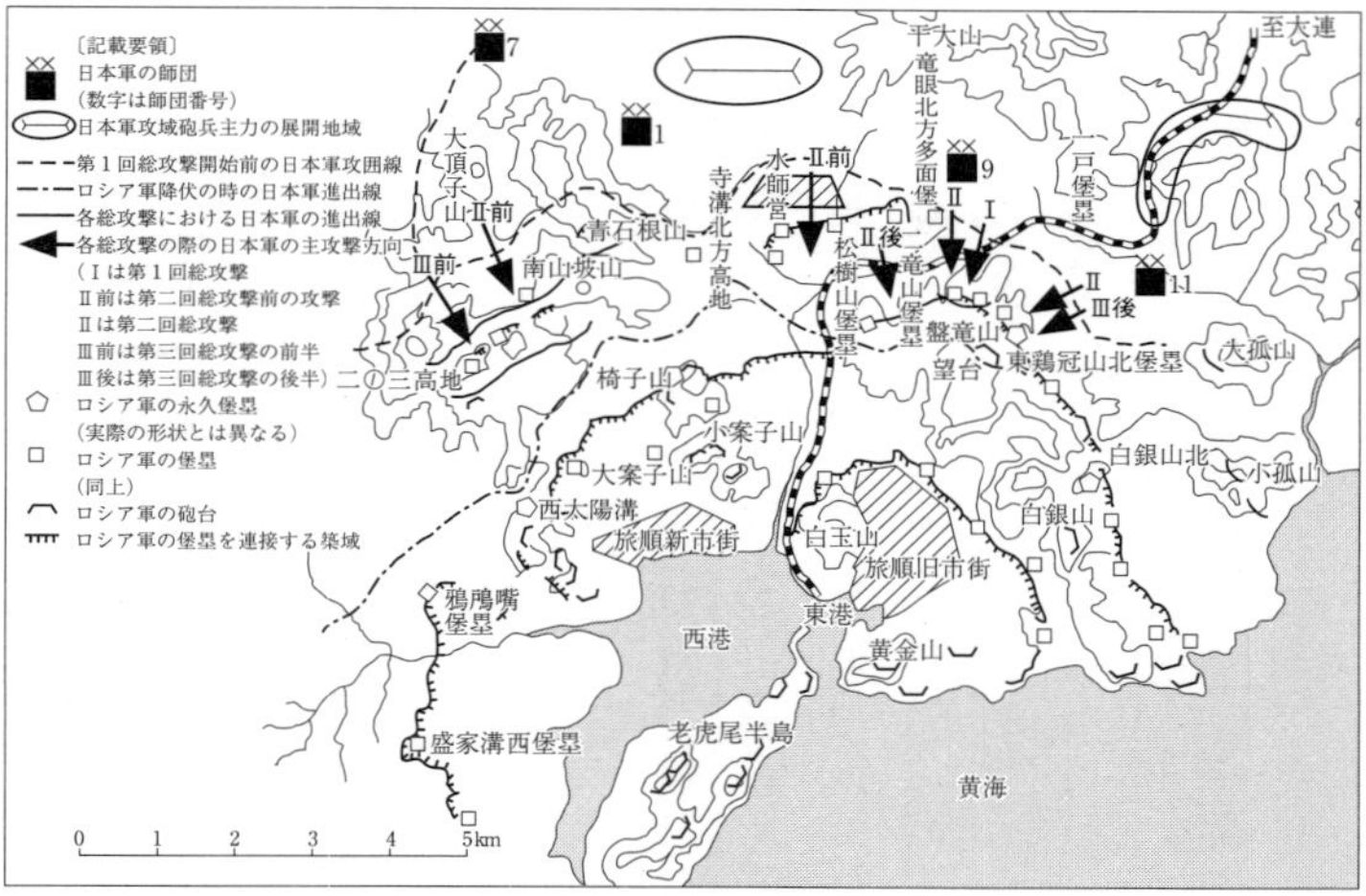

旅順要塞攻略戦の経過要図
（桑田悦編『近代日本戦争史　第一篇　日清・日露戦争』同台経済懇話会，1995年，より）

旅順攻防戦のイメージ

司馬遼太郎『坂の上の雲』以来、旅順要塞攻防戦にはあるイメージが固着している。要塞本防禦線への「正面攻撃」という既定方針に固執して、あたら多大の人命を失った乃木と、それを敢然と覆して二〇三高地に攻勢重点を転換させ、旅順攻略の道筋をつけた児玉というイメージである。

二〇三高地を攻略して、そこに砲兵観測点を設ければ、旅順港の砲撃は思うがままであり、ロシア残存艦隊の撃滅などは赤子の手を捻るがごとくにたやすい。なぜ、こんな自明の理が乃木には分からなかったのだろうか。それに引きかえ、児玉の決断のなんと颯爽たることか…。

実は『坂の上の雲』（一九六八年連載開始）以前から、すなわち、古屋哲夫『日露戦争』の上梓（中公新書、一九六六年）以来ほぼ一貫して、日本史研究者はこうした乃木「愚将論」とはやや異なる枠組みで旅順攻防戦を説明してきた。今更、屋上屋を架すつもりはないが、やはり、二〇三高地問題に関する司馬のイメージは事実とは異なる、ということだけは指摘しないわけにはいかない。

第一に、本防禦線への攻撃にこだわっていたのは乃木希典・伊地知幸介コンビだけではない。それは大山や児玉、すなわち満州軍総司令部の総意でもあった。旅順攻略をめぐる対立軸は、東京の大本営（山県、寺内、長岡）と出先の満州軍（大山、児玉、乃木）の間にあったのである（伊藤之雄『明治天皇』三九〇～三九二頁参照）。

第二に、満州軍も隷下の第三軍もロシア艦隊の撃滅を軽視していたわけではない。否、むしろ確実に艦隊を撃破しようとして、要塞本防禦線の内奥にある望台《ぼうだい》砲台を攻撃目標に選んだのである。旅順旧市街のはるか西方に位置する二〇三高地はたんなる砲兵観測点にしかならないが、望台一帯の高地に重砲*を据えれば、そこからの直接照準で旅順港内を砲撃できる。ロシア艦隊を確実に撃破しようとするならば、二〇三高地よりも望台を占領するに如《し》くはない。

*ここで言う「重砲」とは、一二珊榴弾砲や九珊臼砲の類であって、有名な二八珊榴弾砲ではない。二八珊榴弾砲の二〇三高地への引っ張り上げは、その重量・大きさからして、そもそも不可能である。

第三に、児玉の「合理主義」、乃木の「精神主義」という捉え方は一面的である。また、第三軍の戦いぶりを「ノモンハンの敗北」（一九三九年）に直結させ、両者の底流に日本陸軍特有の「ファナティシズム」を見出すのも行き過ぎだろう。軍隊における精神主義と合理主義の問題は、単なる二項対立では処理しきれない厄介な問題であるし、乃木や伊地知の作戦もそれなりに合理的ではあった。問題はその軍事的「合理性」の中身なのである。

旅順攻防戦という未曽有の一大消耗戦は、最高統帥の危機を通じて明治国家そのものを大きく押し揺るがした。大元帥たる天皇の権威そのものまでもが傷つきかねなかったのである。以下、順を追って見ていこう。

旅順攻略論の台頭

よく知られていることではあるが、当初は児玉も旅順を落とすことを重視してはいなかった。児玉は伊地知の問いに答えて、「旅順の陥落を急《せ》き立てることはしない」と断言していた。

ところが、満州軍総司令部が現地に到着した頃、すなわち、七月中旬頃から、海軍側の切迫した要求（海軍当局はバルチック艦隊の東航に備えて、旅順軍港の海上封鎖を解いて、損傷艦艇の修理や訓練に当たりたいと考えていた）を受けて、児玉は攻略を急ぐようになった。旅順を完全に落として、残存ロシア艦隊を一刻も早く撃滅すべきだというのである（「大庭二郎中佐日記」明治三七年八月二〇日）。

旅順要塞攻略論は戦略的にも理にかなっていた。なぜなら、要塞の包囲という長期持久戦に第三軍を拘束されることは、ロシア野戦軍主力との決戦を考えればまことに不合理だからである。旅順が落ちれば、第三軍を「後顧の憂いなく」北方での決戦に投入できる。また、それは日本軍優位を国際社会に強く印象づけ、国際金融市場での資金調達もより容易になるだろう。一見逆説的ではあるが、戦争の長期化に備えるためにも、旅順の迅速な攻略は必要だったのである。

したがって、問題は次の一点に懸かってくる。短期間のうちに旅順を落とせるかどうかである。もし、長期の攻囲戦に陥って、日本が旅順で国力を消耗するようになれば、全ては逆効果となる。日本国債は暴落し、長期戦のリスクが重く圧《の》し掛かってくるだろう。満州軍はロシア野戦軍の重圧に耐えながら、旅順での一大消耗戦を戦うという、最悪の事態（二正面作戦）に追い込まれていくだろう（以上、別宮暖朗『「坂の上の雲」では分からない旅順攻防戦』一二五頁参照）。

児玉の積極的二正面作戦論

以上は一般的認識である。ところが、児玉はもっと積極的に旅順攻略を位置づけており、なんと自ら進んで南北二正面作戦に打って出ようとしていた。

児玉がひそかに恐れていたのは、旅順を漫然と包囲し続けている限り、ロシア野戦軍主力はハルピン方面に後退して、持久戦を展開しながら、決戦場をはるか北方に誘致しようとするだろうということであった。内陸部での持久戦に持ち込まれたら勝機はない。時が経てば経つほど、欧露からの増兵を得たロシア軍はより強力になる。開戦時の脅迫観念、「時は日本に味方しない」は、この頃も依然として児玉の心中に燻《くすぶ》っていたのである。

一方、日本陸軍が旅順を攻撃すれば、北方のロシア軍はそれに誘い出されて南下せざるを得ず、結果的に「過早な決戦」を強要されることになるだろう。勝機はこの一点に存する。ロシア野戦軍主力になるべく早い段階で痛撃を加えるためにも、旅順は攻撃されねばならなかったのである（防衛省防衛研究所図書館「村上啓作少将述　日露戦史講述摘要」）。

東京も出先も、旅順の迅速な攻略は十分可能だと考えていた。山県も寺内も大山も児玉も、そして乃木も、みな一致して旅順要塞攻撃を決意していたのである(以上、別宮『「坂の上の雲」では分からない旅順攻防戦』一二五頁参照)。

伊地知の物量主義――「攻撃準備射撃」の採用

八月七日、山県は旅順攻撃日程の短縮を促すため、井口省吾(満州軍参謀中佐)を第三軍司令部に立ち寄らせて、乃木や伊地知の意見を叩かせた。席上、井口は夜間または濃霧を利しての奇襲攻撃を提案したが、伊地知の態度は頑なであった。「奇襲では事前の攻撃準備射撃はできない、それを行ってから、要塞を強襲する方が確実だ」というのである。もっとも、準備射撃には敵軍に攻撃重点を事前に察知されるという大きなデメリットがあった。議論は白熱した。

伊地知はさらに続けて、「東郷司令長官とは緊密に連絡をとっているが、とくに期日に関して異論を差し挟まれたことはない」と述べ、山県らの速攻方針に公然と異を唱えた(八月一五日付長岡外史宛井口省吾書翰)。井口と伊地知が激論の末、あわや腕力沙汰に及びそうになったのはこの時のことである。

伊地知は狷介な男であった。しかも、彼の背後には大山が控えていた。井口は伊地知の更迭を大本営に促したが、さすがの山県もそれには踏み切れなかった。

実際のところ、現地陸海軍の意志の疎通は不十分であった。東郷平八郎は一刻も早い旅順攻略の必要性をあらためて乃木に伝達し、その結果、攻撃日程はわずか三日ではあるが前倒しされることになった(実際は気候不順などのため、前倒しはされなかった。八月七日午後三時四五分付連合艦隊司令長官宛軍令部長電報、『旧陸海軍関係文書』R45)。

とはいえ、大本営も満州軍も旅順攻略にはかなり楽観的であった。当初の予定は、八月二〇日に総攻撃準備完了、二一日に攻撃開始、二五日から三一日までの間に攻略完了というもので、本防禦線、二龍山《にりゅうざん》―東鶏冠山《ひがしけいかんざん》をわずか数日間で突破する計画だった（七月二二日午後六時三五分発連合艦隊司令長官宛軍令部長電報案、同右）。

伊地知は二龍山―東鶏冠山間を攻撃正面に選んだ理由として、砲兵部隊の展開が地形上容易で、全火力を効果的に集中できることを挙げている。彼は砲兵火力を集中して強襲を敢行し、一気に敵の本防御線を粉砕して、要塞の死命を制しようとしていたのである（谷『機密日露戦史』二〇二頁）。これを単純に、火力軽視の「肉弾主義」だと決めつけることはできない。

＊第三軍参謀の大庭二郎も「…（中小口径砲）三百八十門の砲火を開始し、四、五日の砲撃を以て旅順の嶮を陥し、全戦役の大勢を相定度と存知居申候」と述べている（七月一八日付長岡外史宛大庭二郎書翰、『長岡外史関係文書』書簡・書類篇、九三～九四頁）。

要するに、伊地知の準備射撃重視論、「慎重論」も程度問題であった。大局的に見れば、大きな楽観論の坩堝《るつぼ》の中で、山県・井口と伊地知は角を突き合わせていたにすぎない。

児玉の遼陽・旅順同時攻略論

そして、それは児玉も同じであった。「実は遼陽攻略も旅順と略《ほぼ》同日になさんとは藤園《とうえん》閣下（児玉）の御胸算に候得共《そうらえども》、天候は意に任せず、少し遅れて遺憾千万に御座候」。児玉は遼陽と旅順の攻略を、なんとほぼ同日に行うつもりであった。それどころか、当初の計画では、旅順を迅速に落した第三軍は、すぐさま遼陽会戦に投入される予定だったのである。

南北二正面作戦への危惧の念は、ここにはその片鱗さえも見られない。「天候がよければ、同日中に攻略できたのに…」。児玉も田中義一（第三軍参謀）も自信満々であった（八月二二日付長岡外史宛田中義一書翰、『長岡外史関係文書』書簡・書類篇、二〇〇～二〇一頁、『機密日露戦史』四七一頁）。

八月一六日、日本軍の軍使は水師営北方でロシア側と接触し、乃木と東郷連名の降伏勧告書を手交した。翌日、ロシア側はそれを拒絶した。ちなみに、降伏勧告は伊地知のスタンドプレイ（司馬『殉死』七三～七四頁）などではない。それはもともと駐英武官宇都宮太郎の発案によるもので、山県が同意し、山県→大山→乃木という経路で実行されたのである（『明治天皇紀』第八巻、八二九～八三一頁）。

第一回総攻撃始まる

八月二一日午前四時、第一回総攻撃が開始された。だが、攻撃は初日から行き詰まった。

東鶏冠山、とりわけその北堡塁は、石混じりのベトンで固められた、堅固な一種の半地下要塞である。突撃した日本兵はまず鉄条網に行く手を阻まれ、その啓開に手間取っている間に、厚い防壁に守られた堡塁の中からロシア兵は強力な砲火を浴びせかけてきた。また、深い堀も穿ってあり、いったんそこに落ちれば周囲から猛烈な火網を浴びせかけられた。まさに、デス・トラップである。あれほど砲撃を加えたにも関わらず、堅固に構築されたロシア軍堡塁は依然として健在であった。

ところが、東京では早くも戦勝ムードが高まっていた。『ベルツの日記』を繙《ひもと》いた者は誰でも、当時の日本人一般が旅順攻略をいかに安易に考えていたかを知ることができる。五月中には旅順は落ちる、いや六月一五日が陥落予定日だ。東京中が戦勝祝賀会の準備に余念がなかった（『ベルツの日記』下巻、五月六日、六月四日、同一三日、同二七日、七月一〇日、八月一四日）。

楽観論は陸軍中央にも瀰漫していた。総攻撃当日、寺内陸相はその日記に「旅順の攻囲漸次歩武を進めたるも未《いまだ》占領の報に接せず。世人皆翹首《ぎょうしゅ》吉報の至るを待つ」と書き記している（『寺内正毅日記』八月二一日）。

峻烈な乃木

だが、捷報はついに届かなかった。「二十二日、天明くれば盤龍山《ばんりゅうざん》東堡塁の斜面及び東鶏冠山北堡塁北斜面には死屍累々として横たわり、所在地隙《ちげき》僅かに我が残兵の集合せるを望む。悲惨の光景名状すべからず」。当日の光景を沼田多稼蔵《ぬまたたけぞう》はそう記録に留めている（沼田『日露陸戦新史』九三頁）。

この時、乃木はまさに峻烈な指揮官であった。八月二一日、後備歩兵第四旅団（家庭持ちの兵隊が大半を占めていた）の「怯懦《きょうだ》前進せざるの報」に接した乃木は激昂した。彼は第九師団長に「逡巡《しゅんじゅん》進まざるものあらば、断然軍法に照らし即決すべきを」命じ、さらに第一一師団長にも独力前進せよとの厳命を下した（「大庭二郎中佐日記」）。

第九師団は攻撃を続行し、二二日午後八時までに盤龍山の東西両堡塁を激戦の末なんとか占領した。二四日の未明には、第一一師団の決死隊はなんと望台砲台への登攀攻撃を試みた。しかし、周囲のロシア軍陣地から集中砲火を浴び、部隊は壊滅した。

潰滅的打撃を蒙る

朝日が昇って来た時、双眼鏡を覗いていた乃木の目は、望台の斜面に取りついた部隊と翩翻《へんぽん》と翻る数旒《りゅう》の旭日旗をとらえた。だが、彼らは微動だにしない。なんとそれは累々たる友軍戦死者の堆積であった。愕然としつつも乃木は攻撃を続行したが、午後四時に至り、ついにその中止を命令した。この時までの日本軍の損害、死傷者一万五八〇〇。これは戦闘参加兵力五万七〇〇〇の約三〇パーセントに相当する。

第一回総攻撃の失敗は、日本の朝野に大きな衝撃を与えた。しかしまだ、この時点では第三軍の責任を問う声は上がってはいない。旅順要塞の防備を過小評価していた点では、山県も児玉も乃木も同断だったからである。

明治天皇は、第三軍が「二塁を抜き益々奮進の途にありと」聞き、将兵の困苦を深く心配している、「爾《なんじ》将卒一簣《いっき》九仞《きゅうじん》の功を全ふせよ」との勅語を乃木に下した（二四日）。山県も、同軍の敢闘を賞賛する書翰を認《したた》めている（二七日、以上、陸軍省編『明治軍事史』下巻、一四〇五～一四〇六頁）。もっとも、山県の心の片隅には乃木の作戦指導に対する疑問も芽生えていた。山県侯来訪「乃木将軍の攻城の計画に就き意見あり」。寺内は日記にそう記録している（『寺内正毅日記』八月二九日）。

正攻法への自信

もはや、強襲法では本防禦線を突破できないことは明らかであった。そこで、乃木は要塞攻撃の正攻法を用いることにした。要塞の近くにまで対壕を掘り進め、なお、十分な攻撃準備射撃を行った上で、最後は対壕からの突撃で決着を付けようというのである。大本営も満州軍も第三軍も、正攻法併用による旅順の攻略には自信を持っていた。山県は、当時著

長岡外史（山口県文書館蔵）

した意見書の中で「旅順の命、又方《まさ》に旦夕《たんせき》に迫れり」と述べている。旅順の陥落は目前に迫っているというのである（明治三七年九月「軍国意見書」）。この意見書は、「旅順が落ちればロシアは和を乞うて来るであろう」との一部の楽観論を戒め、戦争の長期化に備えて為政者の緊張を促したものであるが、旅順の早期陥落が想定されていたことには変わりはなかった。

同様の認識は長岡も抱いていた。彼は「もし、今月末に旅順が陥落したら、樺太への出師《すいし》準備は何時頃になるだろうか」と、伊集院軍令部次長に問い合わせている（九月八日付伊集院宛長岡書翰、『長岡外史関係文書』書簡・書類篇、二二六頁）。長岡は早くも、旅順陥落後の樺太作戦に思いを馳せていたのであった。

二八珊《サンチ》榴弾砲と児玉

さて、ここで登場するのが有名な二八珊《サンチ》榴弾砲である。旅順要塞攻防戦と言えば、この「巨砲」がすぐに連想されるが、ここでは、誰が、いかなる経緯で二八珊榴弾砲の実戦への投入を提起したか、ということについて若干触れておきたい。

結論から言えば、二八珊榴弾砲の投入に最も積極的だったのは東京の陸軍省であった。寺内陸相は早くからそれに乗り気であり、出征前の児玉に諮ったが、参謀本部の議論は意外にも消極的で、「中小口径火砲の砲撃に次ぐに強襲を以てせば」旅順要塞は落とせるだろうというものであった（『明治軍事史』下巻、一四一〇頁)。これは第一回総攻撃を支えた兵術思想そのものである。

以後、しばらくこの議論は立ち消えとなっていたが、第一回総攻撃の失敗を機に再び積極論が持ち上がった。主唱者は有坂成章少将(陸軍審査部長)と長岡参謀本部次長であり、それに山県参謀総長が和し、寺内陸相との協議の結果、まず、六門を満州に送ることになった(『寺内正毅日記』明治三七年八月二六日)。あるいは、寺内が有坂に事前に根回しをしていたのかもしれない。有坂主唱説は谷寿夫が唱えているが、谷が筋金入りの反長閥主義者だったことを考えれば、寺内のイニシアティブはもっと高く評価されるべきであろう。

ところが、第三軍の反応は鈍かった。二八珊榴弾砲の運搬と据付には最短でも三週間はかかるはずであり、実際に砲撃可能になるのは早くても一〇月上旬が見込まれたからである。この時、伊地知は「送るに及ばず」と返電したというが、管見の限りではそのような電報は見当たらない(古川『斜陽に立つ』三五二~三五五頁も参照のこと)。

巨砲の欠陥

二八珊榴弾砲はもともと海防砲台用に設計されており、陸上での移動は全く想定されていなかった。国内の砲台からの撤去と移動はもちろん、その据付も大仕事であった。まず、「地中に鉄骨とコンクリートで円錐形の砲床を築設し」、それから「地上に匡床《きょうしょう》、架匡《かきょう》、砲架、砲身の順に組み立て」ねばならない(佐山二郎「二十八糎榴弾砲解説書」六頁)。コンクリートが乾かなければ、当然発砲はできない。

しかし、有坂には成算があった。当時はセメントの技術革新の真っ最中であった。事前に基礎工事班を派遣して、新式のポルトランドセメントで砲床建設を行えば、比較的短期間で据付は完了するはずだ。有坂はそう考えた。

＊従来のローマンセメントは天然セメントを焼成して作るため、品質が安定せず、養生に要する期間も一定しなかった。一方、ポルトランドセメントは、石灰岩と粘土を工業的に混合して焼成するため、品質も安定し、養生期間を見積もることが可能となっていた（別宮『「坂の上の雲」では分からない旅順攻防戦』、二二三～二二四頁）。

こうして二八珊榴弾砲は旅順へ送られたのである。もっとも、この巨砲には重大な欠陥があった。不発弾の異常な多さである。その割合には二割から八割まで諸説あるが、平均値をとっても二発に一発は不発ということになる。甲板射撃用の信管は鈍感過ぎて、陣地砲撃には向いていなかったのである。たしかに、伊地知は二八珊榴弾砲の投入には消極的であった。だが、それは硬直的な思考様式に災いされたためというよりも、専門的知識を有していたがゆえに、その威力に楽観的にはなれなかったと考えるべきであろう。

驚くべきは、ロシア軍が大量の不発弾を地中から掘り返して、必要な措置を講じた上で黄金山砲台から撃ち返してきたことである。にわかには信じられない話であるが、これは実話である。そのうち一発は日本軍陣地に着弾し、榴弾砲一門が破壊されている（奈良武次「敵の弾丸が大阪製」、『名将回顧日露大戦秘史・陸戦篇』一一五～一一七頁）。巨砲の殷々たる砲声は敵味方双方の将兵を驚かせたが、その物理的威力はある程度割り引いて考えるべきであろう。

遼陽会戦での不手際――児玉による人事権行使

旅順の難戦は意外であったが、大山と児玉にとって、焦眉の急は遼陽での
ロシア野戦軍との決戦であった。それは、両軍合わせて約三六万もの兵力が激突した大会戦であり、児玉は第一・第二・第四軍の分進・合撃による、ロシア野戦軍主力の包囲・殲滅を企図していた。

会戦は八月二五日、黒木軍（第一軍）による弓張嶺《きゅうちょうれい》の夜襲に始まったが、敵正面、首山堡《しゅざんぽ》に対する奥軍（第二軍）の攻撃はなかなか発起されなかった。この間、黒木軍は敵軍の背後に大きく廻り込み、太子河《たいしが》を渡河していた。一方、首山堡に対しては、橘《たちばな》周太《しゅうた》少佐率いる歩兵第三四連隊第一大隊が、攻撃の遅れを挽回すべく猛攻を開始していた。

敵将クロパトキンは、黒木軍に対処するため、遼陽からの撤退を決意した。だが、戦線が混乱・錯綜する中で、それは全面的な後退となった。九月四日、遼陽は日本軍の手に落ちた。だが、ロシア野戦軍主力の殲滅という、当初の作戦目標は達成できなかった。

実は奥軍には大きな問題があった。同軍は出征以来、数々の激戦を経験してきたが、その間、大山や児玉の介入なしに、奥が軍の進退を決したことは一度としてなかった。遼陽会戦の「失敗」の一端は、第二軍の消極的姿勢にある。業を煮やした児玉は、第二軍参謀長落合《おちあい》豊三郎《とよさぶろう》の更迭を長岡参謀次長に打診し（明治三七年八月二一日付長岡外史宛井口省吾書翰）、その結果、落合は韓国駐屯軍参謀長に左遷されている。

満州軍総司令部編成時にあれほど議論の的となった人事権であるが、児玉は寺内に対して、詳細な

「勤務評定」を定期的に送っていたようである（例えば、明治三七年一〇月二二日付寺内宛児玉書翰、一二月一六日付寺内宛児玉書翰など）。寺内との連携のもと、児玉は事実上の人事権を掌握・行使していたのである。

辞表提出――山県への苛立ち

遼陽会戦での両軍の損耗は甚だしかった。兵員殺傷はもとよりのこと、弾薬不足も深刻であった。両軍は態勢の立て直しを図らねばならなかった。今ならまだ時間はある。九月一五日、難戦の実況を検分すべく、児玉は遼陽を離れて旅順へと向かった。

この時、事件が起こった。外国人観戦員（従軍記者）に対し、軍機に抵触しない範囲内で「懇切寛裕」に待遇せよとの訓電が、山県から大山に発せられたことに対して（一六日）、怒った児玉が辞表を叩きつけたのである（二二日）。

すでに春先から、東京の外国人社会では、観戦武官や外国人記者を日本政府が半ばスパイ扱いしているとの風評が立っており、彼らの間には相当な不満がたまっていた。もちろん、児玉は愛想よく彼らに接しようとしていたが、黒木軍などでの観戦武官の待遇は決してよくはなかった。ましてや、従軍記者に対してをや（『ベルツの日記』下巻、明治三七年五月四日、七月三日）。

憤慨した彼らは満州から戻るや否や、日本軍に対するネガティブ・キャンペーンを開始した。遼陽会戦は日本軍の敗北であり、ロシア軍は計画的な撤退を行ったにすぎないというのである。それまで、日本に好意を寄せていた英米の世論はこれで変調を来し、日本の公債価格も暴落した。

児玉も、国際報道の重要性は十分認識していた。気に食わなかったのは、山県が「宣戦の大詔炳乎《へいこ》として日月の如く」云々と、天皇の権威を笠に着て、説教がましいことを言ってきたことである。しかも、あろうことか、国際世論にアピールするために、それは世界に向かって発信されていた。

今ここで児玉に辞められたら、それこそ一大事である。山県は宮中に参内して、天皇の判断を仰いだ。当然のことながら、辞表は却下された（九月二七～二八日）。こうなることは、児玉には当然計算済みであった。彼は恬淡として辞意を撤回した（『明治天皇紀』第一〇巻、八六八～八六九頁、マツノ本六四三～六四七頁）。

第八師団問題――山県との衝突

それにしても、「些細な」問題が、なぜ、このような大事に発展したのだろうか。児玉の反応は、あまりに大人げなかったようにも見える。

実は事件の背景には、戦略予備の使用問題が存在していた。当時、大本営と満州軍との間に、唯一の戦略予備たる第七・第八師団の使用をめぐって一大論争が起こっていたのである。

児玉は第八師団を金州に控置して、戦局の変化に応じて、南北両方面に柔軟に投入しようと考えていたが、北方沙河方面を重視する大本営、つまり、山県は同師団をわざと内地に留めていた。これを知った児玉は激怒し、「旅順攻囲軍に急派するの切要」を山県に強硬に主張した（九月二三日）。だが、山県らの意思も堅く、結局、天皇の聖断を仰ぐこととなった。

九月二七日、第八師団を北方に投入せよとの勅裁が下った。もちろん、児玉らはこれに従ったが、満州軍総司令部では、山県が「袞竜《こんりょう》の袖に隠れて」（天皇の権威を借りて）自らの意見を通したと受け止めており、ただでさえ拗《こじ》れていた児玉と山県との関係は、これでますます悪化してしまった。

天皇の心痛は甚だしかった。彼は自ら決断するに躊躇しなかったが、同時に旅順の難戦も気にかけており、満州軍の負担を減らすために、今度は第三軍の指揮権を大本営に移すように桂首相に促した(九月二八日~一〇月一日)。だが、このタイミングで指揮権を移したら、大山や児玉、特に児玉は自らに対する信任は去ったと受け止め、再度辞表を提出するかもしれない。そうなれば、もう児玉を慰留することはできないだろう。桂は必死になって天皇を説得した。結局、第三軍の指揮権は動かなかった(以上、『明治天皇紀』第一〇巻、八四四~八四五、八七四~八七五頁。谷『機密日露戦史』五二〇頁)。

二〇三高地の攻略に失敗

この間、第三軍は旅順要塞本防禦線への攻撃に先だって、その西方および北方外郭陣地の攻略を試みた(『明治天皇紀』では、この攻撃を「第二回総攻撃」に加えているが、無用な混乱を避けるために、本書では一般的な用例にならって、一〇月三〇日に開始された本防禦線への攻撃をもって「第二回総攻撃」とする)。

九月一九日に作戦は開始され、目標のほとんどが攻略されたが、ただ一個所だけが落ちなかった。それが、本防禦線の西方に位置する標高二〇三メートルの高地、いわゆる二〇三高地であった。第一師団の攻撃は西南角散兵壕の一部を奪取したに止まり、しかも、ロシア軍増援部隊の反撃によって、撤退を余儀なくされていたのである(二二日晩)。「予は軍司令官の計画の密ならざるを歎ず」。寺内はその日記にひそかにそう書き記した(『寺内正毅日記』明治三七年九月二三日)。

本防禦線への攻撃を重視する児玉

もっとも、児玉らは二〇三高地の攻略失敗をさほど深刻には考えていなかった。たしかに、同高地は「比較的近距離にて旅順の内部を砲撃し、且つ観測」することのできる要点ではある。しかしながら、港内の観測だけなら、二〇三高地の東北一〇〇〇メートルに位置する南山坡山《なんざんぱざん》（二〇日に日本軍が占領。別名「海鼠山《なまこ》」）からでも十分可能である。そこからの観測諸元にもとづいて、海軍砲と二八珊榴弾砲とで港内の敵艦を掃射するとともに、対壕作業の進捗を待って、二龍山・松樹山の本防禦線を「全く破壊して之を占領」すべきである。それから、おもむろに二〇三高地を攻略し、他の砲兵陣地の前進と準備砲撃を待って「某一点より大突撃を行ふの外妙案」はない（九月二八日午後五時三〇分発山県参謀総長宛児玉第三軍総参謀長電報、『旧陸海軍関係文書』R45）。

児玉は、砲兵隊による旅順港内の「掃射」→本防禦線の破壊・占領→二〇三高地の攻略→旅順要塞全体の攻略という手順で考えていた。二〇三高地の攻略よりも、本防禦線への正面攻撃を重視していたのである。

伊地知、二八珊榴弾砲の支持者となる

なお、類書の多くは、二八珊榴弾砲の投入を二〇三高地攻略論と結び付けて解釈している。巨砲による港内射撃のためにも、二〇三高地の攻略は必要だったというのである。だが、それはある種の結果論である。

第三軍が二〇三高地攻略をあっさり断念したのは、二〇三高地に重砲を引っ張り上げて、直接照準で港内を砲撃する必要性が、二八珊榴弾砲の威力によって事実上消滅したとの判断によるものであった。伊地知は今やこの巨砲の熱烈な支持者となっており、それさえあれば、遠隔間接射撃でも十分な成果が期待できると主張していた（一〇月三日午後一〇時三〇分発長岡参謀次長宛伊地知第三軍参謀長電報、同右)。まさに、事実は小説より奇なりである。

この時、伊地知は残存艦隊の撃破をほぼ断念し、港湾施設の破壊に主眼を置いていたように思われる。なぜなら、遠隔観測による移動点目標射撃は、直接照準による射撃よりも技術的にはるかに困難で、成功の可能性は限りなく低かったからである（桑原嶽『名将・乃木希典』一三六頁）。

沙河会戦

一〇月六日、旅順方面の視察を終えた児玉は総司令部に帰任した。ロシア野戦軍の動静が気になったからである。総司令部内では井口・松川両参謀を中心に、遼陽会戦での損耗を補充し、来るべきロシア野戦軍との決戦に備えるべきか、それとも、この機を逃さず、一気に戦略要点たる奉天・鉄嶺を占領すべきかという戦略論争が起こっていた。

児玉が断を下す前に戦機は動いた。一〇月八日、ロシア軍が本渓湖《ほんけいこ》方面で攻勢を仕掛けてきたのである。いわゆる沙河会戦の始まりである。

この作戦を指導した児玉の企図は、戦線右翼、第一軍の危機をわざと受け容れて、左翼の第四軍・第二軍によって大きくロシア軍を包囲しようという大胆なものであった。だが、それは第五師団の「緩慢な」動きのために失敗に終わった。児玉は怒って、同師団を総司令部予備とし、師団長上田《うえだ》有《あり》沢《さわ》を更迭処分に付した（『賀陽宮殿下より賜はる日露戦役回想談』七一四～七一五頁。以下、『賀陽宮』と略記。上田の名誉は後に回復され、明治四〇年には近衛師団長に任命されている）。

それにしても、沙河会戦における児玉の作戦指導は妙に生彩を欠いているように見える。たしかに、旅順の攻囲戦が思った以上に難戦であったことが、児玉の頭脳を「すりガラスのように不透明にしてしまった」のかもしれない（司馬『坂の上の雲』第四巻、二五二～二五四頁）。だが、近年発掘された史料によれば、どうもそれだけではないようである。

外交的配慮による作戦の抑制

大正一〇年（一九二一）五月六日、この日、霞ヶ関離宮の午餐会に出席した松川敏胤は、金子堅太郎（枢密顧問官）から思いも寄らぬ話を打ち明けられた。

金子が伊藤の密命を受けて、対米世論工作やルーズベルト大統領に対する講和斡旋の打診に従事していたことは先に触れたが、沙河会戦の終局に当たって、ルーズベルトは日露講和の時機到来と考え、金子に次のように提案したという。「日本は従来連戦連捷、陸王（ロシアのこと）をして顔色なからしめたり。故に此《この》沙河戦に於ける露軍の小勝を機とし、露国に花を持たせて媾和《こうわ》しては如何《いかん》」。

金子はすぐに詳細を本国へ打電し、これが大山、児玉に伝えられた結果、戦局の進展が鈍ったというのである。ちなみに、「露軍の小勝」とは、沙河会戦の最中に生起した万宝山《まんぽうざん》の夜襲（山田支隊が敗北を喫した）のことである。

当時児玉は、「君らの積極攻勢論はたしかに大山に取り次いだのだが、その同意を得られなかった。まあ、勘弁してくれよ」と松川らを慰撫していたが、凱旋の後、実は大山に取り次いだというのは全くの嘘で、本当は「厠《かわや》に隠れていたのだ」と一部始終を打ち明けた。松川と井口はそれを聞いて爆笑したが、小さな疑問が胸中に残った。なぜ、児玉はそうまでして、松川らの意見具申を握り潰したのか。「十八年間疑問として解けざりし事、氷解するを得たり」。松川は日記にそう書き記している（長南政義「史料紹介　陸軍大将松川敏胤の手帳および日誌」）。

児玉の韜晦《とうかい》ぶりは実に見事であった。興味深いのは、旅順攻略を待つべきだとの観点から、桂がルーズベルトの提案に否定的な反応を示したことである。桂は旅順攻略について楽観的であり、児玉は桂よりは慎重な見通しを内心では抱いていたことが、両者の対応の相違となって現れたのである。

4　最高統帥の危機

児玉と乃木の意見対立

第二回総攻撃を前に、日本軍の宿痾ともいうべき弾薬不足はいよいよ深刻さを増していた。乃木は頻りに砲弾の補充を要請して来たが、児玉にも「ない袖は振れない」。しかし、旅順は陥落させねばならない。

明治三七年（一九〇四）一〇月一日、二八珊榴弾砲による東鶏冠山北堡塁に対する砲撃が開始された。九月二八日には、南山坡山からの観測に基づく港内射撃（海軍陸戦重砲隊）も行われ、二日からは二八珊榴弾砲もこれに加わった。たしかに、何隻かの艦艇には命中弾があったし、船渠や埠頭などの港湾施設、さらには旧市街の一部にも損害を与えることができた。だが、白玉山《はくぎょくさん》南海面の死角に入ってしまった船舶には打つ手はなく、結局、その後は少数弾で擾乱《じょうらん》射撃（威嚇射撃の一種）を行うに止まった（陸戦史研究普及会編『旅順要塞攻略戦』一〇九〜一一〇頁）。児玉が説いていた、二〇三高地攻略後回し論の根拠が揺らぎ始めたのである。

この間、日本軍工兵部隊は対壕を延々と掘り進めており、総攻撃の開始も目前に迫っていた。乃木は砲弾不足の現状に鑑みて、短期決戦で雌雄を決しようと考えた。松樹山～望台～東鶏冠山の砲台を一斉に奪取し、さらにその後方、劉《りゅう》家《か》溝《こう》北方～毅《き》後《ご》軍《ぐん》副《ふく》営《えい》一帯の高地をも占領するというのである（「厳秘第一号・第二回総攻撃計画」、『旧陸海軍関係文書』R45）。

児玉はこれに異を唱えた。攻撃正面があまりに広すぎる、むしろ、「二龍山及松樹山方面に全力を挙て攻撃する」を可とする（一〇月二三日付伊地知宛児玉電報）、攻撃を一点に集中すべきだというのである。

だが、二龍山だけを落としても、周囲の堡塁・砲台から集中砲火を浴びせかけられるから、それを確保することはきわめて困難である。逐次各堡塁を落としていくには、十分な砲弾の備蓄が必要であるが、第三軍にはそんなゆとりはない。乃木はそう反論し、結局自らの意見を通した（以上、『旅順要塞攻防戦』一一〇～一一二頁。「大庭二郎中佐日記」一〇月二三日）。たしかに、乃木の主張にも一理はあった。しかし、その作戦目標はあまりに「遠大」にすぎた。

またもや攻撃失敗

一〇月二六日に開始された第二回総攻撃については、もはや詳述する必要はないだろう。攻撃は惨憺たる失敗に終わった。二八珊榴弾砲をも含む四二七門もの火砲による激しい砲撃にも関わらず、半地下要塞ともいうべきロシア軍の堡塁は依然として健在で、それらは連繫して日本軍の突撃を阻んだ。一つの堡塁に取り付くと、隣接する堡塁から猛烈な側《そく》防《ぼう》火《か》を浴びせかけられた。一戸《いちのえ》兵《ひょう》衛《え》第六旅団長の奮戦によって、辛うじてP堡塁（東鶏冠山北堡塁西側の独立堡）を奪取・死守したものの、他の堡塁は全く抜けなかった。一〇月三一日、乃木は攻撃中止を命令した。

わずか六日間の戦闘で、第三軍は死傷者三八三〇名（うち戦死者は一〇九二名）という大損害を蒙った。ちなみに、ロシア軍の死傷者（行方不明も含む）は五〇六九名である。

果たして、乃木に任せていて大丈夫なのか。本当に旅順は落ちるのか。そんな疑念が最高統帥部に急速に広がっていった。おそらく、それは児玉も感じ始めていたことだろう。南山坡山がきわめて不十分な観測点であることは、すでに誰の目にも明らかであった。

＊日本陸軍は臨時気球隊を組織し、八月一三日から一〇月三日まで、旅順港の北方から都合一四回の「昇《しょう》騰《とう》」を試みている。気球（乗員一名）は高度六〇〇メートルまで上昇し、気象条件さえ好ければ旅順港内をも観望することができた。もっとも、煤煙や地理的制約のため、旅順東港はほとんど見えず、西港の白《はく》玉《ぎょく》山《ざん》下海面にはかなりの死角が存在していた。また逆光に妨げられて、双眼鏡による偵察は困難をきわめ、電話による地上とのコミュニケーションも不十分であった。二〇三高地を落さねばならなかったゆえんである（『自八月十三日至十月三日　臨時気球隊気球昇騰に関する報告』）。

海軍の誤断

一一月九日午前一時、業を煮やした山県は、大山にあてて二〇三高地攻略を示唆する電報を打った。今や、旅順要塞そのものの攻略よりも、敵艦を撃破する方が先決だというのである。山県は海軍の動向を気にしていた。

海軍は焦っていた。より正確には、海軍はバルチック艦隊の到来時期を完全に誤断しており、一月中旬には極東海面に現れるだろうから、主要艦艇の整備に必要な日時を逆算すれば、一二月中旬には旅順港の海上封鎖を解かねばならない、だから、それまでに旅順を落とすか、あるいは落とせないまでも、港内をあまねく砲撃して、船渠などの港湾設備を破壊すると同時に、残存ロシア艦隊をも撃破しておかねばならない、と強硬に主張していたのである（一一月一四日付大本営海軍幕僚「旅順口、浦塩港に在る敵艦隊及波羅的《バルチック》艦隊に対する我連合艦隊の現位置」、『旧陸海軍関係文書』R45）。

作戦方針は変更せず

だが、児玉らの意見は変わらなかった。松樹山・二龍山両堡塁の爆破準備作業は、その窖室《こうしつ》部分*にまで到達しており、今さら作業中断はできない、今必要なのは、新鋭部隊によって「元気好く」攻撃することである。新しいパワーを注入すれば、作戦方針を変えなくてもどうにかなるはずだ。満州軍は、内地に控置してある最後の戦略予備、第七師団の第三軍への編入を山県に強く求めた。

＊堡塁突角部の外側または内側に設けた穴倉式の部屋で、この中に機関銃などを配置していた（『旅順要塞攻略戦』五三頁）。

しかしながら、二〇三高地攻略論を全く無視することもできない。該高地に対する顧慮を捨て去ったわけではない、来るべき総攻撃に際しては「助攻撃を此の高地に向くるならん」。大山は山県にそう答えている（一一月九日午後一〇時一〇分発山県元帥宛大山総司令官電報、『旧陸海軍関係文書』R45）。

旅順が落ちなければ、ロシア野戦軍との決戦もできず、海軍も旅順港の監視に拘束され続ける。だが、満州軍が作戦方針を改めないかぎり、第七師団もまた、要塞本防禦線への正面突撃ですり潰されてしまうだろう。究極の選択ではあるが、山県は敢えて大山の要請に応えることにした（『明治軍事史』下巻、一四三四〜一四三七頁）。

大山の狐狩り

一一月一〇日、大山はその日記に「余りの無聊に付、近傍の山に狐狩りをなし、一疋出たれども取ること能はず」と書き付けている。一二日には大山の六二歳の誕生パーティーが開かれ、音楽隊の演奏や籤引きなどで「中々の盛会」だったという（「大山巌日記」）。

大山の将器は尋常一様ではなかった。彼は山県と深刻な議論を闘わせる一方で、あたかも何事もなかったかのように、観戦武官や外国皇族（当時、ドイツの皇族が司令部を訪問していた）と談笑している。狐狩りを行ったのも、外国通信員問題以来の、彼らに対する周到な配慮の一環であろう。

最高指揮官が自らを追い込んでしまったら、その精神的・肉体的しわ寄せは総司令部スタッフに波及し、肝腎な時に致命的な判断ミスを冒しかねない。大山のこの余裕は、決して非難されるべきではない。それどころか、むしろ称讃されるべきであろう。だが、この時の総司令部の判断の中身そのものは、明らかに楽観的に過ぎていたように思われる。

大山、聖旨に従わず

大山に押し切られる形となった山県であったが、彼はなお諦めなかった。山県は天皇の権威によって、大山・児玉の翻意を促そうとした。一一月一四日に開かれた御前会議（出席者は、山県参謀総長、桂首相、山本海相、寺内陸相、伊東軍令部長、伊集院軍令部次長、長岡参謀本部次長）では旅順問題が討議され、天皇は山県らの二〇三高地攻略論を是とした。山県は早速、大山に「港内を周《あまね》く瞰制《かんせい》し得べき地点」を占領したらどうか、「閣下〔大山〕の執らるべき処置速かに報告あらんことを望む」との電文を発した。

ところが、大山はこれに同意しなかった。「巌、猶《なお》従はず」、『明治天皇紀』は簡潔にそう記している（第一〇巻、九二三頁）。

一六日付の大山の返電は、一、第三軍司令官にはこれまでの計画通り、「旅順の死命を制し得べき望台の高地を一挙に占領せしむる」、二、二〇三高地の攻略をも行うことになれば、我軍の砲撃力は二分され、いわゆる「虻蜂取らず」の結果に陥るであろう、三、二〇三高地攻略準備には兵力移転の関係上約三週間を要するが、同高地は望台と違ってたんなる観測点にしか過ぎず、攻撃の費用対効果は小さい、というものであった（一一月一六日午前一一時五〇分発山県参謀総長宛大山総司令官電報、『旧陸海軍関係文書』R45）。

二〇三高地攻略は行わず、望台への突破に戦力を集中するというのである。これは作戦方針の実質的な転換であった。

最高統帥の危機

望台は要塞地帯の中でもとりわけ高所にあり、頂上からは旅順港を見晴かすことができる。大山と児玉はここに重砲を据え付けて、直接照準で港内を砲撃しようと考えていた。もっとも、それは一大難事業であった。

「望台一帯の高地に進出するためには、少なくとも二竜山、東鶏冠山北の二堡塁を奪取し、さらに第一回総攻撃以来、敵が力を入れて増築した旧囲壁を取り、これを足場にしてその奥にある堡塁を攻撃しなければならない」。望台を占領するということは、敵の本防御線を両断することを意味しており、それは旅順要塞の制圧と同義であった（『旅順要塞攻略戦』一二二～一二三頁）。

同日、児玉も望台占領によって「旅順陥落には至らざるも、死命を制するの程度には成功すべきと信ず」との意見を打電した（一一月一六日午後一〇時二七分発山県大将宛児玉大将電報、『旧陸海軍関係文書』R45）。傍点部分に明らかなように、南山坡山からの観測にもとづく砲撃の効果が今一つであったことが、児玉の心に微妙な波紋を生じさせていた。それが、電文末尾の願望的表現となって現れていた。

こうして、主攻撃点の選定という、些細な「一の戦術的問題」は、大本営や天皇をも巻き込んだ一大戦略論争へと発展していったのである。「聖断の明に感激する所なり」としながらも、第八師団の北方戦線投入に関しては、総司令部内にも微妙な受け止め方があったようである（一一月一〇日付山県宛大山電報、『明治軍事史』下巻、一四三四頁）。大山が御前会議の結論に屈しなかったのも、そうした雰囲気と無関係ではあるまい。また、海軍側の強硬姿勢は児玉の強い反発を買っていた。日本軍の最高統帥は今や危機的状況に陥っていた。

乃木の更迭を検討する

一一月一九日、山県は乃木に電報を打って、再度「その所見を問う」た。しかし、彼の意見は変わらなかった。というよりも、第三軍司令部自体が冷静な判断能力を失いつつあったのである。

激戦が乃木を変えていた。かつての「峻烈な」指揮官の姿はもうどこにもなかった。全軍の苦悩を自らの苦悩として、彼は自らの肉体と精神を酷使するようになった。兵たちと辛苦を分かち合い、戦死者たちの無念を晴らすために、乃木はほとんど不眠不休で作戦指導に当たっていたのである。

こうなってしまうと、部下たちもおいそれとは休めない。「伊地知参謀長また悄然たり」。第三軍のスタッフはみな憔悴しきっていた。度重なる攻略失敗にも関わらず、同司令部が「同筆法の攻撃法」を繰り返してしまったのは、過度の疲労による作戦立案能力の著しい低下によるところが、きわめて大きかったように思われる（谷『機密日露戦史』二二七頁、一一月三〇日付井口省吾宛長岡外史書翰）。

第三軍はもはや限界だ。こうなったら、同軍を完全に解体して、新たに第五軍を編成し、司令官には韓国駐剳軍司令官の長谷川好道を任ずべきだ。「乃木韓国に当たるを当然と考ふ」、児玉は長岡と相談して、ひそかに乃木の更迭を検討していた（明治三七年一一月二九日付長岡宛井口書翰、明治三八年月日不明長岡宛児玉書翰）。

一一月二二日、明治天皇は乃木に総攻撃の「成功を望む切なり」との勅語を渙発した（当時は、この事実は公表されなかった）。山県も乃木に対して「一挙直屠ニレ旅順城」との一詩を送った。山県は、第三軍の作戦方針に深い疑念を抱いており、伊地知の「優柔不断」が、乃木の「遷延躊躇」をもたらしていると嘆いていたのである（明治三七年一一月二二日付寺内宛山県書翰）。だが、すでに賽は投げられていた。

窮余の一策——白襷隊の壊滅

一一月二六日、第三回総攻撃が開始された。作戦が失敗に終わったことは、攻撃発起後間もなく明らかとなった。兵の多くは十字砲火に射すくめられ、次々と斃れていった。多くの部隊が全滅に近い打撃を蒙った。

この時、窮余の一策として、立案・実行されたのがいわゆる白襷《しろだすき》隊（三一〇六名）による払暁攻撃である。これは、水師営～白玉山ルートで暗夜ひそかに本防禦線の内側に潜入し、ロシア軍の混乱を誘った上で正面攻撃を行い、一気に要塞を落とすという、無謀とも言える奇襲作戦であった。払暁の奇襲では砲兵の掩護は受けられないし、もし、敵に発見されれば、堡塁間の十字砲火の絶好の餌食となってしまうだろう。さすがに、大庭をはじめとする第三軍のほとんどの幕僚は口を揃えて反対した。だが、乃木と伊地知は、この作戦にわずかな望みを託した。正確には託さざるを得なかったのだ。

周知のように、白襷隊の潜入はロシア軍に察知され、それは惨憺たる失敗に終わった（以上「大庭二郎日記」）。二七日午前四時、指揮官中村覚少将は攻撃を断念、後退命令を発した。

乃木、二〇三高地の攻略を決意

もはや、万策尽きた。限界に達した乃木は、ここでようやく本防禦線への攻撃を断念し、二〇三高地の攻略を決意した（二七日午前一〇時～午後六時）。第一師団を主力とする総攻撃は、砲撃に継ぐ砲撃、白兵戦に継ぐ白兵戦となった。二七日午後八時には、高地の一角が日本軍の手に落ちた。だが、すぐさまロシア軍に奪還されてしまった。

一一月二九日午前三時、乃木は新鋭の第七師団（師団長大迫尚敏）を新たに投入して、なにがなんでも二〇三高地を攻略しようとした。この日から一二月五日まで、山頂を争奪すること十数回という、世界戦史上稀に見る激戦がこの小さな丘をめぐって展開されたのである。

満州軍総司令部でも動きが見られた。大山は児玉を旅順に派遣して、乃木に代わって第三軍の指揮を執らせることにしたのである。児玉の派遣を伝える訓令の中で、大山は「高等司令部」自ら前進し、敵軍の逆襲に迅速に対応できる態勢を整えなければ、占領を確実にすることはできないと述べている。

事実関係はともかくとして、これが第三軍に対する露骨な不信感の表白であったことは間違いない（一二月一日時間不詳第三軍宛大山総司令官訓令）。

児玉、直率部隊による突撃を覚悟する

この時、大山は大連上陸中の歩兵第一七連隊（第八師団）の指揮権を児玉に委ねた。児玉は自己の裁量で動かせる「手兵」を持ったのである。彼はいざとなったら、この部隊を率いて総参謀長自ら二〇三高地に突撃する覚悟を固めた。

乃木は、自ら「名誉の戦死」を遂げてしまうかもしれない。その場合には、第三軍の指揮は次級者である師団長（大迫尚敏か大島久直）に委ねられることになるが、彼らではこの大任は果たせないだろう。統帥法から言えば邪道ではあるが、ここは自分が指揮を執るしかない。児玉はそう直覚したのかもしれない（桑原『名将・乃木希典』一五九頁）。そして、大山もそれを是としたのである。

一二月一日午前三時、児玉は煙台《えんだい》の総司令部を発って貨車で旅順へと向かったが、出発に際して、彼は秀雄宛の遺言状を秘書官の関屋貞三郎にひそかに託した（以上、『賀陽宮』七九二～七九五頁、一二月一日付時間不詳第三軍宛大山総司令官訓令）。

途中、二〇三高地陥落の報に接した児玉が、機嫌よく朝食（洋食）の皿に向かおうとしたところ、敵軍の逆襲によって奪還されたとの急報に接し、「怪しからん、第三軍の馬鹿野郎が！」と卓を叩き、食事もそこそこに第三軍司令部へ急行したというエピソードはあまりに有名である（右の発言は、『賀陽宮』七九四頁所収の田中国重の実見談による）。もっとも、ただ急いだわけではない。この時、児玉は歩兵第一七連隊を直ちに旅順に送るよう大山に打電している。直率部隊による突撃は、この時一段と現実味を増したのである。

二〇三高地の指揮を予に委せよ

一二月一日午後、児玉と乃木の劇的な会談が、第一・第七両師団司令部の置かれていた高崎山《たかさきやま》（碾盤溝《てんばんこう》近くの高地）で行われた（第三軍司令部は在柳樹房《りゅうじゅぼう》）。この時、すでに乃木の威信は傷つけられていた。軍司令部の攻撃命令を隷下部隊では真面目に受け取ろうとしない、そんな雰囲気が醸生されていたのである。「高崎山は暗闇座敷だ。すぐ、総参謀長に来てもらいたい」（福島安正が児玉の副官田中国重に述べた言葉）。この暗澹たる雰囲気を一掃できる人物は、もはや児玉しかいなかった（『賀陽宮』七九六頁）。

児玉は、第一七連隊の一個大隊を二〇三高地近傍の海鼠山（南山坡山）付近にまで引っ張ってきていた（『賀陽宮』七九五頁）。その意図は誰の目にも明らかであった。第三軍司令部は震撼した。アンペラを敷きつめた、半地下式の壕の中で児玉は乃木と対坐した。「二〇三高地の指揮を予に委せよ」、児玉は乃木に迫った。すでに憔悴のきわみにあった乃木は、「涙を流して、致し方なし、委すと同意せられた」（「残念なれども君に任せる」と言ったとも伝えられる。以上の発言は、いずれも『賀陽宮』七四二頁所収の田中国重の実見談による）。児玉は大山から、正式の委任状を取り付けてきたが、それを直接示すまでもなく、乃木は児玉に口頭で指揮権を移譲したのである。

児玉の戦い

この間、児玉は第七師団長の大迫尚敏から、戦況困難の実相を聞きとっており、大迫は涙を流しながら、第七師団による攻撃再開を懇願している。これほど多くの戦死者を出しながら、二〇三高地を落とせないとは彼らの霊に顔向けできない、何とかして自分と自分の部隊にもう一度チャンスを与えてほしいというのである。

児玉はすぐには答えなかった。しかし、大迫が悄然として帰った後、彼は田中に第七師団による攻撃再開を告げた。熊本城籠城戦、草場学校攻撃以来の、戦友の頼みを無碍《むげ》には拒めなかったのである。

児玉は直ちに軍参謀を招集し、二〇三高地占領の最大の障害となっていた、ロシア軍椅子山堡塁を沈黙させるべく、重砲隊の高崎山への陣地変換を命じた。また、ロシア軍の奪還作戦を阻止するために、二八珊榴弾砲による二〇三高地斜面への砲撃を指示した。

第七師団の攻撃によって、二〇三高地の西南角は辛うじて確保されていた。しかし、頂上からの攻撃はもとより、周辺のロシア軍堡塁からの激しい砲撃によって、日本軍が確保したわずかな土塊は今にも粉砕されそうに見えた。児玉はこのわずかな土地に目を付けた。頂上まで行かなくても、この斜面からだけでも旅順港内は観望できるのではないか。聞けば、第三軍の参謀はいまだそれを実見していないという。

児玉の怒りは再び爆発した。彼はすぐさま三名の将校に二〇三高地への斥候を命じた。これは文字通り、身命を賭しての任務となる。乃木は彼らを呼びとめ、懇ろに握手して、その武運長久を祈った。多くの幕僚は、その光景を見ながら思わず涙ぐんだ。だが、児玉は違っていた。プイと横を向いて、一顧だにしなかった。


「そこから旅順港は見えるか」

ここから先の事実関係には、諸史料によって混乱が見られる。頂上からの電話連絡を受けた児玉が、「そこから旅順港は見えるか」と電話口で吠えたという証言と、将校斥候はいったん司令部に帰還して、港内の状況を口頭で報告したという別の証言とが重複しているのである。

だが、これだけは確実であろう。「そこから旅順港は見えるか」との言葉が、実際に電話口で発せられたかどうかは別にしても、児玉は同様の問いかけを行ったであろうし、その問いかけには、第三軍の、否それどころか明治国家の運命が託されていたということである。

旅順港内はよく見えるという。「それじゃあ、すぐ撃て」、児玉は言った。高崎山に展開していた二八珊榴弾砲に、旅順港内を砲撃させようというのである。ところが、これに奈良武次《ならたけじ》（攻城砲兵司令部部員）が猛反対した。観測将校を二〇三高地西南角に派遣しても、観測所を設けなければ、みすみす敵弾の餌食になるだけだというのである。児玉はこの反論に激昂した。

この時、児玉は断乎として非情な命令を貫徹したとされている（一説によれば、児玉が下した「非情な命令」は、二〇三高地への敵軍登攀を防止するための砲撃命令［同士撃ちになる可能性が高い］だったともいう）。だが、それは訛伝《かでん》であろう。田中によると、結局、児玉は有耶無耶のうちに観測所の設置を黙認している。

実は、奈良も西南角からの眺望の件はとうに承知しており、そこから旅順港内を観測して砲撃を加えれば、相当の効果が期待できることも十分理解していた。にもかかわらず、児玉の意見にあえて反対したのは、今、港内への砲撃を開始したら、ロシア軍は観測点を潰すべく、西南角に取り付いた日本軍（第七師団）を攻撃してくるだろう、そうなったら、兵力のほとんどを失っている同師団には、持ち堪える力はもはやないという状況判断にもとづいていた。

二〇三高地を落とす

こうして、第三軍は二〇三高地西南角へ砲兵観測所を設営しようとした。観測所といっても、それは土嚢などを積み重ねたごく簡単な陣地に過ぎない。ところが、ロシア軍は観測所の設営阻止どころか、西南角斜面の日本軍それ自体の殲滅を狙って、周辺の堡塁（鴨湖嘴、北太陽溝）から猛烈な砲撃を仕掛けてきた。まずは、これらを沈黙させねばならない。

児玉は、一二珊榴弾砲一五門、九糎《センチ》臼砲一二門から成る砲兵部隊に、二四時間以内での太平溝への陣地変換を命じた。これは第三軍の全火砲三〇〇門余の約一割にも満たない数である（一二月三〜四日）。全砲兵火力を無効化することなく、比較的迅速な陣地変換ができたのは、そのためであった。

一二月四日、陣地変換を完了した砲兵部隊は二つの敵塁に猛烈な砲撃を開始した。ほどなくして、鴨湖嘴は完全に沈黙し、北太陽溝からの発砲も散発的なものになった。翌五日夕刻、一昼夜にわたる激烈な争奪戦の後、二〇三高地の山巓《さんてん》についに旭日旗が翻った。早速、二八珊榴弾砲、その他の各種重砲による港内間接射撃が開始された。行動力を失っていたロシア残存艦隊が、大損害を蒙ったことは言うまでもない。彼らの士気は崩れた。

＊この時すでに、ロシア軍艦の備砲の多くは取り外されて、陸上戦闘に供されており、乗組員の多くも要塞防衛に投入されていた。もし、これらの措置が講じられていなければ、二〇三高地はロシア艦隊による艦砲射撃の格好の標的となったはずである。同高地からの遠隔観測による間接射撃が効果をあげることがで

きたのは、そうした状況の変化によるところも大きい（桑原『名将・乃木希典』一三八頁）。

こうして、二〇三高地はついに落ちた。『第三軍戦闘詳報』は、一一月二八日から一二月五日までの間に、突撃すること十数回、死傷者は七〇〇〇名の多きに及んだと報告している（『第三軍戦闘詳報』第一〇号、一一三頁）。ロシア軍の損害もまた甚大であった。彼らはその莫大な人的損害に、もはや耐えられなかったのである。

児玉は「天才的戦術家」か

司馬遼太郎氏の一連の小説以来、児玉はその「天才的戦術家」としての側面を高く評価されてきた。しかしながら、今までの叙述からも明らかなように、児玉も多くの見通しの誤りや事実誤認を犯している。旅順要塞攻略に関する楽観的な見通しなどはその最たるものであろう。

ただし、それは児玉一人の過誤ではない。同様の見通しの甘さは山県や大山、そして乃木にも共通していた。たしかに、山県や寺内は二〇三高地主攻論に乗り換えるのは早かったが、彼らが主張していた遠隔間接射撃では、旅順港内の移動目標（軍艦）を撃破するのはきわめて困難であった。軍艦を破壊するためには、港内を隈なく観望できる高地からの直接照準射撃が必要なのである。

しかも、この問題の背景には、統帥システムの設計ミスが絡んでいる。満州軍総司令部の指揮下に第三軍は置かれていたとはいえ、児玉は北方からのロシア軍の攻勢に注意を払わざるを得ず、第三軍の作戦に対する児玉のチェックは不十分なものとなってしまった。山県との抗争の結果、児玉は事実上一人で南北二正面の作戦指導を行うという、通常では考えられない超人的な重荷を自ら背負ってしまったのである。

大山―児玉コンビ、すなわち満州軍は北方戦線の作戦指導に専念し、旅順要塞攻略は大本営直属の第三軍に任せた方がよかったのではないか。日露戦争からしばらく経って、陸軍大学校の戦史研究ではそんな意見も出されているが、それには一定の合理的根拠があったのである。

児玉と乃木

乃木は児玉の来着以前に、二〇三高地の攻撃に踏み切っている。また、乃木・伊地知コンビの作戦構想にも、攻撃準備射撃、つまり物量の重視など、相当の軍事的合理性があったことは、今まで詳しく述べてきたとおりである（この件に関しては、桑原『名将・乃木希典』も参照のこと）。

精神的繊細性を多分に有していた乃木は、将兵の痛苦や戦死者の無念を非常に強く受けとめ、自ら不眠不休で戦い続けることによって、彼らの犠牲に応えようとした。だが、それは結果的に第三軍司令部の作戦能力を著しく低下させてしまった。

児玉は、自ら直率部隊を率いて軍司令部に乗り込むという、「統帥の正道」から逸脱した行為を敢えて行い、第三軍の頭脳を蘇らせた。また、いくつかの「非情な命令」も平然と下している。

児玉はもともと、その内面に濃密な「センチメンタリズム」を湛えた人間である。だが、作戦を成功に導くべく、彼は自らの感情の湧出を懸命に抑えて、ひたすら意志的に振舞っていた。二〇三高地攻略の成功は、児玉の「天才的な戦術眼」によるものではなく、むしろ、組織的昏迷状態に陥りつつあった第三軍司令部と隷下部隊を、児玉がその強烈な意志力によって「正気に戻らせた」ことにあるように思われる。

その冷静さと楽天性、そういった資質が、児玉の人並み外れた意志力を支えていたのである。いずれにせよ、これだけは確かに言えるであろう。旅順要塞攻防戦は当時の日本の国力を限界近くにまで追い込んだのであり、二〇三高地問題は統帥システムの問題点を通して、明治国家そのものを大きく押し揺るがしたのである。

5　早期講和論を唱えて

馬首を北方にかえす

二〇三高地の陥落と旅順港の破壊は、要塞守備軍の士気に大きな打撃となった。敵将コンドラチェンコはなお勇戦力闘していたが、彼も東鶏冠山北堡塁で二八珊榴弾砲の直撃を受けて戦死した（一二月一五日）。

もはや、戦を急ぐ必要はない。第三軍は坑道を穿って、ロシア軍堡塁を地下から爆破し、徐々に要塞の死命を制していった。明治三八年（一九〇五）一月一日、ロシア軍司令官ステッセルはついに旅順要塞の開城を宣言した。第三軍の攻撃開始から、この日に至るまでの日本軍将兵の死傷者は五万九四〇〇名余、うち戦死者は一万五四〇〇名にまで達している。

ちなみに、児玉の手兵、歩兵第一七連隊であるが、一二月五日午後五時四〇分に第三軍（第七師団）の隷下に編入され、二〇三高地攻撃部隊に加えられている。児玉はその際、伊地知に向かって「（同連隊は〕二〇三高地の占領を確実にし、爾後《じご》攻撃の進捗を容易ならしむるが如く使用せらるるを要す」との注意を口頭で与えている（『第三軍戦闘詳報』第一〇号、一一二〜一一三頁、『第七師団戦闘詳報』第一号、三六頁）。第一七連隊の変則的指揮系統は、こうして迅速に常態に戻されたのである。

児玉は二〇三高地の陥落を見届けるや、翻然として馬首をかえした。一二月九日正午、児玉は乃木の見送りを受けて、停車場から総司令部へと戻っていった。北方でのロシア軍の動きが気になったからである。

乃木は更迭せず

児玉が乃木の更迭（韓国駐劄軍司令官への転任）と、第三軍の解散を計画していたことは先に述べた。一方、山県参謀総長は、第九または第一一師団を大本営直轄にする意向を示していた。満州軍編成当時の、例のあの指揮権問題がまたぞろ再燃したのである。

しかし、明治天皇の意向もあったのだろう、第三軍は解散を免れ、乃木も同軍司令官に留まることとなった。現地に赴いて初めて、児玉は乃木の苦衷を実感することができた。弾薬の絶対的不足と海軍からの速攻要求（しかも、海軍はバルチック艦隊の襲来時期を完全に誤断していた）との板挟みの中で、乃木は全力を尽くしていたのである。冷静に考えれば考えるほど、彼を一方的に責めることはできない。おそらくはそうした理由から、処分は撤回されたのだろう（ただ伊地知は後方に廻され、参謀長の任を解かれている）。

第三軍の解散はこうして中止された。ところが、新たな問題が発生した。山県が大山に内談することなく、第三軍の改編と鴨緑江軍の新設を一方的に通告してきたのである（一月八日）。児玉は激怒した。双方はまたもや衝突した。

この時はいったん妥協が成立し、新戦闘序列は天皇の裁可を得たが（一月一二日）、その後も、児玉と山県の対立は続いていたようで、結局、第三軍の戦闘序列は奉天作戦の内容に適合させるべく、満州軍によって再度変更されている（二月七日）。大山と児玉が山県を押し切ったといえよう。旅順攻略に決定的な役割を演じたことによって、児玉の声望はいよいよ高まっており、山県ですらもそれに一目置かざるを得なかったのである（『明治天皇紀』第一一巻、明治三八年一月八日・同二月七日。谷『機密日露戦史』五二八～五三〇頁）。

この間、ロシア軍は黒溝台方面で本格的な冬季攻勢を仕掛けてきたが、大山・児玉コンビは辛くもそれを切り抜けている（明治三八年一月下旬）。

奉天会戦

二月、春の訪れとともに、満州平野にも戦機が到来した。いよいよ、日露戦争最大の野戦、奉天会戦が始まろうとしていたのである。日露合わせて六一万七〇〇〇もの大兵力（日＝約二四万九八〇〇、露＝三六万七二〇〇）が、清朝ゆかりの地、奉天（現・瀋陽）の南郊で大規模な運動戦を展開したのである。

奉天会戦での児玉の意図は、戦線右翼に配備した、鴨緑江軍・第一軍・第四軍を「鉄床《かなとこ》」とし、左翼の第三軍を「鉄槌」として、ロシア軍主力を包囲・殲滅するにあった。彼らは作戦企図を秘匿するために、まず、右翼から攻撃を開始させ、ロシア軍の関心を引き付けるとともに、永沼挺身隊（第一・第二挺身隊）を戦線のはるか後方、長春方面に長駆進入させ、敵軍の混乱を誘おうとした。

奉天会戦経過要図
（桑田悦編『近代日本戦争史 第一篇 日清・日露戦争』より）

児玉、乃木を叱咤する

二月二一日に始まった作戦は、当初は計画通り進んでいた。ロシア軍は日本軍の攻撃に敏感に反応し、大挙して渾河《こんが》を越え、戦線右翼に突出して来た。彼らは罠に嵌りつつあったのである。遙か西方、第三軍の前方には、広大な真空地帯が口を開けていた。

だが、乃木軍の進撃速度は緩慢であった。業を煮やした児玉は、自ら野戦電話をとって、第三軍司令部を呼び出した。ところが、事情を察知した乃木は、怒って電話に出ようとしない。児玉は参謀を怒鳴りつけた。「第三軍の行動緩慢なり。何をなしありしや」というのである。

この時、乃木は明らかに冷静さを欠いていた。植木の戦いで薩軍に軍旗を奪われた後もそうであったが、こうした場合、彼は往々にして激情に流されがちであった。軍刀を帯びると、自ら第一線に飛び出そうとして、幕僚に辛うじて制止された。

乃木の怒りは、その後も止まなかった。彼は軍司令部を最前線に推進し、自ら陣頭で指揮を執ったが、これはあまりにも危険な行為であった。総司令部参謀の田中義一はそれを強くたしなめ、結局、乃木も軍司令部の後退に同意した。ところが、今度は麾下の第七師団の進撃が停滞していると、児玉から矢のような催促である。奉天会戦では、児玉と乃木の間には、意思疎通のズレがしばしば見られたようである（以上、『賀陽宮』七三八～七四一頁）。

第三軍の奮戦

ともあれ、児玉の督戦の甲斐あってか、乃木軍は大きく西方に弧を描いて、文字通り無人の野を行くように進撃した。有名な一大繞回《じょうかい》（迂回）運動である。

ところが、ここで作戦に齟齬が生じた。第三軍の右脇腹は第二軍の迅速な進撃によってガードされるはずであったが、ロシア軍は第二軍の前面に有力な部隊を配置し、その進撃に猛烈に抵抗したのである。第二軍の進撃は停頓した。その結果、第三軍の主力部隊、第一師団と第七師団は、第二軍との連繋を断たれて、奉天西北方の敵中に孤立しようとしていた。もし、これにロシア軍が気づけば、第三軍は総崩れとなり、日本軍の前線は左翼から崩壊を開始するだろう。

大山は第三軍に進撃中止を命令した。この間、第二軍は敵の抵抗を排除しながら、北方に運動を開始した。隙間は埋められた。三月四日、両軍は轡を揃えて攻撃を再開した。ロシア軍もついに日本側の企図に気付いた。クロパトキンは日本軍による包囲を粉砕すべく、第三軍の先鋒に攻撃を集中した。

万難を排して友軍を救え

三月七日夜、町田敬宇（第四軍作戦主任参謀）は、児玉からの直通電話をとった。児玉の声は極度に張りつめていた。「目下、奉天西北方に迫りつつある第三軍は、優勢なる敵軍の逆襲を受け、時々刻々非常に危険な状態に陥りつつある。もし、不幸にして第三軍が敗れれば、第二軍危うく、ついには満州全軍の危機となるだろう。第四軍は全軍の運命を賭し、万難を排して、明払暁までに奉天東北に進出して友軍を救え」。

児玉の叱咤は奥保鞏の闘志をかきたてた。今こそ、遼陽での屈辱を雪ぐべき時だ。奥は自ら陣頭に立って進撃を指揮した。第四軍は大きく旋回して奉天の東北方に出た。日本軍は袋の口を閉ざそうとしていた。その中には、クロパトキンの司令部も含まれていた。

この時、有名な大砂塵が発生したのである。それは日本軍の追撃を大いに妨げた。ロシア軍の大部

奉天総司令部の児玉
（吉武源五郎編『児玉将軍十三回忌寄稿録』マツノ書店，2010年，より）

隊は、長蛇をなして北上していった。我軍の退路遮断が数時間早かったならば、敵将クロパトキンは、その坐乗列車もろとも我軍に捕獲されただろう。後に町田はそう言って悔しがった。

唯平和の一活路あるのみ

ロシア軍は奉天会戦で、死傷者行方不明八万九〇〇〇という大打撃を蒙った。だが、日本軍の能力ももはや限界に達していた（死傷者約七万）。

敵軍を急追するにしても、持久作戦を取るにしても、「一に政策と一致するにあらざれば、幾萬の生霊を賭して行ふ所の戦闘も、遂に無意義、無効果に」終わるであろう。もし、「戦略上の成功に依りて、政策の取るべき方針を決定せんとするが如きことあらんか、軍隊は目的なきの戦闘に従事し、損傷を蒙ら」ねばならない（三月一四日、『明治天皇紀』第一一巻、八九頁）。大山は山県に急遽電信して、政戦両略一致の重要性を説いた。もとより、それは児玉の意見でもあった。山県もすぐに賛意を表してきた。児玉は秘密裏に総司令部を出発し、東京へと向かった。講和談判開始の旗振りのためである。三月二八日、入京した児玉は早速参内し、明治天皇に戦況を奏上した。四月八日、桂内閣は早期平和克復を外交方針と定め、具体的な講和条件の検討に入ることを閣議決定した。

児玉はその帰任まで精力的に動いた。当時、政府要路では「外交の進行手段に付、伊藤山県の論と桂小村の論と一致せず」、児玉が「両者の間に立ち之を一致せしむる」必要が生じていたのである。児玉は、主戦派の小村外相に対して「奉天会戦後の情勢は既に一兵の補充だも許さず、唯平和の一活路あるのみ」と説いて止まなかった。今や、児玉は元老―内閣間の調整役であった。数々の戦場で挙げた武勲が、新たな政治的光背となって彼の政治力を増大させていた（『明治天皇紀』第一一巻、一九三～一九四頁、明治三八年四月二一日付大山巌宛児玉源太郎書翰）。桂・小村ら主戦論者をして、早期講和論に耳を傾けしめた児玉の功績は至大である。五月五日、彼はようやく満州への帰途に着いた。

桂の馬鹿が償金を取る気になっている

さて、その後の経緯については詳述する必要はあるまい。五月二七日、東郷平八郎率いる連合艦隊は対馬海峡でバルチック艦隊を迎え撃ち、二日間にわたる海戦によって、それをほぼ全滅させた（日本海海戦）。一方、満州では児玉らが新鋭リネウィッチ軍と対峙していた。

八月一〇日、ルーズベルト大統領の好意的仲介によって、アメリカのポーツマスで日露講和会議が始まった。交渉は難航したが、九月五日、全権の小村寿太郎はロシア側全権ウィッテとの間に講和条約を取り交わした。賠償金こそ取れなかったものの、日本は韓国の自由処分をロシアに認めさせ、さらに、関東州租借地や東清鉄道南部支線（長春～旅順間）からなる南満州権益の譲渡を勝ち取った。

もともと、桂や小村は「償金十億円位は取るゝるものと信じ」ており、その交渉態度も強硬であった。満州への帰任途上の漢城で、桂・小村の講和条約案に接した児玉は、その中に賠償金の一条があるのを発見して、「桂の馬鹿が償金を取る気になっている」と一笑に付したという（『原敬日記』明治四二年三月七日、外務省編『小村外交史』四九七頁）。

開戦論者は必ずしも侵略主義者・強硬論者ではない。児玉の早期開戦論は避戦論を内に秘めたものであったが、その根底には日露関係に関するきわめてリアルな認識があった。その同じ政治的リアリズムが、早期講和論・妥協平和論に形を変えて発現したのである。児玉にとって、ポーツマス条約は日本の国力に見合った、それ相応のものであった。

二度と戦《いくさ》はすまいもの

だが、世論は承知しなかった。講和条約の内容が報じられると、東京では大規模な焼打事件が発生した。ポーツマス講和条約に反対する数万の群衆が、条約の破棄と戦争の継続を主張して暴動を起こしたのである（九月五～七日、日比谷焼打事件）。

この時、児玉邸も襲撃されるのではないかと噂されており、市谷薬王寺前町の警備は厳重をきわめた。小生も「軟派の隊長」と見なされているようですが、幸いにも焼打ちだけは免れたようです。児玉はそう述べ、さらに「勝てば憎まれ負けてはならぬ、二度と戦はすまいもの」との一句を詠んでいる（明治三八年九月二三日付長岡外史宛児玉源太郎書翰）。

この不安定な〝世論なるもの〟とは、一体何なのだろうか。思わず慨嘆した児玉であったが、しかし、すぐさま対応策を考えている。「多数愚民に臨むには相応の政策」がなくてはならない。しかるに、政府は往々にして「政治家社会」にのみ注意を払って、「全般社界《(ママ)》を適当に指導する」ことを怠りがちである。軍隊は一般社会の縮図であり、忠勇な軍隊も復員すれば、ただの社会的分子に還元されてしまう。凱旋の仕方にも、細心の注意を払わねばならない。

ここには、社会政策への傾斜が垣間見られる。だが、「児玉は政事家になったとか云ふ声」も漏れ聞こえてきそうなので、これ以上は申しません（以上、引用個所はすべて前掲長岡外史宛児玉源太郎書翰による）。韜晦した児玉ではあったが、政治への興味は行間から滲み出ている。

6　統帥権改革への復帰とその死

凱旋

明治三八年（一九〇五）一一月三〇日、児玉は大連を出発し、帰国の途に着いた。講和条約の締結にも関わらず、児玉には満州軍の復員などさまざまな仕事が堆積しており、ただちに凱旋帰国することはできなかったのである。

一二月七日、そぼ降る雨の中、満州軍総司令部は新橋駅に凱旋した。押し寄せる人々、万歳の歓呼の声。その時の万歳の声は、今でも忘れることができない。後年、姉久子はそう述懐している。この日、宮中で開かれた満州軍総司令官凱旋式で、児玉は天皇から交肴《まぜさかな》一折、清酒一樽を、皇后から肴料三〇〇円、御紋附銀盃一組をそれぞれ下賜されている。

晩年の児玉（『藤園記念画帖』より）

平和克復とともに、児玉は総督として台湾に帰任するつもりであった。ところが、一二月二〇付で児玉は「参謀本部次長事務取扱」を仰せつけられた。言うまでもなく、これは参謀総長就任を前提にした人事である（翌年四月、就任）。

帷幄上奏権の縮小

児玉は新たな「帝国」の制度設計に精力的に取り組み始めた。問題領域は複数の分野に跨っていたが、いずれも憲法体制と密接な関係を有していた。

第一の課題は、憲法制定以前に設立された陸軍関係の諸機関、とりわけ、参謀本部をいかにして憲法体制に適合させるかということである。

日露戦争の間にも、伊藤はその憲法改革の準備に余念がなかった。帝室制度改革を通じて、天皇大権の政治的突出を防遏《ぼうあつ》すると同時に、「内閣官制」の制定によって否定された大宰相主義（明治二二年、第一次山県内閣）を復活させ、内閣総理大臣に強力な国政上の統制権限を付与しようというのが、その骨子であった（瀧井一博『伊藤博文』第五章）。

その際、もっとも紛糾することが予想されたのが、帷幄上奏権をいかに縮小するかという問題であった。軍事行政に対する広汎なチェック機能を内閣、とりわけその首席たる総理大臣に与えることに対して、山県が猛烈に抵抗するであろうことは火を睹《み》るよりも明らかであった。

しかし、秘密裏に改革を行えば、それが露見した場合に生ずるであろう政治的リスクは測知しがたい。陸軍内部に有力な協力者を得て、彼と共同でこの厄介な改革は成し遂げられねばならない。

「立憲主義的軍人」

伊藤はパートナーとして児玉を考えていた。彼は、児玉を桂の後継首班に擁立し、政友会と憲政本党の一部を合同させて、戦後経営に当たらせるという政権構想を抱いていた。児玉内閣構想である（伊藤之雄『立憲国家と日露戦争』二六四〜二六五頁、『原敬日記』明治三八年八月二二日、九月一七・一八日）。

かつて、児玉は陸軍次官として帷幄上奏権の中身を大きく限定する制度改革案を起草し、それを法制局に提出したが、その時の内閣は第二次伊藤内閣であった。また、伊東巳代治が帝室制度調査局の活動の一環として、「軍令事項と通常の軍事行政に関わる軍政事項との区別の是正を求める内容」の意見書をまとめ上げた、当時の陸軍大臣は児玉であり、内閣は第四次伊藤内閣であった（明治三四年二月、瀧井『伊藤博文』二二八頁）。

一連の皇室令や公式令が陸続と制定・交付された明治四〇年という年を、瀧井一博氏は伊藤による憲法改革が行われた年として位置づけている。もちろん、児玉はその前年にこの世を去っているし、同年には「軍令」という独自の軍事命令形式が山県の主導によって定められている。軍令の制定は、伊藤と山県の妥協の産物であった（瀧井『伊藤博文』二一〇～二一一頁）。

それが児玉の遺志に適うものであったかどうか、ここから先は推測の域に入るしかないが、ともあれ、これだけは断言できよう。伊藤による憲法改革の重要な一端を、陸軍の側に身を置きながら支えようとした児玉は、まさに「立憲主義的軍人」と呼ぶに相応しい、陸軍史上空前絶後の存在だったのである。

参謀本部の縮小――寺内との連携

伊藤と児玉はともに、軍令と軍事行政との区別を厳格化して、前者を純粋な作戦用兵事項に限定すると同時に、後者を政府のコントロール下に置くことによって、国政全般とのバランスのとれた軍事政策の追求が可能になると考えていた。統帥権の肥大化を抑え、それを本来の軍令事項に極限し、陸軍の政治的突出を抑制する制度的仕組みを整えること。それこそが彼らの共通の問題関心であった。

その際重要なのは、参謀本部をいかにして、あるべき姿まで縮小するかということである。児玉は満州軍時代から、その検討を始めており、参謀本部の業務を純然たる「作戦事項」に限定し、編制動員業務などは陸軍省に委ねるべきだとの腹案を練っていた（「我陸軍の戦後経営に関し参考とすべき一般の要件」、小林道彦『日本の大陸政策』一一〇頁参照）。

そして、かつて児玉を参謀本部次長に迎え入れた寺内も、「従来の陸軍軍制を根底から覆す」、フランス式の軍制改革を進めようとしていた。その内容は不明であるが、彼が参謀本部の権限縮小を強く志向していたことは間違いない（大井成元談「寺内陸相の軍制改革に反対」、北岡伸一『日本陸軍と大陸政策』六四頁)。伊藤と児玉、児玉と寺内の連繋、あるいは黙契の下に、本格的な陸軍改革が今やその緒に付こうとしていたのである。

陸軍の権力は抑制されるべきである——統監府官制第四条問題

しかも、陸軍改革問題は韓国統治問題とも連動していた。両者を結び付けたのは、初代韓国統監に就任した伊藤その人であった(明治三八年一二月二一日「韓国統監府条例」公布)。

韓国統治改革に臨むにあたって、伊藤は統監に軍事指揮権を付与することを強く主張した(統監府官制第四条問題)。韓国での陸軍の専横を抑制し、彼がめざす韓国の「文明化」=近代国家建設を実現するためにも、それは必要な措置であったし、「明治憲法下で唯一、文官が軍隊の指揮権を持ち得る官職」を創出することは、帷幄上奏権の縮小や参謀本部改革とも連動する憲法改革の一環でもあった(瀧井『伊藤博文』二九七頁)。

当然、山県や大山、そして、井口省吾ら参謀本部の部長たちはこれに強く反発した。しかし、最終的には明治天皇の勅裁によって、伊藤の主張は容れられた(明治三九年一月一四日)。

興味深いのは、以上の一部始終の中で、寺内陸相が終始一貫、伊藤の主張に賛同していたことである。それどころか、寺内は大山参謀総長には全く諮らずに、統監府官制第四条(兵力使用権)を認める決定を下しているのである。実はこれより先に、大山は第四条に対する反対意見を明らかにしていたが、寺内はそれには動じず、自らの判断を貫いたのであった(『井口省吾日記』明治三八年一二月二五日、一二月二七日付山県宛寺内書翰、元帥寺内伯爵伝記編纂所編『元帥寺内正毅伝』四三八頁)。

この時、台湾にいた児玉は、電報で何事か意見を述べている（『井口省吾日記』明治三八年一二月三〇日）。その内容は不明であるが、前後の事情から見て、寺内を支持する内容のものだったことはほぼ確実だろう。参謀総長をバイパスするというやり方も、それによって意図的に参謀本部の政治的発信力に歯止めをかけ、本来の作戦業務に専念させるための、児玉・寺内による周到な政治的対応＝環境整備だったように思われる。

ともあれ、山県や参謀本部の抵抗を押し切って、統監府官制第四条問題は伊藤―児玉・寺内ラインの勝利に終わった。児玉と寺内は連携して、参謀本部の縮小や統監への兵力使用権の付与、帷幄上奏権の縮小という一連の制度改革を行おうとしており、その一部はすでに実現しつつあったのである。

陸軍軍備拡張の抑制

山県がロシアの復讐戦争を強く警戒し、それに対抗するための陸軍の大拡張を唱えていたことはよく知られている。一方児玉は、二〇～三〇年後はともかく、近い将来、日露間に戦争が勃発する可能性は低いし、万一起こったとしても、十分に対応は可能だと考えていた。児玉は明石元二郎などを通じて、ロシア国内の革命勢力の動向をある程度把握しており、極端なロシア脅威論とは一線を画すことができたのである。

児玉が策定の実務を担った「明治三十九年度日本帝国陸軍作戦計画要領」（明治三九年二月二六日裁可）が、それまでの本土防衛＝守勢作戦を改めて、満州での積極的な攻勢作戦＝攻勢防禦を唱えていたのはそのためであった。

また、児玉は山県の法外な軍備拡張案（平時二五個・戦時五〇個師団）に対して、平時二〇個・戦時四〇個師団もあれば十分だと考えており、山県案の実現阻止に闘志を燃やしていた（以上、小林『日本の大陸政策』一三一〜一三三頁）。日露戦後の児玉と山県の対立は、たんなる陸軍の内部対立ではなく、国家経営構想上の対立というレベルにまで到達しつつあった。日露戦争の戦勝は、児玉の政治的発言力を飛躍的に高めたのである。

それでは、ロシアの潜在的な脅威に児玉はどう対処しようとしていたのだろうか。

人口繁殖論と韓国問題

人口増殖に伴う満韓移民と、移民を養うための経済力の創出を現地で図ること、それが児玉の日露戦後経営論の基底をなしていた。

今から日本人は人口繁殖に励まなければならず、今後二〇年間に国内の「過剰人口」約一〇〇万人を満州へ移民させねばならない。児玉の文装的武備論、積極的満州経営論（後述）の背景には、こうした戦略的考慮があったのである（黒澤禮吉「日露戦争思出乃記」二八八頁）。

ちなみに、児玉の幕下にいた新渡戸稲造は、後に対韓移民の是非をめぐって、韓国統監の伊藤博文と議論を闘わせている。韓国の「政治的改良」を通じて、その国家的自立を促そうとしていた伊藤は、日本人の彼《か》の地への移民、すなわち、韓国の植民地化には反対の意見を有していたが、新渡戸は、独領ポーランドに対するビスマルクの「国内植民」政策を例に挙げて、日本もまた、韓国への移民を積極的に行うべきだと主張したのである（『新渡戸稲造全集』第五巻、五四八〜五五三頁）。

児玉は、京城以南よりも平壌以北の方が「有望なる景勝」を備えており、将来は「平壌に新日本の根拠を置き、同処より南北へ拡張するの考案」が調査されねばならないと述べている（明治三八年五月一六日付寺内宛児玉書翰）。地方行政の紊乱や近代的公衆衛生システムの不備などによって、当時の韓国は慢性的な人口減少傾向にあった。日本人が移住するだけの空間的余地は十分残されている。児玉はそう考えていたのであろう。

児玉の清国観――伊藤との違い

伊藤と児玉とは、満韓における陸軍の政治的突出を抑えなければならない、という点では完全に一致していた。巷間、児玉の軍政継続論と伊藤の軍政早期撤廃論が鋭く対立したと理解されがちな、有名な「満州問題に関する協議会」（明治三九年五月二二日）も、その議事録を満遍なく読めば、真の対立軸が、児玉の積極的「満州経営」論と伊藤の消極論との間にあったことは明らかである。

伊藤は、日本の「満州経営」が漢民族の民族意識を強く刺激し、清国国内で大規模な排外主義的暴動が勃発することを警戒していた。なぜなら、それをきっかけにロシアが満州方面への再進出を試みれば、日本もまたさまざまな対抗措置を講ぜざるを得ず、その結果、第二次日露戦争が勃発するかもしれないからである（以上、小林『日本の大陸政策』一一九～一二二頁）。

一方、児玉はその台湾統治の経験から、大陸の「土着的社会」の強靭性（児玉の旧慣温存政策は、台湾社会の強靭性に配慮したものである）に強い印象を受けていた。もし、この社会の中に日本が上手く浸透することができれば、つまり、日本人と現地人とが多様な利害関係を共有するようになれば、満韓の政治的秩序も安定し、日本の「国防環境」も悪化を免れるだろう。また、大清帝国が万一崩壊しても、日本の満州権益は「経済共同体」として自然に保全されるであろう。

満州を積極的に経営すべきか

台湾経営の成功を買われて、児玉は「満州経営委員会」の委員長に任命され（明治三九年一月）、戦後満州経営の基本骨格を創ったが、その際、児玉は「満州経営唯一の要訣は、陽に鉄道経営の仮面を装ひ、陰に百般の施設を実行するにあり」と喝破していた（児玉「満州経営策梗概」、鶴見『後藤新平』第二巻、六五一頁）。児玉は完全な文官統治体制を考えており、「遼東総督」に就任予定の後藤新平をして「満州鉄道庁」の長官を兼任させるべきだと考えていたのである。

ポーツマス条約の規定（ロシア権益の継承）により、満州鉄道は会社形態で経営されることになったが、阪谷芳郎によれば、もとより児玉はそれにも賛成で、「満鉄設立委員会」の委員長に就任すると（明治三九年七月）、文官を総裁に据えた満鉄を中心とする満州経営体制を構築すべく、その制度設計を急いでいた。

児玉は、満鉄はたんなる鉄道会社ではなく、東インド会社のような「植民会社」であると考えていた。すなわち、満鉄に巨額の資金を投入して、社会的インフラ整備を計画的に推進し、日本人移民の居住環境を整えると同時に、現地社会との経済的紐帯を創出・強化するべきだとしていたのである。

その際、満州での陸海軍の特権的地位は可能な限り縮小されねばならない。なぜなら、満州経営で陸海軍が前面に出ることは、清国はもとより、英米をはじめとする列強を刺激しかねないし、旅順軍港への一般船舶の入港制限や、要塞地帯への「一般人」の立ち入り禁止など、陸海軍が設定していた各種の軍事的規制を撤廃もしくは緩和しなければ、関東州の経済的発展は望めなかったからである。

しかしながら、伊藤はこうした議論（文装的武備論）に違和感を覚えていた。もちろん、文官統治体制にはなんら異存はない。しかしながら、問題は児玉の長期的なビジョンにあった。伊藤は満州や韓国を日本人の移民先と見なしてはおらず、それらの地域が日本の「植民地」になるとは考えていなかった。「満州問題に関する協議会」の席上、伊藤が「児玉参謀総長等は、満州に於ける日本の位地を根本的に誤解して居らる、るやうである」と述べ、「満州経営」という理念それ自体を否定しにかかったのはそのためであった。

満鉄はたんなる鉄道会社であり、鉄道経営に専念すべきである、大規模な資金投下など必要ないというのが伊藤や井上馨の意見であった。いわゆる「小満鉄主義」である。それにしても、南進論者だったはずの児玉は、いったい何時から「満州経営」などということを考え始めたのだろうか。伊藤の脳裏には、この時そんな疑念が浮かんでいたかもしれない（以上、小林『日本の大陸政策』第二章）。

急逝

日露戦争の結果、ロシアによる当面の脅威は去ったと考えていた児玉は、過重な軍備負担をやめて、満州に積極的な「植民」地経営を展開しようと考えていた。また、参謀本部の規模縮小と同時に、帷幄上奏権の範囲をも厳しく限定し、内閣による陸軍統制を強化しようとしていた。さらに、寺内と連携して、韓国統監（文官）への軍事指揮権の付与を後押ししていた。後藤新平を満鉄初代総裁に起用しようとしたこと、満州経営の主軸を陸軍にではなく、満鉄に置いていたこと等々に明らかなように、児玉は、文官主体の満韓統治システムを構築し、さまざまな軍事的規制を緩和することによって、「帝国」レベルでの日本の経済発展を構想していたのである。

こうして見ると、児玉と山県の政治的衝突はもはや時間の問題であったように思われる。しかもそれは、国家構想の根幹に関わる、きわめて深刻な対立となる可能性があった。

もし、そうなったら、児玉は伊藤や井上とどう連携しただろうか。陸軍の政治的突出の制度的・財政的抑制という点では、彼らと共同戦線を張ることは可能だっただろうが、児玉や後藤の満韓経営論に伊藤らはどこまで歩み寄れただろうか。韓国の反日的機運が徐々に盛り上がり、併合という選択肢が現実味を増していく中で、大陸政策をめぐる両者のズレは自然と調整されていったはずだと考えるべきか、それとも、大清帝国崩壊の兆しを鋭敏に感得した伊藤は、児玉らの満州「経営」論にいっそう批判的になっていったと考えるべきか。総じて言えば、伊藤による憲法改革は、児玉というパートナーを得て、一体どのように展開していっただろうか。

だが、こうした諸々の問いかけは、明治三九年七月二三日を境にすべて虚しいものとなった。脳溢血の発作により、児玉は就寝中に静かに息を引き取ったのである。享年五五歳であった。

亡くなる前日の七月二二日、児玉は台湾から上京してきた後藤と会い、満鉄総裁就任を強く促している。後藤はしかし、応諾しなかった。自分たちの経綸《けいりん》を山県や伊藤が本当に理解しているのか、はなはだ疑わしかったからである。「君やらぬ方の側ばかり考えないで、やる方の側を考えてくれ」、玄関先まで後藤を送ってきた児玉は、別れ際にそう述べた。

児玉の急逝は後藤の心を揺り動かした。翌日、児玉の霊前で、後藤は満鉄総裁就任をひそかに決意したのである（鶴見『後藤新平』第二巻、六七三〜六七七頁）。

大正五年の春、三浦梧楼は組閣が取り沙汰されていた寺内正毅に向かって、「貴下が組閣することは考えものである。山県を隠居させることができれば、政権を担当するのもよいであろうが、隠居させることはできない。そうであるとすれば、組閣の暁には貴下は桂と同じ運命に陥るだろう。山県は児玉がもし存命であったなら、などともいっているが、児玉も健在であったら桂と運命を同じくしただろう」と述べたという（岡義武『山県有朋』一五三〜一五四頁）。

明治天皇の信任が桂に一歩及ばなかった児玉は、桂が得意としていた宮廷政治家的な裏技（詔勅政策など）に頼ることはできなかったし、そうする気もなかっただろう。とするならば、山県系官僚閥という権力の城砦に、児玉はいつの日か正面攻撃を仕掛けざるを得なくなったかもしれない。

もはや、これ以上の臆測は慎むべきであろう。だが、伊藤・児玉による「明治憲法体制の確立」に向けての試みに触れるにつれ、それは、陸海軍、とりわけ前者の政治化によってもたらされた「昭和の悲劇」を知る者を、抗いようもなく、歴史の「if」の世界に誘《いざな》っていくのである。

終章　帝国の光芒

いわゆる「勝利の悲哀」

明治の文人徳冨蘆花《とくとみろか》が、児玉源太郎をナポレオンになぞらえて、いわゆる「勝利の悲哀」を論じたことはよく知られている。

明治三九年（一九〇六）七月、サンクトペテルブルクのアレクサンドル三世博物館を訪れた蘆花は、そこで、ロシア人画家ヴァシリー・ヴェレシチャーギン（一八四二〜一九〇四）が描いた一枚の戦争画に出会った。蘆花によれば、ヴェレシチャーギンは生涯「非戦的絵画」を描き続けた画家であり、明治三六年には日本を訪れている。彼は日露戦争にも従軍したが、触雷した戦艦ペトロパブロフスクとともに旅順港外に沈んだ。

さて、ヴェレシチャーギンの戦争画の中で、特に蘆花の目を惹いたのは、雀が丘のナポレオンを描いた作品であった。

一八一二年九月一四日、ナポレオンはモスクワ南郊の丘に立ち、遠く聳《そび》えるクレムリンの尖塔を眺めていた。この年の六月に始まったモスクワ遠征は、勝利のうちに終わるかに見えた。

彼れ〔ナポレオン〕欧洲を脚下に蹂躪し、思うところほとんど意のごとくならざるなく、…ついに露軍を追退《おい》けて、眼《め》ざすモスクワをはや眼下に望む、意気正に天を衝くべきはずなり。されど雀が丘の奈翁《ナポレオン》は勝ち誇りたる奈翁にはあらざりき。彼はたしかに心中の欠陥を感じぬ。その目的は成るに垂《なんな》んとして、はなはだつまらなき感を覚えしに相違なし。ほっとつきし息は安心の吐息のみにあらざりき。彼は千辛万苦、懸軍長軀の結果、ここに止まるかと一瞬時《しゅんじ》の悲哀を感ぜしなり。

彼はたしかに勝利の悲哀を感じ、満足の不満を感じ、夢のごとき果敢《はか》なさを感じたりき。しかれどもこれは瞬時に消えて、再び我《が》強き我に復《か》えれり。

（徳冨蘆花「勝利の悲哀」）

われに返ったナポレオンは、モスクワに入城する。だがやがて、クレムリンの尖塔は猛火に包まれた。雪中の退却、ベレジナ河の強行渡河…。「大遠征軍」はロシアの雪原の中で崩壊した。ナポレオンが配流先の孤島、セントヘレナでその生涯を閉じるのは、それから九年後のことである。

蘆花は言う。彼は最期の日まで自ら悟ることはなかった。「勝利の悲哀」が脳裏をよぎった雀が丘での一瞬こそ、彼の生涯の転機となるはずだった。だが、彼はそれをみすみす逸して、自らを「肉我《にくが》の餌食」に供してしまった。「その生涯は華麗なる、しかして果敢なき夢」に終わった。

もっとも、仮にこの時、モスクワ遠征を断念したとしても、一体どのような政治的（軍事的）選択肢が、その後のナポレオンに残されていただろうか。所詮、ナポレオンのような「超政治的な人間」は、歴史の決定的瞬間に勝利の悲哀などは感じないだろうし、そのような哀感が胸をよぎったとしても、彼の政治的行動が左右されることはないだろう。だからこそ、彼は「ナポレオン」たりえたのだとわたしは思う。

それはさておき、ここで蘆花の筆はにわかに児玉の急死に転じる。奉天会戦後の児玉もまた、戦勝の栄光が果敢ない夢であることを悟りかけたのではないかというのである。

彼は日露戦争に殉死せり

生《せい》は思う、児玉源太郎将軍が奉天戦後の心機まさに雀が丘の奈翁に類するものありしにはあらざるか。事実は知らざれど、世は将軍に遁世《とんせい》の志ありしと伝えぬ。彼はたしかに胸中或煩悶を覚えしなり。これは彼が大悟の機なりき。

しかし、世は児玉の遁世を許さなかった。児玉は満鉄創立委員長や参謀総長として、日露戦後経営の枢機に関与しなければならなかった。周囲はそれを望んだし、児玉もその期待に応えようとした。だが、胸中の煩悶を打ち消すことはできなかった。児玉が紅灯緑酒《こうとうりょくしゅ》の巷《ちまた》へ出入りする機会は自ずと増えた。そうして突然、彼は死の手に捉えられたのである。

幼少時に熊本城下に住んでいた蘆花は、神風連が種田鎮台司令長官宅を襲撃する一部始終を自宅の二階から目撃していた。彼は児玉による種田邸の検分をその目で見ていたかもしれないのである。

それを思い出してか、否か、ともあれ蘆花は慨嘆して言う。「あたら好男児、彼は日露戦争に殉死せり、彼は悟らんとして悟り得ざりき、と嘆息するを禁じ得ざりき。ああ彼はその脳中の煩悶を国民への遺物として逝けり」、と。

ここに一つの挿話がある。明治三八年の暮れ、児玉は後藤新平らと京都の祇園で遊んだ。その折、ある芸妓が戯れに、着ていた羽二重の小袖を脱いで、その袖裏に染筆を請うた。児玉は快諾して一篇の漢詩を書いた。それは祇園の華やかな雰囲気とはおよそ不似合いな言葉で始まっていた。

死屍幾萬山河を瘞《うず》む

死屍幾萬瘞山河　　死屍幾萬山河を瘞《うず》め
乱後村童賣野花　　乱後村童野花を賣る
春去秋来功未就　　春去り秋来り功未だ就《なら》ず
沙場到處是吾家　　沙場到る處是吾家なり

（博文館編『児玉陸軍大将』五七頁）

公的な場では、ほとんど涙を見せなかった児玉であるが、ごく内輪の酒席ではすぐに涙をこぼした。新渡戸稲造はそうした姿を何度も目撃している。宴席の喧噪のなかで、彼はしばしば「人生の無常とか云ふ観念」に捉えられたらしい。新渡戸はそう推測している。児玉は自らの「センチメンタリズム」を、普段は懸命に抑えていたのである（鶴見『後藤新平』第二巻、五四四〜五四七頁）。

以上のエピソードは、蘆花の先の推測を裏書きしている。だが、児玉の心底にわだかまっていたのは、「はなはだつまらなき感」「夢のごとき果敢《はか》なさ」といった、ある種の詩的感懐めいたものではなかったように思われる。

鋼鉄の嵐

ワーテルローと旅順との間には、眼も眩むような戦争形態の変化が存在する。ナポレオンは機関銃を知らなかった。それどころか、彼の時代には後装式の小銃もなかった。鷗外の言う「真鉄《まがね》なすベトン」、すなわち、コンクリートで固められた恐るべき近代要塞も存在しなかった。ボロジノ会戦やワーテルローの戦いは、当時としては大規模な戦闘だったが、戦場の苛烈さという点では、旅順要塞攻防戦とはまったく比較にならない。

児玉や乃木が目撃したのは、その後、第一次世界大戦の主要戦場（ヴェルダンやソンム、ガリポリなど）で繰り返された、大量人員殺傷の端緒であった。彼らの眼前で、数多の将兵が機関銃の濃密な火網に捉えられ、重砲の鉄槌に叩かれていった。文字通り、その肉体は粉砕されたのである。旅順で戦った日露両軍の将兵たちこそは、「鋼鉄の嵐」の無慈悲な洗礼に世界で初めて曝された人々だったのである。

二〇三高地を累々と埋め尽くした数多の屍の姿は、児玉の心象風景の中に鮮明に刻み込まれていた。どうしたら、死者の魂魄《こんぱく》を慰めることができるだろうか。彼らの死に、生者は何を以て報いるべきなのだろうか。

児玉が一縷の望みを託したのは、「満州」であった。彼は、日本人の鮮血に染められた満州の大地にこそ、日本の未来を託すべき何者かが存在すると信じていた。もっと正確に言えば、そう信じたかった。満州に託すべき日本の未来がないのなら、「死屍幾萬山河を瘞め」たことは、すべて徒爾《とじ》に終わってしまうではないか。

南進論者であった児玉は、「朔北《さくほく》の地」満州の経営にすべてを賭けることで、内心の煩悶を封印した。彼の「脳中の煩悶」は、「満州経営」という形で国民に遺された。

満州——「遠い伝説の場所」

こうした児玉の心理的機制は、一見軽躁に見える多くの日本人の戦勝熱の底にも深く刻み込まれていた。満州での一連の激戦の結果、日露戦争はまさに国民的な戦争となったのである。多くの日本人にとって、満州経営は選択の余地のない国策であった。西南戦争という激烈な内戦からわずかに二十有余年、日本人は「日清・日露」を経験することで、初めて「国民」となったのかもしれない。

どの国も善人と罪人を送り、伝説を創る、そのような遠い場所を求めてきた。イギリスにとってそれがインドであったように…。アメリカには西部というフロンティアがあった。それが現在のカリフォルニアであり、ハリウッドだ。フランスはサハラを宣教師で埋め尽くし、白人化してきた。

（ミシェル・トゥルニエ「イメージから物語へ」）

日露戦争の結果、日本人にとって、満州は「伝説の遠い場所」となり、二〇三高地の戦いは国民的神話となった。満鉄の創立に際して、児玉と後藤が範と仰いだのはイギリス東インド会社であった。

満州は、日本にとっての「インド」になったのである。そして、明治という時代が終わった時、人々は満州権益を「明治大帝の尊いご遺産」と見なすようになった。

日露戦争が一種の「国民戦争」として観念されたことによって、満州は日本と日本人にとって、イギリスのインドやアメリカの西部以上の存在になった。松岡洋右《まつおかようすけ》の「満蒙は日本の生命線」というスローガンが人口に膾炙《かいしゃ》する、その下地はすでに戦勝の直後からできつつあったのである。

それから二十数年経って、事態は新たな展開を見た。

昭和六年（一九三一）九月、柳条湖《りゅうじょうこ》での満鉄線爆破を口実に、関東軍は南満州で軍事行動を起こした。満州事変である。翌年三月には、傀儡国家満州国がその「建国」を宣言した。そして昭和一三年、巨大なブロンズ製の児玉の騎馬像が首都新京（長春）の街を睥睨《へいげい》するようになった。日中戦争はすでに始まっていた。この年、日本陸軍は武漢三鎮を陥れた。日本全国は戦勝の余韻に酔いしれていた。

二つの児玉像

現在、台北の国立台湾博物館には、児玉と後藤の立像が展示されている。それらは、かつて「児玉総督及び後藤民政長官記念館」と呼ばれていた、この建物のロビーのアルコーブに安置されていたものである。一方、長春にあった児玉の騎馬像は今はない。その原型となった小さなブロンズ像は、東京の西郊、井の頭公園の美術館にひっそりと展示されている。

軍人には珍しく、児玉は陽気で開放的な人物であった。だが、「明治の栄光」に包まれれば包まれるほど、彼の内面の陰翳はその影を増していった。光が強ければ強いほど、その影もまた濃くなる。

児玉の立像と騎馬像がたどった運命は、「大日本帝国」の光芒、その光と影をあまりにも象徴的に指し示しているように思われる。

児玉源太郎像
（周南市児玉公園／著者撮影）
国立台湾博物館蔵の児玉源太郎像を元に製作されたもの。2011年7月に周南市の児玉公園に設置された。

参考文献

1　公刊史料

諸家文書（書名五十音順）

伊藤博文関係文書研究会編『伊藤博文関係文書』全九巻（塙書房、一九七三～八一年）。

広瀬順皓監修・編集『伊東巳代治日記・記録――未刊　翠雨荘日記　憲政史編纂会旧蔵』第一～五巻（ゆまに書房、一九九九年）。

日本史籍協会編『岩倉具視関係文書』第七巻（東京大学出版会、一九八三年復刻）。

日本史籍協会編『大久保利通日記』第二巻（東京大学出版会、一九六九年復刻）。

伊藤隆・尾崎春盛編『尾崎三良日記』下巻（中央公論社、一九九二年）。

千葉功編『桂太郎関係文書』（東京大学出版会、二〇一〇年）。

千葉功編『桂太郎発書翰集』（東京大学出版会、二〇一一年）。

日本史籍協会編『木戸孝允日記』第三巻（東京大学出版会、一九八五年復刻）。

木戸孝允関係文書研究会編『木戸孝允関係文書』第三巻（東京大学出版会、二〇〇八年）。

日本史籍協会編『木戸孝允文書』第七巻（東京大学出版会、一九八五年復刻）。

日本史籍協会編『熊本鎮台戦闘日記』全二巻（東京大学出版会、一九七七年復刻）。

尚友倶楽部編『児玉秀雄関係文書』Ⅰ・Ⅱ（尚友倶楽部、二〇一〇年）。

水沢市立後藤新平記念館編『マイクロフィルム版・後藤新平関係文書』（雄松堂出版、一九八〇年）。

岡義武他編『近衛篤麿日記』第三巻（鹿島研究所出版会、一九六八年）、同『近衛篤麿日記』付属文書（鹿島研究所出版会、一九六九年）。

尚友倶楽部編『品川弥二郎関係文書』第三巻（山川出版社、一九九六年）。

渋沢青淵記念財団竜門社編『渋沢栄一伝記資料』第八・二八巻（渋沢栄一伝記資料刊行会、一九五六年、一九五九年）。

岡義武・林茂校訂『大正デモクラシー期の政治・松本剛吉政治日誌』（岩波書店、一九五九年）。

日本史籍協会編『谷干城遺稿』第三巻（東京大学出版会、一九七六年復刻）。

日本史籍協会編『熾仁親王日記』第六巻（東京大学出版会、一九七六年）。

森鷗外『独逸日記・小倉日記』（ちくま文庫、一九九六年）。

長岡外史文書研究会編『長岡外史関係文書　回顧録篇』（吉川弘文館、一九八九年）、同『長岡外史関係文書　書簡・書類篇』（同右）。

井口省吾文書研究会編『日露戦争と井口省吾』（原書房、一九九四年）。

宇都宮太郎関係資料研究会編『日本陸軍とアジア政策・陸軍大将宇都宮太郎日記』第一・二巻（岩波書店、二〇〇七年）。

山本四郎編『寺内正毅関係文書・首相以前』（京都女子大学、一九八四年）。

山本四郎編『寺内正毅日記』（京都女子大学、一九八〇年）。

和田政雄編『乃木希典日記』（金園社、一九七〇年）。

原奎一郎編『原敬日記』第二～四巻（福村出版、一九八一年）。

トク・ベルツ編・菅沼竜太郎訳『ベルツの日記』上・下巻（岩波文庫、一九七九年）。

東京大学史料編纂所編『保古飛呂比・佐佐木高行日記』第七巻（東京大学出版会、一九七五年）。

大山梓編『山県有朋意見書』（原書房、一九六六年）。

尚友倶楽部編『山県有朋関係文書』全三巻（山川出版社、二〇〇五〜〇八年）。

日本大学大学史編纂室編『山田伯爵家文書』第四巻（日本大学、一九九二年）。

史料集・自治体史など（書名五十音順）

鹿児島県維新史料編さん所編『鹿児島県史料・西南戦争』第一巻（鹿児島県、一九七七年）。

石川卓美他編『奇兵隊反乱史料・脱隊暴動一件紀事材料』（マツノ書店、一九八一年）。

外務省編『日本外交年表竝主要文書』上巻（原書房、一九六五年）。

外務省編『日本外交文書』第三四・三五・三六－一・三七－一・三九－一巻（日本国際連合協会、一九五六〜五九年）。

外務省編『日本外交文書』第三三巻別冊一・北清事変－上（日本国際連合協会、一九五六年）。

日本国有鉄道編『日本国有鉄道百年史』第三巻（財団法人交通協力会、一九七一年）。

野田正穂他編『明治期鉄道史資料第Ⅱ期第二集(1)〜(3)鉄道会議議事速記録』（日本経済評論社、一九八七年）。

2　未公刊史料（史料名五十音順）

国立国会図書館憲政資料室『井上馨関係文書』、『岩倉具視関係文書』、『大山巌関係文書』（寄託）、『桂太郎関係文書』、『樺山資紀関係文書』、『川上操六関係文書』、『旧陸海軍関係文書』、『三条実美関係文書』、『財部彪日記』、『寺内正毅関係文書』、『乃木希典宛書翰（伊藤保一氏旧蔵）』。
防衛省防衛研究所図書館『陸軍省密大日記』（各年度）、『陸軍省大日記』（各年度）、『明治九年十月　中西国事件

密事日記　房長』、『明治九年より同十三年まで密事編冊　卿官房』、『明治七年起二月三日尽三月廿七日　佐賀征討日誌』、『参通綴　明治三十七年八月～十二月』、『賀陽宮殿下より賜はる日露戦役回想談』、『自十一月二十六日至十二月六日　旅順方面ニ於ケル第三軍戦闘詳報』第一〇号、『自十一月三十日至十二月六日　旅順方面ニ於ケル第七師団戦闘詳報』第一号、『自八月十三日至十月三日　臨時気球隊気球昇騰に関する報告』、『宮崎周一史料』、「大庭二郎中佐日記」。

周南市美術博物館『児玉家資料』。

財団法人熊本城顕彰会所蔵（熊本市立熊本博物館寄託）『西南役史料』天・地・玄・黄巻。

周南市中央図書館　遠藤貞一郎宛児玉源太郎書翰、本城幾馬宛児玉源太郎書翰（巻子体）。

陸上自衛隊小倉駐屯地史料館　歩兵第一四連隊『明治十年四月十五日　西南戦役戦闘日誌』。

佐賀県立図書館「陸軍少将野津鎮台〔ママ〕上申之戦記」。

早稲田大学図書館「徳大寺実則日記（渡辺幾治郎筆写本）」。

3　研究書（著者名五十音順）

伊藤孝夫『大正デモクラシー期の法と社会』（京都大学学術出版会、二〇〇〇年）。

伊藤之雄『立憲国家の確立と伊藤博文』（吉川弘文館、一九九九年）、同『立憲国家と日露戦争』（木鐸社、二〇〇〇年）。

入江寅次『明治南進史稿』（大空社、一九九七年復刻）。

大江志乃夫『日露戦争の軍事史的研究』（岩波書店、一九七八年）。

大澤博明『近代日本の東アジア政策と軍事』（成文堂、二〇〇一年）。

北岡伸一『日本陸軍と大陸政策』（東京大学出版会、一九七八年）。

小林道彦『日本の大陸政策　1895―1914／桂太郎と後藤新平』（南窓社、一九九六年）。

斎藤聖二『日清戦争の軍事戦略』（芙蓉書房出版、二〇〇三年）、同『北清事変と日本軍』（芙蓉書房出版、二〇〇六年）。

坂本一登『伊藤博文と明治国家形成』（吉川弘文館、一九九一年）。

高橋秀直『日清戦争への道』（東京創元社、一九九五年）。

瀧井一博『ドイツ国家学と明治国制』（ミネルヴァ書房、一九九九年）。

中村赳『新説明治陸軍史』（梓書房、一九七三年）。

広田照幸『陸軍将校の教育社会史』（世織書房、一九九七年）。

村瀬信一『明治立憲制と内閣』（吉川弘文館、二〇一一年）。

森靖夫『日本陸軍と日中戦争への道』（ミネルヴァ書房、二〇一〇年）。

和田春樹『日露戦争・起源と開戦』上・下（岩波書店、二〇一〇年）。

4　個別研究論文（著者名五十音順、研究ノート・史料紹介も含む）

伊藤隆「桂上奏文案をめぐって」（『日本歴史』第五九六号、一九九八年一月）。

鵜沢家文書研究会編「鵜沢総司『明治三十年　児玉源太郎清国視察随行日記』」（『軍事史学』第一七〇号、二〇〇七年九月）。

大江洋代「明治期陸軍における『武官官僚』制度の形成――文官官僚との比較の視点から」レジュメ（日本政治学会大会、於岡山大学、二〇一一年一〇月）。

大島明子「『士族反乱期』の正院と陸軍」（藤村道生編『日本近代史の再検討』南窓社、一九九三年）。

小林省三「箱館戦争における徳山藩諸隊（山崎隊・献功隊）の活躍について」（『山口県地方史研究』第九八号、

二〇〇七年一一月)。

小林道彦「一八九七年における高野台湾高等法院長非職事件について」(『中央大学大学院論究・文学研究科篇』第一四巻一号、一九八二年三月)、同「台湾領有と日本植民政策の形成」(未刊行論文、一九八二年)、「史料紹介・神風連の乱――ある『待罪書』をめぐって」(『北九州市立大学法政論集』第三八巻一・二合併号、二〇一〇年)。

瀧井一博「帝国大学体制と御雇い教師カール・ラートゲン」(『人文學報』第八四号、二〇〇一年)。

長南政義「史料紹介・陸軍大将松川敏胤の手帳および日誌」(『國學院法政論叢』第三〇輯、二〇〇九年三月)、同「史料紹介・陸軍大将松川敏胤の手帳・年譜」(『國學院法研論叢』第三六号、二〇〇九年三月)。

塚本学「城下町と連隊町」(『国立歴史民俗博物館研究報告』第一三一集、二〇〇六年三月)。

中野良「大正期日本陸軍の軍事演習」(『史学雑誌』第一一四編第四号、二〇〇五年四月)。

奈良岡聰智「「別荘」から見た近代日本政治・第九回　乃木希典」(『公研』一一)。

野邑理栄子「日本陸軍エリート養成制度の研究」(神戸大学博士論文、二〇〇一年)。

安岡昭男・長井純市「田中光顕関係文書紹介㈣」(『法政大学文学部紀要』第五五号、二〇〇七年一〇月)。

5　伝記類(児玉源太郎関係、歴史小説も含む。著者名五十音順)

生出寿『謀将児玉源太郎』(光人社NF文庫、二〇〇九年)。

小川宣『児玉源太郎と徳山』(赤坂印刷、二〇〇三年)。

加登川幸太郎『名将児玉源太郎』(日本工業新聞社、一九八二年)。

児玉家私家版『藤園記念画帖』(マツノ書店、二〇一〇年復刻)。

児玉秀雄「児玉源太郎」(犬養健他『父の映像』筑摩書房、一九八八年)。

小林道彦「児玉源太郎と伊藤博文・桂太郎」(周南市美術博物館編・刊『児玉源太郎と近代国家への歩み展』二〇一一年)。

周南市立中央図書館編・刊『文庫開設百周年記念・児玉源太郎資料展』(二〇〇三年)。

宿利重一『児玉源太郎』(マツノ書店、一九九三年復刻。本文中の典拠表記では「マツノ本」とした)、同『児玉源太郎』(対胸社、一九三八年)。

杉山茂丸『児玉大将伝』(中公文庫、一九八九年、初版は一九一八年刊行)。

徳山市美術博物館編・刊『児玉源太郎とその時代展』(一九九九年)。

博文館編『写真画報臨時増刊・児玉陸軍大将』(マツノ書店、二〇〇六年復刻)。

古川薫『天辺の椅子』(文春文庫、一九九六年、初版は一九九二年刊行)、同『斜陽に立つ』(毎日新聞社、二〇〇八年)。

中村謙司『史論児玉源太郎』(光人社、二〇〇九年)。

森山守次・倉辻明義『児玉大将伝』(太平洋通信社、一九〇八年)。

吉武源五郎編『児玉将軍十三回忌寄稿録』(マツノ書店、二〇一〇年復刻)。

6　人物研究・伝記類 (児玉以外、著者名五十音順)

石井満『新渡戸稲造伝』(大空社、一九九二年復刻)。

石黒忠悳『懐旧九十年』(岩波文庫、一九八三年)。

伊藤之雄『明治天皇――むら雲を吹く秋風にはれそめて』(ミネルヴァ書房、二〇〇六年)、同『元老西園寺公望――古希からの挑戦』(文春新書、二〇〇七年)、同『山県有朋――愚直な権力者の生涯』(文春新書、二〇〇九年)、同『伊藤博文――近代日本を創った男』(講談社、二〇〇九年)。

岡義武『山県有朋――明治日本の象徴』（岩波新書、一九五八年）。

岡崎久彦『〔新装版〕小村寿太郎とその時代』（ＰＨＰ文庫、二〇〇三年）。

尾崎卓爾『弔民坂本志魯雄』（弔民会、一九三二年）。

海軍大臣官房編『山元権兵衛と海軍』（原書房、一九六六年）。

外務省編『小村外交史』（原書房、一九九六年）。

宮内省臨時帝室編修局編修『明治天皇紀』全一二巻（吉川弘文館、一九七五年）。

北岡伸一『後藤新平――外交とビジョン』（中公新書、一九八八年）。

元帥寺内伯爵伝記編纂所編・刊『元帥寺内伯爵伝』（一九二〇年）。

小林道彦『桂太郎――予が生命は政治である』（ミネルヴァ書房、二〇〇六年）、同「山県有朋――攘夷から人種戦争論へ」「田中義一――政党と陸軍の狭間で」（小宮一夫他編『人物で読む近代日本外交史』吉川弘文館、二〇〇九年）。

宿利重一『日本陸軍史研究　メッケル少佐』（日本軍用図書株式会社、一九四四年）。

季武嘉也『原敬』（山川出版社、二〇一〇年）。

瀧井一博『伊藤博文――知の政治家』（中公新書、二〇一〇年）。

鶴見祐輔『後藤新平』第一・二巻（勁草書房、一九六五年）。

新渡戸稲造全集編集委員会篇『新渡戸稲造全集』第五巻（教文館、一九七〇年）。

森靖夫『永田鉄山――平和維持は軍人の最大責務なり』（ミネルヴァ書房、二〇一一年）。

陸軍省編『明治天皇御伝記史料・明治軍事史』上・下巻（原書房、一九六六年）。

7　概説書・新書（著者名五十音順）

一坂太郎『長州奇兵隊』（中公新書、二〇〇二年）。

小川原正道『西南戦争』（中公新書、二〇〇七年）。

佐々木隆『日本の歴史21・明治人の力量』（講談社、二〇〇二年）。

瀧井一博『文明史のなかの明治憲法』（講談社、二〇〇三年）。

徳富蘇峰『近世日本国民史　西南の役㈤』（講談社学術文庫、一九八〇年）。

沼田多稼蔵『日露陸戦新史』（岩波新書、一九四〇年）。

古屋哲夫『日露戦争』（中公新書、一九六六年）。

松本清張「政治の妖雲・穏田の行者」（『対談昭和史発掘』文春新書、二〇〇九年）。

渡辺京二『神風連とその時代』（洋泉社MC新書、二〇〇六年）。

8　戦史・戦記（著者名五十音順）

朝日新聞社編『名将回顧日露大戦秘史・陸戦篇』（朝日新聞社、一九三五年）。

荒木精之《せいし》『神風連実記』（新人物往来社、一九七一年）。

石原醜男《しこお》『神風連血涙史』（大和学芸図書、一九七七年復刻）。

江藤冬雄編・刊『故峯英太郎氏遺文・実録佐賀戦争』（一九三四年）。

奥村房夫監修・桑田悦編集『近代日本戦争史』第一編・日清・日露戦争（同台経済懇話会、一九九五年）。

熊本県警察学校（担当警部増田隆策）編『神風連の乱と警察』（一九九七年、非売品）。

黒澤禮吉「日露戦争思出乃記」（尚友倶楽部調査室編『尚友ブックレット』第一五巻、社団法人尚友倶楽部、二〇〇一年五月）。

桑原嶽『名将・乃木希典』(中央乃木会、一九九〇年)。

黒龍会編『西南記伝』中二巻(原書房、一九六九年復刻)。

コンスタンチン・サルキソフ著・鈴木康雄訳『もうひとつの日露戦争』(朝日新聞出版、二〇〇九年)。

佐藤盛雄・渡辺用馬『西南戦争・豊後地方戦記』(青潮社、一九九七年)。

谷寿夫『機密日露戦史』(原書房、一九六六年)。

東京日日新聞社・大阪毎日新聞社編刊『回顧三十年日露大戦を語る・陸軍編』(一九三五年)。

東京日日新聞社・大阪毎日新聞社編刊『参戦二十将星日露大戦を語る』(一九三五年)。

日露戦争研究会編『日露戦争研究の新視点』(成文社、二〇〇五年)。

肥後史談会編『西南役と熊本城』(熊本城址保存会、一九二九年)。

別宮暖朗『「坂の上の雲」では分からない旅順攻防戦』(並木書房、二〇〇四年)。

増田隆策編著『史実を探る神風党の変』(一九九九年、たくま会)。

宮田幸太郎『佐賀の乱――その証言』(佐賀の乱刊行会、一九七二年)。

陸上自衛隊北熊本修親会編『新編西南戦史』(原書房、一九七七年復刻)。

陸戦史研究普及会編『旅順要塞攻略戦』(原書房、一九六九年)。

9　それ以外のもの（著者名五十音順）

石光真清『城下の人』(中公文庫、一九七八年)。

大佛次郎『大佛次郎ノンフィクション文庫8・ブゥランジェ将軍の悲劇』(朝日新聞社、一九八三年)。

苅部直『丸山眞男』(岩波新書、二〇〇六年)。

阪谷芳直『三代の系譜』(みすず書房、一九七九年)。

佐山二郎「二十八糎榴弾砲解説書」（ピットロード、二〇一〇年）。

塩川正十郎「岸信介『決意を断言するのが政治家である』」（『文藝春秋』二〇一〇年三月号）。

杉山其日庵（茂丸）『浄瑠璃素人講釈』全二巻（岩波文庫、二〇〇四年）。

杉山茂丸『百魔』書肆心水、二〇〇六年復刻、同『俗戦国策』（書肆心水、二〇〇六年復刻）。

滄溟漁史「陸軍省の幹部」（『太陽』第一九巻第一三号）。

東京日日新聞社会部編『戊辰物語』（岩波文庫、一九八三年）。

徳富猪一郎（蘇峰）『蘇翁夢物語』（中公新書、一九九〇年）。

徳冨健次郎（蘆花）「勝利の悲哀」（徳冨健次郎著・中野好夫編『謀叛論』岩波文庫、一九七六年、所収）。

長谷川如是閑「明治を思う」（飯田泰三・山領健二編『長谷川如是閑評論集』岩波文庫、一九八九年）。

福澤諭吉「旧藩情」（坂本多加雄編『福澤諭吉著作集』第九巻、慶應義塾大学出版会、二〇〇二年）。

星川武編『【決定版】図説・幕末戊辰西南戦争』（学習研究社、二〇〇六年）。

半藤一利他『司馬遼太郎・リーダーの条件』（文春新書、二〇〇九年）。

ミシェル・トゥルニエ「イメージから物語へ」（『魔王』プログラム、ケイブルホーグ、二〇〇一年）。

脇英夫他『徳山海軍燃料廠史』（徳山大学総合経済研究所、一九八九年）。

あとがき

児玉源太郎は帝国陸軍史上「空前絶後」の存在である。彼は陸軍を真にプロフェッショナルな軍人集団に再編し直すことを通じて、その政治への関与を極小化しようと考えていた。帷幄上奏権の大幅な縮小とその制度化を強く志向し、参謀本部の権限を純粋な作戦・用兵事項に局限すると同時に、陸軍省の組織的効率化（文官に委ねられる行政事項は文官に委ねる）を追求して、陸軍軍政・軍令部門の劇的なダウンサイジングを実現しようと努力していた。児玉は「文官で陸軍の行政をやる」ノウハウを、日清戦後の検疫事業の中で学んだ。そして、多民族社会台湾の「文明化」（＝植民地化）を推進する中で、児玉はこのノウハウに磨きをかけ、ついにはそれを満州経営から陸軍制度改革にまで応用しようとしたのである。

それだけではない、彼は「賄騒動」「高歌放吟」といった日本の学校風土を矯正できれば、つまり、真の紳士の育成を中等・高等教育機関が担う目途が立てば、陸軍幼年学校などは徐々に廃止されて然るべきだとさえ考えていたのである。

もとより、児玉は軍人である。軍紀・軍律の厳正を重視するのは当たり前である。だがその一方で、彼は「どうも陸軍の者は常識が欠乏して居って困る」と周囲に漏らしており（陸軍中将堀内文次郎談、『児玉将軍十三回忌寄稿録』三六頁）、さらに「陸軍軍人は紳士たるべきである」と強く主張していた。彼は政談を排し、実学を、教養を重んじた。硬直した議論を嫌い、ブレイン・ストーミングを好んだ（本書二一三頁）。一連の制度改革構想の底には、そうした児玉の人間観・国家観が流れていたのである。彼が、阪谷芳郎や新渡戸稲造といった英米系知識人と親交を結んでいたことは、その傍証たり得るだろう。新渡戸が第一高等学校の校長に就任して、同校の弊風矯正に尽力したことはよく知られている。

児玉の統帥権改革構想は、伊藤博文の「憲法改革」構想と連動しており、寺内正毅なども当初は彼らを支える役割を果たしていた（明治三八〜三九年）。しかしながら、それは大きな政治的潮流とはならなかった。児玉自身の急逝と伊藤の暗殺（明治四二年一〇月）が、そうした流れをせき止めたことは否定できないが、同時に「児玉没後」の陸軍で何が起こっていたのか、ということも改めて検討されねばならない。今後の課題としていきたい。

その後、児玉の「真姿」が顕現されることはなかった。日露戦争の英雄《ヒーロー》はあくまでも乃木希典と東郷平八郎であり、総参謀長としての児玉の活躍が人々の口の端に上ることは殆んどなかったように思われる。それどころか、「立憲主義的軍人」＝制度改革者としての児玉の記憶は、陸軍部内で意図的に封印されていった。おそらく、永田鉄山や渡辺錠太郎は「立憲主義的軍人」たる児玉の実像に気付いていただろうが（森靖夫『永田鉄山』一〇五〜一〇九頁、小林道彦『政党内閣の崩壊と満州事変』二六五頁）、彼らはともに、政治的テロルに斃れた。統帥権改革に賭けた児玉の「精神」を、その経験を、昭和陸軍は組織の記憶として継承するどころか、事実上抹殺してしまったのである。それがもたらした破局的事態について、今更喋々する必要はあるまい。

ところが、事態は再度転変する。敗戦と高度経済成長は人々の意識や価値観を大きく変えた。聖像破壊的衝動に駆られたのだろう、乃木は今度は一転して、「愚将」というレッテルを貼られるようになった。そして、そうした評価と表裏一体の形で、児玉は「戦術的天才」として華々しく返り咲いた。だが、本書で詳しく述べてきたように、乃木や伊地知幸介の作戦にも相当の軍事的合理性はあったし、児玉総参謀長も多くの判断ミスを犯している。乃木や伊地知を軍事史上に位置づけ直すことは、日露戦争史研究の深化のためにも必要不可欠な作業である。

そして、それ以上に留意すべきは、肯定・否定いずれを問わず、以上の議論の大枠それ自体が、児玉没後の陸軍、とりわけ昭和陸軍の設定した言説空間の呪縛を強く受けていることであろう。戦後が完全に終焉した今日、わたしたちは改めて、児玉を、そして日本陸軍を日本近代史の中に位置づけ直さねばならない。小著がそのきっかけとなれば、著者としてこれに過ぎる幸せはない。

なお、本書の叙述スタイルについて一言付け加えておきたい。いまだ武士的気風が濃厚に残っていた明治という時代においては、とくに軍人社会では、彼がいかなる戦場で、どのような戦いぶりを示してきたかが重んじられる。そして、児玉の場合、その戦いぶりが抜群であったことが、軍人社会での政治的台頭をもたらしたのである。本書が政治史としては「過剰」なまでに、一連の戦場描写にこだわったのはそのためである。箱館五稜郭の戦いから奉天会戦に至るまでの、戦場での児玉の活躍が実証的に明らかにされねばならなかったゆえんである。

日本史籍協会叢書をはじめとする、いわゆる「明治維新期」の史料は以前から手元に集めてはいた。しかし、つい最近まで明治中期～昭和戦前期という方向で政治外交史研究を進めていた私が、それらの文献史料を使って論文を書くことはほとんどなかった。

それではあまりに勿体ない。「明治維新史」や「昭和史」の枠を乗り越えてみたい。「日本近代史」研究に、実質的に一歩でも近づきたい。慣れ親しんだ『原敬日記』や『西園寺公と政局』のように、『木戸孝允日記』や『大久保利通日記』などからも引用してみたい。そんな政治史研究者の性《さが》が、本書執筆の原動力の一つになったことは間違いない。本書の前半部分、とりわけ、一連の士族反乱の執筆は、私にとっては新たな発見の連続であった。

もっとも、後半部分の執筆は難渋した。この年の春の、あのリアルな崩壊感覚の中で、かつての「帝国の興隆」を描くのは甚だ厄介なことであった。思考は滞り、筆もしばしば凍りついた。しかし、「すべての歴史が現代史である」のなら、歴史家の末席を汚す私も、ささやかではあるが、本来の私の務めを果たさねばならない。ややあって、私はそう考え直した。今だからこそ見えてくる、日本近代史像も必ず存在するはずである。

「大日本帝国」はなぜ興隆し、崩壊したのか。そして、それは「経済大国」と化した日本に、一体なにを遺産として残したのか、あるいは残さなかったのか。明治国家の興隆期に人々が示した、思考・行動パターンの中にも、現在の私たちが参照すべき、なんらかの引照基準は必ず見出されるのではあるまいか。児玉源太郎という、帝国建設の先端を担った一軍人の生涯の中には、それに辿りつくためのヒントが数多く含まれているように思われる。

本書の執筆にあたっては、いつものように国立国会図書館憲政資料室の堀内寛雄氏に大変お世話になった。周南市美術博物館館長の有田順一氏、係長・学芸員の森重祥子氏、学芸員の松本久美子氏には、徳山での現地調査にあたって格別なご厚意・ご配慮を賜った。陸上自衛隊小倉駐屯地広報室史料館館長の久留進一氏や周南市中央図書館、熊本城顕彰会、熊本市立熊本博物館、熊本県立図書館、佐賀県立図書館、社団法人尚友倶楽部、防衛省防衛研究所図書館の関係者の方々（順序不同）にも史料閲覧上懇切にご対応いただいた。本当に感謝に堪えない。紙幅の関係上、全ての方々のお名前を挙げることはできないのが洵に残念である。末筆ながら、厚くお礼申し上げる次第である。

元北九州市立大学留学生の涂柏州君には、台湾での現地調査に際して一方ならぬお世話になった。ここに深甚なる感謝の意を表したい。

なお、一般書という本の性格上、全ての典拠を本文中に載せることはできなかった。関係者のご寛恕を乞う次第である。

ミネルヴァ書房編集部の田引勝二氏には、意欲だけが空回りし、なかなか出来上がらない原稿を辛抱強くお待ちいただいた。拙著にもし見るべき点があるとすれば、それはひとえに田引氏の忍耐とアドバイスの賜物である。
家族・親族への謝辞は、今回は紙幅の関係上割愛する。諒とせられたい。

二〇一一年九月二一日

小林道彦

児玉源太郎年譜

和暦	西暦	齢	関係事項	一般事項
嘉永五	一八五二	0	閏2・25（太陽暦4・5）周防国都濃郡徳山村（現・山口県周南市）に徳山藩士児玉半九郎忠碩の長男として生まれる。幼名百合若。母は元子（児玉忠清女）。	9月睦仁親王（後の明治天皇）誕生。
安政三	一八五六	4	10・19父半九郎死去。浅見次郎彦を養子嗣とする。	
六	一八五九	7	7月藩校興譲館に入る。	5月神奈川・長崎・箱館の三港を開港。10月吉田松陰刑死。
元治元	一八六四	12	8・12義兄次郎彦暗殺。家名断絶。	7月禁門の変・第一次長州戦争。8月下関戦争。12月高杉晋作挙兵。
二 慶応元	一八六五	13	7・13家名復興し、中小姓となる（禄高二五石）。元服し「源太郎忠精」を名乗る。	9月第二次長州戦争。
四 明治元	一八六八	16	9・22献功隊半隊司令として出陣。	1月戊辰戦争。3月五カ条の御誓文。9月明治に改元。

二	一八六九	17	4・15箱館戦争に参加。8・1兵部省御雇にて仏式歩兵学修業を命ぜられ、8・6京都に至る。11・5大阪（玉造）兵学寮の兵営に移る。	3月東京遷都。6月版籍奉還。9月大村益次郎暗殺（11月没）。
三	一八七〇	18	2・7脱隊騒動鎮圧のため帰国を命ぜられる。2・10小郡の戦いで奮戦。6・2大隊第六等下士官。12・10陸軍権曹長。	10月兵制統一。
四	一八七一	19	4・15陸軍准少尉。三連隊第二大隊副官。8・6陸軍少尉。9・21陸軍中尉。	7月廃藩置県。日清修好条規調印。11月岩倉遣外使節団出発。
五	一八七二	20	6・17歩兵四番大隊副官を免ぜられ、歩兵一九番大隊副官に任ぜられる。7・25陸軍大尉。8・1大阪鎮台地方司令副官心得。	2月陸軍省、海軍省設置。8月学制。9月鉄道開通。10月太陽暦に改定。
六	一八七三	21	3・17大阪鎮台歩兵一大隊の近衛編入に伴い上京。10・9歩兵科二等。	1月徴兵令。7月地租改正条例。10月西郷隆盛ら下野（明治六年政変）。
七	一八七四	22	2・16陸軍少佐渡辺央熊本鎮台へ差遣につき随行。2・23佐賀の乱に出征、生死の境を彷徨い、福岡仮病院で療養。3月正七位。4月大阪に転じて療養。8・28熊本鎮台准官参謀を仰せ付けられる（いったん赴任を断る）。10・17岩永マツと結婚。10・19陸軍少佐。	1月民選議院設立建白書提出される。4月板垣退助ら立志社創立。5月台湾出兵。

八	一八七五	23	1・2妻マツ入籍。10・9母元子永眠。	2月大阪会議。4月漸次立憲政体樹立の詔。9月江華島事件。
九	一八七六	24	7・19長男秀雄生まれる。8・14歩兵分遣隊巡視のため琉球へ差遣される。10・24神風連の乱に遭遇、これを鎮圧する。11月上京して、鎮定の顚末を上奏。	2月日朝修好条規調印。10月熊本神風連の乱、福岡秋月の乱、山口萩の乱。
一〇	一八七七	25	2・13熊本城に籠城。4・14熊本城解囲。5・1肥後国馬見原から各地を転戦。6・24赤松峠の戦い。8月西郷軍を長井村に囲む。9月出水に転戦。10・6熊本城に凱旋。	2月西南戦争勃発。5月木戸孝允没。9月西郷隆盛自刃。
一一	一八七八	26	1・31勲四等。2・25近衛局出仕を命ぜられる。麹町区富士見町に住む。3・1熊本鎮台旧征討残務取纏御用兼勤仰付けられる。9・10名古屋、大坂、広島三鎮台へ差遣される。12・9勲功調査御用掛兼勤。	5月大久保利通暗殺。8月竹橋事件。12月参謀本部設置。
一二	一八七九	27	1・15次男貞雄生まれる。3・7歩兵内務書第三版取調べ兼勤。5・13神風連にまつわる軍旗事件について、届出方遅延のため謹慎三日間に処せられる。	4月琉球処分。
一三	一八八〇	28	4・30歩兵中佐に任ぜられ、東京鎮台歩兵第二連隊長兼佐倉営所司令官に補せられる。5・28従六位。	3月愛国社、国会期成同盟と改称。
一四	一八八一	29	10・23三男友雄生まれる。	10月明治一四年の政変。自由党結成。

一五	一八八二	30	この頃、練兵に専念する。	1月軍人勅諭発布。7月朝鮮で壬午事変起こる。7月岩倉具視没。
一六	一八八三	31	2・6歩兵大佐。4・18従五位。	
一七	一八八四	32	3・29四男常雄生まれる。	10月秩父事件。12月朝鮮で甲申事変起こる。
一八	一八八五	33	4・7勲三等に昇叙、旭日中綬章。5・26参謀本部管東局長に補せらる。7・24参謀本部第一局長。この頃、フランス語の勉強を始める。クレメンス・メッケルにドイツ軍事学を学ぶ。	4月天津条約。12月内閣制度発足。
一九	一八八六	34	3・11歩兵操典並に鋤兵（工兵）操典取調委員。3・19臨時陸軍制度審査委員を仰せ付けられる。9・30陸軍大学校幹事を兼補。10・16五男国雄生まれる。	3月帝国大学令公布。5月第一回条約改正会議開かれる。この年、明治一九年の陸軍紛議起こる。
二〇	一八八七	35	6・3監軍部参謀長。10・24陸軍大学校長を兼補。	10月大同団結運動。12月保安条例公布。
二一	一八八八	36	5・5児玉次郎彦靖国神社に合祀。8・7長女芳子生まれる。	4月枢密院設置。
二二	一八八九	37	8・24陸軍少将。9・27従四位。	2月大日本帝国憲法公布。
二三	一八九〇	38	1・12次女仲子生まれる。この頃、家計逼迫。	7月第一回衆議院総選挙。11月

				第一回帝国議会招集。
二四	一八九一	39	4・4六男八郎生まれる。6・10御用により欧州へ差遣される。10・25欧州へ向け出発。12・15マインツ着、メッケルの歓待を受ける。	5月大津事件。
二五	一八九二	40	1・12ドイツ皇帝ヴィルヘルム二世に拝謁。2・3ロシア皇帝アレクサンドル三世に拝謁。5・2オーストリア皇帝フランツ・ヨーゼフに拝謁。7・10予定を切り上げて帰国の途に就く。8・23陸軍次官に任ぜられ、陸軍省軍務局長に補せられる。10・1鉄道会議議員。11・21陸軍省所管事務政府委員。	2月第二回総選挙で選挙大干渉。
二六	一八九三	41	4・12陸軍省法官部長。8・3七男九一生まれる。	2月建艦詔勅。
二七	一八九四	42	9・8参謀本部御用取扱兼勤。10・7広島へ差遣。10・26正四位。12・26勲二等、瑞宝章。この頃、阪谷芳郎と親交を深める。帷幄上奏の範囲を限定するため、内閣法制局と内議を重ねる。	3月東学党の乱起こる。6月朝鮮出兵決定。7月日英改正通商航海条約調印。8月日清戦争。11月旅順占領。
二八	一八九五	43	3・25大本営陸軍参謀仰せ付けられる。3・29台湾事務局委員。臨時陸軍検疫部を設置。後藤新平を事務官長に抜擢して凱旋軍二三万人を検疫する。8・20「征清ノ役軍功顕著ナルニ依リ」特に男爵を授けられ、特旨を以て華族に列する。功三級金鵄勲章、	4月日清講和条約調印。露・独・仏三国干渉。10月京城事変(閔妃暗殺)。

			旭日重光章。10・26四女元子生まれる。11・14臨時広島軍用水道布設部長兼補。	
二九	一八九六	44	2月脳梗塞のため出勤途中に昏倒する。5月軍務に復帰。10・14陸軍中将。乃木希典の台湾総督就任を斡旋。12・30五女鶴子生まれる。	2月朝鮮で親露派クーデタ。
三〇	一八九七	45	10・2清国（威海衛・天津及び上海）へ差遣される。	10月金本位制実施。
三一	一八九八	46	1・14第三師団長。2・26台湾総督に任ぜられ第三師団長を免ぜられる。3・8従三位。この頃、総督府参謀部のフィリピン独立運動への関与を抑える。	3月ロシア、旅順・大連租借。4月米西戦争。6月第一次大隈重信内閣（初の政党内閣）成立。
三二	一八九九	47	12・20勲一等に昇叙し、瑞宝章を授けられる。	3月文官任用令改正、台湾事業公債法成立。5月川上操六没。7月治外法権撤廃。10月南阿（ボーア）戦争。
三三	一九〇〇	48	8月寺内正毅参謀次長と連携して南清出兵計画を練る。8・24厦門《アモイ》東本願寺布教所焼失事件。8・28台湾から陸兵を派遣（中央からの制止命令により作戦中止）。8・30台湾総督の辞意を表明。12・23陸軍大臣兼摂（第四次伊藤博文内閣）。	2月品川弥二郎没。5月陸海軍大臣現役武官制確立。6月清国派兵決定（北清事変）。9月立憲政友会成立。10月清国で恵州起義。
三四	一九〇一	49	2月新渡戸稲造を総督府技師として招聘。4・20正三位。5・14長男秀雄、寺内正毅長女サワと結婚。	2月官営八幡製鐵所操業開始。9月北京議定書調印。

			5月桂太郎の組閣に奔走。	
三五	一九〇二	50	1・30嫡孫貞子誕生。2月青森歩兵第五連隊雪中行軍遭難事件の事後処理にあたる。2月予算案の作成をめぐって大山巌参謀総長と衝突。2・27旭日大綬章。3・27依願陸軍大臣兼摂を解かれる。	1月日英同盟調印。
三六	一九〇三	51	1・23徳山にて児玉文庫開庫式挙行。6・19南アフリカ・欧米出張を仰せ付けられる。7・15出張取り止め、内務大臣を兼摂。17日文部大臣を兼摂。9・22文部大臣の兼摂を免ぜられる。この頃、府県半減案を作成。10・12参謀本部次長に任ぜられる。内務大臣の兼摂。この頃、寺内陸相と参謀本部改革を話し合う。12・30陸海軍合同会議の席上、臨時韓国派遣隊の編成を主張。	4月無鄰庵会議。8月日露交渉始まる。対露同志会結成。
三七	一九〇四	52	1月この頃、児玉は政府内部の意見調整に奔走。桂首相や寺内陸相と連携して、開戦準備に当たる。2・11大本営参謀次長兼兵站総監。3・12皇太子に満州への親征を言上。4・7「陸軍大総督府編成要領」脱稿。この頃から外征軍司令部問題が陸海軍で争点化する。6・6陸軍大将。この日の早朝、児玉は自らの大将昇進に異議を申し立てる。6・10山県、	2月ロシアに宣戦布告。日韓議定書調印。8月第一次日韓協約。

			大山、桂、寺内と大本営で会合し、今後の作戦計画を定める。6・20満州軍総司令部親補式。満州軍総参謀長に就任。7・6東京出発。7・15満州ダルニーに上陸。この頃から旅順要塞攻略論に傾く。8・21旅順要塞に対する第一回総攻撃。8・25遼陽会戦始まる。9・22総参謀長の辞表を提出（戦略予備問題に因る）。10・1辞表却下。10・6沙河会戦。10・26第二回総攻撃。11・26第三回総攻撃。この頃、児玉は乃木の更迭を検討。12・1大山、児玉に歩兵第17連隊の指揮権を付与した上で、旅順に派遣。乃木に代わって第三軍の実質的な指揮を執らせることにする。午後、児玉・乃木会談。12・5二〇三高地陥落。	
三八	一九〇五	53	1・1旅順開城。1月ロシア軍の冬季攻勢を撃退（黒溝台会戦）。3・10奉天会戦。3・28戦況奏上のため帰京。4月桂首相・小村外相ら主戦派に早期講和を説く。5・5満州へ帰任。5・9遼東守備軍司令官臨時事務取扱。5・11満州総兵站総監兼勤。8〜9月伊藤博文、児玉内閣構想を検討。12・7東京に凱旋。12・20復員下令、参謀本部次長事務取扱。	1月ロシアで「血の日曜日」事件。5月日本海海戦。8月第二次日英同盟調印。9月ポーツマス条約調印。日比谷焼打事件。11月第二次日韓協約調印。12月韓国統監府設置（初代統監伊藤博文）。

			12・21韓国統監府条例公布。児玉は伊藤・寺内と連携して、統監への軍隊指揮権付与に尽力。	
三九	一九〇六	54	2・26明治三九年度日本帝国陸軍作戦計画要領を策定。満州での攻勢防禦を企図。4・1「戦功ニ依リ」功一級金鵄勲章、旭日桐花大綬章。4・11参謀総長に就任。台湾総督を免ぜられ、勲功により特に子爵を授けられる。4・14日明治三七、八年戦役陸軍凱旋観兵式諸兵参謀長。4・23従二位。5・22満州問題に関する協議会で伊藤と論戦。7・5ドイツにてメッケル没。7・14南満州鉄道株式会社設立委員長（文装的武備論を唱える）。7・22後藤新平に満鉄総裁就任を促す。7・23薨去。特旨を以て正二位に叙せられる。8・4メッケル少将追悼会が東京で催され、「日本帝国陸軍大将児玉源太郎」名で弔文が朗読される。	1月日本社会党結成。11月南満州鉄道株式会社設立。
四〇	一九〇七		10・2「父源太郎ノ勲功ニ依リ」嗣子子爵児玉秀雄に伯爵を授けられる。	4月南満州鉄道株式会社開業。7月第三次日韓協約調印。第一回日露協約調印。10月ハーグ密使事件。

参考文献：宿利重一『児玉源太郎』（対胸社、一九三八年）一八～四六頁。周南市美術博物館編・刊『児玉源太郎と近代国家への歩み展』（二〇一一年）八六～九七頁。

人名索引

あ　行

か　行

さ 行

た 行

な 行

は　行

ま　行

や 行

ら 行

わ 行

《著者紹介》

小林道彦（こばやし・みちひこ）

1956年　埼玉県熊谷市生まれ。
中央大学大学院文学研究科博士課程後期単位取得退学，京都大学博士（法学）。

現　在　北九州市立大学基盤教育センター教授（日本政治外交史）。

著　書　『日本の大陸政策　1895—1914／桂太郎と後藤新平』（南窓社，1996年）。
『桂太郎——予が生命は政治である』（ミネルヴァ書房，2006年）。
『政党内閣の崩壊と満州事変——1918—1932』（ミネルヴァ書房，2010年）〈2009年度吉田茂賞受賞〉。

共編著　『歴史の桎梏を越えて——20世紀日中関係への新視点』（千倉書房，2010年）〈2011年度大平正芳記念賞特別賞共同受賞〉。

共　編　『日露戦争と井口省吾』（原書房，1994年），など。

論　文　「政党内閣期の政軍関係と中国政策——1918〜29」（九州大学大学院経済学研究院政策評価研究会編『政策分析2004』九州大学出版会，2004年），など多数。

ミネルヴァ日本評伝選

児《こ》玉《だま》源《げん》太《た》郎《ろう》

——そこから旅順港は見えるか——

2012年２月10日　初版第１刷発行　〈検印省略〉

定価はカバーに
表示しています

著　者　小　林　道　彦
発行者　杉　田　啓　三
印刷者　江　戸　宏　介

発行所　株式会社　ミネルヴァ書房

607-8494　京都市山科区日ノ岡堤谷町１
電話（075）581-5191（代表）
振替口座　01020-0-8076番

共同印刷工業・新生製本

ISBN978-4-623-06283-6

Printed in Japan

刊行のことば

歴史を動かすものは人間であり、興趣に富んだ人間の動きを通じて、世の移り変わりを考えるのは、歴史に接する醍醐味である。

しかし過去の歴史学を顧みるとき、人間不在という批判さえ見られたように、歴史における人間のすがたが、必ずしも十分に描かれてきたとはいえない。二十一世紀を迎えた今、歴史の中の人物像を蘇生させようとの要請はいよいよ強く、またそのための条件もしだいに熟してきている。

この「ミネルヴァ日本評伝選」は、正確な史実に基づいて書かれるのはいうまでもないが、単に経歴の羅列にとどまらず、歴史を動かしてきたすぐれた個性をいきいきとよみがえらせたいと考える。そのためには、対象とした人物とじっくりと対話し、ときにはきびしく対決していくことも必要になるだろう。

今日の歴史学が直面している困難の一つに、研究の過度の細分化、瑣末化が挙げられる。それは緻密さを求めるが故に陥った弊害といえるが、その結果として、歴史の大きな見通しが失われ、歴史学を通しての社会への働きかけの途が閉ざされ、人々の歴史への関心を弱める危険性がある。今こそ歴史が何のためにあるのかという、基本的な課題に応える必要があろう。評伝という興味ある方法を通じて、解決の手がかりを見出せないだろうかというのも、この企画の一つのねらいである。

狭義の歴史学の研究者だけでなく、多くの分野ですぐれた業績をあげている著者たちを迎えて、従来見られなかった規模の大きな人物史の叢書として、「ミネルヴァ日本評伝選」の刊行を開始したい。

平成十五年（二〇〇三）九月

ミネルヴァ書房

ミネルヴァ日本評伝選

企画推薦
梅原　猛
ドナルド・キーン
佐伯彰一
角田文衞

監修委員
上横手雅敬
芳賀　徹

編集委員
石川九楊
伊藤之雄
猪木武徳
今谷　明
今橋映子
熊倉功夫
佐伯順子
坂本多加雄
武田佐知子
竹西寛子
西口順子
兵藤裕己
御厨　貴

上代

*卑弥呼　古田武彦
日本武尊　西宮秀紀
仁徳天皇　若井敏明
雄略天皇　吉村武彦
*蘇我氏四代　遠山美都男
推古天皇　義江明子
聖徳太子　仁藤敦史
斉明天皇　武田佐知子
小野妹子・毛人　大橋信弥
*額田王　梶川信行
弘文天皇　遠山美都男
天武天皇　新川登亀男
持統天皇　丸山裕美子
阿倍比羅夫　熊田亮介
柿本人麻呂　古橋信孝
*元明天皇・元正天皇　渡部育子
聖武天皇　本郷真紹
光明皇后　寺崎保広
孝謙天皇　勝浦令子
藤原不比等　荒木敏夫
吉備真備　今津勝紀
*藤原仲麻呂　木本好信
道　鏡　吉川真司
大伴家持　和田　萃
行　基　吉田靖雄

平安

*桓武天皇　井上満郎
嵯峨天皇　西別府元日
宇多天皇　古藤真平
醍醐天皇　石上英一
村上天皇　京樂真帆子
花山天皇　上島　享
*三条天皇　倉本一宏
藤原薬子　中野渡俊治
小野小町　錦　仁
藤原良房・基経　滝浪貞子
菅原道真　竹居明男
*紀貫之　神田龍身
源高明　所　功
*安倍晴明　斎藤英喜
藤原実資　橋本義則
*藤原道長　朧谷　寿
藤原伊周・隆家　倉本一宏
藤原定子　山本淳子
清少納言　後藤祥子
紫式部　竹西寛子
和泉式部　ツベタナ・クリステワ
大江匡房　小峯和明
阿弖流為　樋口知志
坂上田村麻呂　熊谷公男
*源満仲・頼光　元木泰雄
平将門　西山良平
藤原純友　寺内　浩
空　海　頼富本宏
最　澄　吉田一彦
*空　也　石井義長
奝　然　上川通夫
*源　信　小原　仁
後白河天皇　美川　圭
式子内親王　奥野陽子
建礼門院　生形貴重
藤原秀衡　入間田宣夫
平時子・時忠　元木泰雄
平維盛　根井　浄
守覚法親王　阿部泰郎
藤原隆信・信実　山本陽子

鎌倉

源頼朝　川合　康
*源義経　近藤好和
源実朝　神田龍身
後鳥羽天皇　五味文彦
九条兼実　村井康彦
九条道家　上横手雅敬
北条時政　野口　実
熊谷直実　佐伯真一
*北条政子　関　幸彦
北条義時　岡田清一
曾我十郎・五郎　杉橋隆夫
北条時宗　近藤成一
安達泰盛　山陰加春夫
平頼綱　細川重男
竹崎季長　堀本一繁
西　行　光田和伸
藤原定家　赤瀬信吾
*京極為兼　今谷　明
*兼　好　島内裕子
重　源　横内裕人
*運　慶　根立研介
快　慶　井上一稔

法然　今堀太逸
慈円　大隅和雄
明恵　西山　厚
親鸞　末木文美士
恵信尼・覚信尼　西口順子
覚如　今井雅晴
道元　船岡　誠
叡尊　細川涼一
*忍性　松尾剛次
*日蓮　佐藤弘夫
一遍　蒲池勢至
夢窓疎石　田中博美
*宗峰妙超　竹貫元勝

南北朝・室町

後醍醐天皇　上横手雅敬
護良親王　新井孝重
赤松氏五代　渡邊大門
*北畠親房　岡野友彦
楠正成　兵藤裕己
*新田義貞　山本隆志
光厳天皇　深津睦夫
足利尊氏　市沢　哲
佐々木道誉　下坂　守
円観・文観　田中貴子
足利義詮　早島大祐
足利義満　川嶋將生
足利義持　吉田賢司
足利義教　横井　清
大内義弘　平瀬直樹
伏見宮貞成親王　松薗　斉
山名宗全　山本隆志
日野富子　脇田晴子
世阿弥　西野春雄
雪舟等楊　河合正朝
宗祇　鶴崎裕雄
*満済　森　茂暁
一休宗純　原田正俊
蓮如　岡村喜史

戦国・織豊

北条早雲　家永遵嗣
毛利元就　岸田裕之
毛利輝元　光成準治
*今川義元　小和田哲男
*武田信玄　笹本正治
*武田勝頼　笹本正治
*真田氏三代　笹本正治
三好長慶　天野忠幸
*宇喜多直家・秀家　渡邊大門
*上杉謙信　矢田俊文
島津義久・義弘　福島金治
吉田兼倶　西山　克
山科言継　松薗　斉
*雪村周継　赤澤英二
織田信長　三鬼清一郎
豊臣秀吉　藤井讓治
*北政所おね　田端泰子
*淀殿　福田千鶴
前田利家　東四柳史明
*黒田如水　小和田哲男
蒲生氏郷　藤田達生
*細川ガラシャ　田端泰子
伊達政宗　伊藤喜良
*支倉常長　田中英道
ルイス・フロイス　エンゲルベルト・ヨリッセン
*長谷川等伯　宮島新一
顕如　神田千里

江戸

徳川家康　笠谷和比古
徳川家光　野村　玄
徳川吉宗　横田冬彦
*後水尾天皇　久保貴子
光格天皇　藤田　覚
崇伝　杣田善雄
春日局　福田千鶴
池田光政　倉地克直
シャクシャイン　岩崎奈緒子
*田沼意次　藤田　覚
*二宮尊徳　小林惟司
末次平蔵　岡美穂子
高田屋嘉兵衛　生田美智子
林羅山　鈴木健一
吉野太夫　渡辺憲司
中江藤樹　辻本雅史
山崎闇斎　澤井啓一
山鹿素行　前田　勉
*北村季吟　島内景二
貝原益軒　辻本雅史
松尾芭蕉　楠元六男
*ケンペル　B・M・ボダルト＝ベイリー
荻生徂徠　柴田　純
*雨森芳洲　上田正昭
石田梅岩　高野秀晴
前野良沢　松田　清
平賀源内　石上　敏
本居宣長　田尻祐一郎
杉田玄白　吉田　忠
上田秋成　佐藤深雪
木村蒹葭堂　有坂道子
*大田南畝　沓掛良彦
菅江真澄　赤坂憲雄
*鶴屋南北　諏訪春雄
良寛　阿部龍一
*山東京伝　佐藤至子
*滝沢馬琴　高田　衛
平田篤胤　山下久夫
シーボルト　宮坂正英
本阿弥光悦　岡　佳子
小堀遠州　中村利則
狩野探幽・山雪　山下善也
尾形光琳・乾山　河野元昭
*二代目市川團十郎　田口章子
与謝蕪村　佐々木丞平
伊藤若冲　狩野博幸
鈴木春信　小林　忠
円山応挙　佐々木正子
*佐竹曙山　成瀬不二雄
葛飾北斎　岸　文和
酒井抱一　玉蟲敏子
孝明天皇　青山忠正
*和宮　辻ミチ子
徳川慶喜　大庭邦彦
島津斉彬　原口　泉

*古賀謹一郎　小野寺龍太
*栗本鋤雲　小野寺龍太
塚本明毅　塚本　学
*月　性　海原　徹
*吉田松陰　海原　徹
*高杉晋作　海原　徹
ペリー　遠藤泰生
オールコック　佐野真由子
アーネスト・サトウ　奈良岡聰智
緒方洪庵　米田該典
冷泉為恭　中部義隆

近代

*明治天皇　伊藤之雄
*大正天皇　F・R・ディキンソン
*昭憲皇太后・貞明皇后　小田部雄次
大久保利通　三谷太一郎
山県有朋　鳥海　靖
木戸孝允　落合弘樹
井上　馨　伊藤之雄
*松方正義　室山義正
北垣国道　小林丈広

板垣退助　小川原正道
長与専斎　笠原英彦
大隈重信　五百旗頭薫
伊藤博文　坂本一登
井上　毅　大石　眞
井上　勝　老川慶喜
*桂　太郎　小林道彦
渡辺洪基　瀧井一博
*乃木希典　佐々木英昭
林　董　君塚直隆
*児玉源太郎　小林道彦
*高宗・閔妃　木村　幹
山本権兵衛　室山義正
高橋是清　鈴木俊夫
小村寿太郎　簑原俊洋
*犬養　毅　小林惟司
加藤高明　櫻井良樹
加藤友三郎・寛治　麻田貞雄
牧野伸顕　小宮一夫
田中義一　黒沢文貴
内田康哉　高橋勝浩
石井菊次郎　廣部　泉
平沼騏一郎　堀田慎一郎
宇垣一成　北岡伸一
宮崎滔天　榎本泰子
*浜口雄幸　川田　稔

幣原喜重郎　西田敏宏
関　一　玉井金五
水野広徳　片山慶隆
広田弘毅　井上寿一
安重根　上垣外憲一
*グルー　廣部　泉
*永田鉄山　森　靖夫
東條英機　牛村　圭
今村　均　前田雅之
蔣介石　劉　岸偉
石原莞爾　山室信一
木戸幸一　波多野澄雄
*岩崎弥太郎　武田晴人
伊藤忠兵衛　末永國紀
五代友厚　田付茉莉子
大倉喜八郎　村上勝彦
*安田善次郎　由井常彦
渋沢栄一　武田晴人
山辺丈夫　宮本又郎
武藤山治　阿部武司・桑原哲也
西原亀三　森川正則
小林一三　橋爪紳也
大倉恒吉　石川健次郎
大原孫三郎　猪木武徳
*河竹黙阿弥　今尾哲也
イザベラ・バード　加納孝代

*林　忠正　木々康子
森　鷗外　小堀桂一郎
二葉亭四迷　ヨコタ村上孝之
夏目漱石　佐々木英昭
巌谷小波　千葉信胤
樋口一葉　佐伯順子
島崎藤村　十川信介
泉　鏡花　東郷克美
有島武郎　亀井俊介
永井荷風　川本三郎
北原白秋　平石典子
菊池　寛　山本芳明
宮澤賢治　千葉一幹
正岡子規　夏石番矢
高浜虚子　坪内稔典
与謝野晶子　佐伯順子
*種田山頭火　村上　護
*斎藤茂吉　品田悦一
*高村光太郎　湯原かの子
萩原朔太郎　エリス俊子
原阿佐緒　秋山佐和子
*狩野芳崖・高橋由一　古田　亮
竹内栖鳳　北澤憲昭
黒田清輝　高階秀爾

中村不折　石川九楊
横山大観　高階秀爾
*橋本関雪　西原大輔
小出楢重　芳賀　徹
土田麦僊　天野一夫
岸田劉生　北澤憲昭
松旭斎天勝　川添　裕
中山みき　鎌田東二
佐田介石　谷川　穣
ニコライ　中村健之介
出口なお・王仁三郎　川村邦光
島地黙雷　阪本是丸
*新島　襄　太田雄三
木下広次　冨岡　勝
嘉納治五郎　クリストファー・スピルマン
津田梅子　田中智子
*澤柳政太郎　新田義之
河口慧海　高山龍三
山室軍平　室田保夫
大谷光瑞　白須淨眞
*久米邦武　髙田誠二
フェノロサ　伊藤　豊
三宅雪嶺　長妻三佐雄
*岡倉天心　木下長宏
志賀重昂　中野目徹
徳富蘇峰　杉原志啓

竹越與三郎　西田　毅

内藤湖南・桑原隲蔵　礪波　護

岩村　透　今橋映子

西田幾多郎　大橋良介

金沢庄三郎　石川遼子

上田　敏　及川　茂

柳田国男　鶴見太郎

厨川白村　張　競

大川周明　山内昌之

西田直二郎　林　淳

折口信夫　斎藤英喜

九鬼周造　粕谷一希

辰野　隆　金沢公子

シュタイン　瀧井一博

*西　周　清水多吉

*福澤諭吉　平山　洋

福地桜痴　山田俊治

田口卯吉　鈴木栄樹

*陸　羯南　松田宏一郎

黒岩涙香　奥　武則

宮武外骨　山口昌男

*吉野作造　田澤晴子

野間清治　佐藤卓己

山川　均　米原　謙

岩波茂雄　十重田裕一

*北　一輝　岡本幸治

中野正剛　吉田則昭

満川亀太郎　福家崇洋

杉　亨二　速水　融

*北里柴三郎　福田眞人

田辺朔郎　秋元せき

*南方熊楠　飯倉照平

寺田寅彦　金森　修

石原　純　金子　務

J・コンドル　鈴木博之

辰野金吾　河上真理・清水重敦

*七代目小川治兵衛　尼崎博正

ブルーノ・タウト　北村昌史

現代

昭和天皇　御厨　貴

高松宮宣仁親王　後藤致人

*李方子　小田部雄次

吉田　茂　中西　寛

マッカーサー　柴山　太

石橋湛山　増田　弘

重光　葵　武田知己

市川房枝　村井良太

*池田勇人　藤井信幸

高野　実　篠田　徹

和田博雄　庄司俊作

朴正熙　木村　幹

竹下　登　真渕　勝

*松永安左ェ門　橘川武郎

鮎川義介　井口治夫

出光佐三　橘川武郎

松下幸之助　米倉誠一郎

渋沢敬三　井上　潤

*本田宗一郎　伊丹敬之

井深　大　武田　徹

佐治敬三　小玉　武

幸田家の人々　金井景子

*正宗白鳥　大嶋　仁

大佛次郎　福島行一

*川端康成　大久保喬樹

*薩摩治郎八　小林　茂

松本清張　杉原志啓

安部公房　成田龍一

*三島由紀夫　島内景二

R・H・ブライス　菅原克也

金素雲　林　容澤

柳　宗悦　熊倉功夫

バーナード・リーチ　鈴木禎宏

イサム・ノグチ　酒井忠康

川端龍子　岡部昌幸

藤田嗣治　林　洋子

*井上有一　海上雅臣

*手塚治虫　竹内オサム

山田耕筰　後藤暢子

古賀政男　藍川由美

*吉田　正　金子　勇

武満　徹　船山　隆

*力道山　岡村正史

*西田天香　宮田昌明

安倍能成　中根隆行

サンソム夫妻　平川祐弘・牧野陽子

和辻哲郎　小坂国継

矢代幸雄　稲賀繁美

石田幹之助　岡本さえ

*平泉　澄　若井敏明

安岡正篤　片山杜秀

島田謹二　小林信行

前嶋信次　杉田英明

保田與重郎　谷崎昭男

福田恆存　川久保剛

井筒俊彦　安藤礼二

佐々木惣一　松尾尊兊

*瀧川幸辰　伊藤孝夫

矢内原忠雄　等松春夫

福本和夫　伊藤　晃

*フランク・ロイド・ライト　大久保美春

大宅壮一　有馬　学

今西錦司　山極寿一

*は既刊

二〇一二年二月現在